# 多元文化背景下的
# 大学生思想政治教育实效性研究

杨 宇 著

WUHAN UNIVERSITY PRESS
武汉大学出版社

**图书在版编目(CIP)数据**

多元文化背景下的大学生思想政治教育实效性研究/杨宇著.
武汉：武汉大学出版社,2024.12
ISBN 978-7-307-24051-3

Ⅰ.多… Ⅱ.杨… Ⅲ.大学生—思想政治教育—研究—中国
Ⅳ.G641

中国国家版本馆 CIP 数据核字(2023)第 197123 号

责任编辑:周媛媛 孟跃亭 责任校对:牟 丹 版式设计:文豪设计

出版发行：**武汉大学出版社** （430072 武昌 珞珈山）
（电子邮箱:cbs22@ whu.edu.cn 网址：www.wdp. com.cn）
印刷:武汉邮科印务有限公司
开本:720×1000 1/16 印张:14.75 字数:202 千字
版次:2024 年 12 月第 1 版 2024 年 12 月第 1 次印刷
ISBN 978-7-307-24051-3 定价:88.00 元

# 前　言

　　全球化是指全球联系不断加强，国与国之间在政治、经济贸易上相互依存的一种趋势。随着信息时代的到来，全球化趋势得到了进一步加强，这使得不同文化之间的交流互动更为广泛深入，进而推动多元文化态势更加显著。20世纪90年代以来，随着信息技术向更高水平、更广领域发展和应用，全球化快速发展，为不同文化之间的交流与沟通创造了有利条件。有学者指出，全球化的重要意义表现在将单边文化和政治格局扭转为多边形态。信息高速公路的形成与完善发挥了催化作用，加速了全球化进程，也使多元文化获得快速发展。从宏观长远视角分析，多元文化对人类文明与世界文化发展带来的利益是丰厚的，但在具体的某一个阶段，多元文化可能会引起诸多矛盾与冲突，进而对一个民族或国家的主流文化造成冲击。多元文化是在价值观上产生冲突与分歧的重要原因。当分歧与冲突进一步扩大与加深后，价值观评判标准会走向混乱，使人们变得焦躁与惶恐，不能正确理智地对待生活。价值观多元化的影响是负面的还是正面的要看主流价值观是否稳定。如果答案是肯定的，价值观多元化所造成的冲击便会限制在可接受范围内，并且还能为主流价值观的发展提供助力。青年学生正处于价值观不稳定、不成熟时期，容易受到外界信息的影响，故他们的价值观处于不断变化之中。高校思想政治教育在人才培养中发挥着重要作用。因此，国家与民族想要兴旺发达，就必须重视思想政治教育，其中与时俱进是重要方面。

　　本书共分为八章，第一章为多元文化特点与实质，主要介绍多元文化的含义、特点、实质、意义、动力、趋势等内容；第二章为大学生思想政治教育实效性相关理论概述，主要包括大学生思想政治教育实效性内涵界定、多元文化对大学生思想政治教育实效性的影响、加强大学生思想政治教育实效性建设的意义、中外教育思想对大学生思想政治教育实效性的启示与借鉴等内容；第三章为当前我国多元文化的基本态势，主要包括西方文化的影响、传统文化的影响、中国特色社会主义文化的形成与发展等内容；第四章为多元文化背景下大学生思想政治教育有效性研究，主要包括大学生思想政治教育主体有效性研究、大学生思想政治教育客体有效性研究、大学生思想政治教育介体有效性研究、大学生思想政治教育环体有效性研究等内容；第五章为多元文化对大学生思想政治教育实效性的影响，主要包括多元文化对大学生思想政治教育环境、内容与方法的影响，多元文化对大学生思想政治教育理念、目标及教育者的影响、多元文化对大学生的影响等内容；第六章为对当前我国大学生思想政治教育存在问题的审视，主要包括对大学生思想政治教育工作者的审视、对大学生思想政治教育教学的审视、对大学生思想政治教育实效性评价的审视等内容；第七章为多元文化背景下大学生思想政治教育实效性建设的思路，包括大学生思想政治教育实效性的建设原则、大学生思想政治教育实效性队伍及环境建设思路、大学生思想政治教育第一课堂实效性建设思路、大学生思想政治教育第二课堂实效性建设思路、大学生思想政治教育实效性评价体系的思考等内容；第八章为多元文化背景下增强大学生思想政治教育实效性的路径，包括坚持正确导向、抓好教育主阵地与主渠道、充分发挥学生自我教育作用、加强思想政治教育工作队伍建设、实现教育活动的科学化等内容。

# 目　录

第一章　多元文化的特点与实质 ··················· 1

　　第一节　多元文化的含义与特点 ··················· 1

　　第二节　多元文化的实质和意义 ··················· 11

　　第三节　多元文化的动力与趋势 ··················· 16

第二章　大学生思想政治教育实效性相关理论概述 ··················· 27

　　第一节　大学生思想政治教育实效性内涵界定 ··················· 27

　　第二节　多元文化对大学生思想政治教育实效性的影响 ··················· 31

　　第三节　加强大学生思想政治教育实效性建设的意义 ··················· 34

　　第四节　中外教育思想对大学生思想政治教育实效性的启示与借鉴 ···34

第三章　当前我国多元文化的基本态势 ··················· 41

　　第一节　西方文化的影响 ··················· 41

　　第二节　传统文化的影响 ··················· 58

　　第三节　中国特色社会主义文化的形成与发展 ··················· 69

第四章　多元文化背景下大学生思想政治教育有效性研究 ··················· 77

　　第一节　大学生思想政治教育主体有效性研究 ··················· 77

　　第二节　大学生思想政治教育客体有效性研究 ··················· 85

　　第三节　大学生思想政治教育介体有效性研究 ··················· 91

　　第四节　大学生思想政治教育环体有效性研究 ··················· 100

**第五章　多元文化对大学生思想政治教育实效性的影响** ·············· 115

第一节　多元文化对大学生思想政治教育环境、内容与方法的影响 ···· 115

第二节　多元文化对大学生思想政治教育理念、目标及教育者的影响 ·· 123

第三节　多元文化对大学生的影响 ································· 133

**第六章　对当前我国大学生思想政治教育存在问题的审视** ·············· 143

第一节　对大学生思想政治教育工作者的审视 ················· 143

第二节　对大学生思想政治教育教学的审视 ··················· 151

第三节　对大学生思想政治教育实效性评价的审视 ············· 156

**第七章　多元文化背景下大学生思想政治教育实效性建设的思路** ·········· 159

第一节　大学生思想政治教育实效性的建设原则 ··············· 159

第二节　大学生思想政治教育实效性队伍及环境建设思路 ········ 161

第三节　大学生思想政治教育第一课堂实效性建设思路 ········· 166

第四节　大学生思想政治教育第二课堂实效性建设思路 ········· 172

第五节　大学生思想政治教育实效性评价体系的思考 ··········· 181

**第八章　多元文化背景下增强大学生思想政治教育实效性的路径** ·········· 187

第一节　坚持正确导向 ·········································· 187

第二节　抓好教育主阵地与主渠道 ······························ 193

第三节　充分发挥学生自我教育作用 ···························· 202

第四节　加强思想政治教育工作队伍建设 ······················ 210

第五节　实现教育活动的科学化 ································· 215

**参考文献** ························································ 227

# 第一章　多元文化的特点与实质

## 第一节　多元文化的含义与特点

### 一、多元文化的含义

"多元文化"一词的核心为"文化",因此想要理解多元文化的含义,应先梳理"文化"的含义。从古至今有很多专家学者对"文化"下过定义,均能成为我们理解与认知"文化"的重要参考。在西方语言文化中,拉丁文Cultura是"文化"的词源,有"培养培育"之意,但主要用于农耕和植物培育方面。随着语言文化的发展,文化一词开始用于对人的培养培育。在我国语言文化中,"文化"最开始并不是一个整体,而是各具其意,其中"文"有文字、文章、文采、礼乐制度、法律条文等含义,"化"有教化、引导等含义。两者结合后,先是形成"以文教化"的表面含义,后来逐步深化为一个专业词。有学者指出,由于我国的"文化"与教化存在紧密联系,儒释道作为重要教化伦理,便成为我国"文化"的精神基础。

社会发展离不开治理过程,而在古代形容这一过程时通常会用"文化"一词来传达以礼乐制度教化百姓是社会治理的重要内容。孔子推崇恢复周礼,他曾说"周监于二代,郁郁乎文哉!吾从周",其中的"文"已经与现在的"文化"一词含义接近。刘向在《说苑》中有如下论述"凡武之兴为不服也。文化不改,然后加诛",这里的"文化"具有动词倾向,与"教化"几近相同。将中西方语言文化放到一起进行分析可以发现,"文化"与"人"密不可分,无论是培育培养还是教化引导,作用对象均是"人"。从目前来看,对于"文化"的定义尚未统一,有的学者将"文化"作为存在于社会发展中的复杂整体,会影响知识、信念、艺术、道德法则、法律、风俗等内容，同时这些内容也会作用于"文化"，使其得到新的发展；有的学者将"文化"归入社会学科领域，认为凡是存在于社会中的各类事物，无论具体的还是抽象的都能成为"文化"的一部分；有的学者认为"文化"处于动态发展之中，会随着人们不断获取知识、技能、体验、观念、信仰等内容而得到动态更新，但这一切是建立在社会结构体系基础之上的，如果社会崩塌，"文化"也会销声匿迹；有的学者认为"文化"会随着人们行为规范和模式的变化而有所分层和区别，这便是世界上形成多种"文化"的重要原因。这些学者对"文化"的定义往往各有侧重，也会基于不同学科做出考量。在这些定义的启发与促进下，对文化本质的研究论述走向变得更明确、更科学。马克思和恩格斯认为广义的文化指的是人类社会发展的阶段或社会迭变的发展形态，狭义上的文化是政治、哲学等精神产物。[1]

在我国古代诸多典籍中，有很多与"文化"相关的记载与论述，其中"文"的意义与作用更为凸显，这与我国古代文人学者注重"心"的修养有紧密关联。这样的认知倾向也渗透到现代社会工具类图书中，比如《中国大百科全书》《现代汉语词典》等。在这些工具类图书中，对"文化"的定义侧重于精神层面，将其与思维行为模式、民族信仰、价值倾向等紧密关联。其实这样的解释和定义是从狭义上进行归纳总结，如果扩展到广义层面，"文化"所包括的内容更为多样，除了精神层面的内容外，物质层面也是重要组成。世界上有很多民族，每个民族的思维和行为模式各具特色，如此一来形成的价值系统也会具有民族性。随着价值系统不断融汇于民族发展血脉之中，民族核心文化便会形成，并表现出显著的超意识形态特征。比如，致力于反封建主义、反资本主义的无产阶级学者，他们在意识形态上会对封建文化、资本主义文化进行批判，但其中的部分内容也会得到这些学者的认同。因此，推翻落后意识形态表现为落后制度消亡殆尽，优秀的、充满智慧的文化内容会留存下来。对一个民族来说，意识形态与社会体制的变化往往不会动摇这个民族的文化根基。如果想要摧毁一个民族的价值信仰与文化根

---

[1] 王彬玮. 马克思主义哲学中的"文化"定义探析 [D]. 郑州：河南大学, 2012.

基，需要从文化价值核心层面入手才能达到目的。

多元文化形成于民族多元化基础之上，而当这一词被提出并被广泛应用后，其含义不断深化与多层次化。在全球一体化时代背景下，多元文化旨在引领不同民族共存共荣，要求不同民族相互借鉴与吸收各自精华内容，引领人们改变传统一元式思维模式，开始向多元化思维模式转变。有的学者基于思维模式的转变向更高层次延伸，将多元文化形容为一种描述不同民族与国家共存的状态。有的学者认为多元文化是不同民族与国家在现代社会中逐步衍生出来的，具体来说包括有形与无形两种方式。其中，有形方式涉及人们生活中直观可见的内容，如建筑、饮食、工具等；无形方式涉及人们生活中的抽象内容，如生活方式、传统习惯、信仰意识、价值观念等。从宏观视角审视，多元文化背景下所形成的多元文化资源成为支撑各民族生存与发展的重要内容；从长远视角审视，人类社会与人类文明的持续推进同样离不开多元文化资源的推动。多元文化中的"多元"其实主要用于描述表层文化，核心文化虽也有"多元"态势，但程度上远不及表层文化。具体到不同民族的交流互动中，表层文化相互碰撞是主要表现，核心文化往往会保持稳定，不会受到表层文化相互碰撞的太大影响。这种思想认知成为很多民族与国家面对外来文化采取何种态度与处理方式的重要指导——只要保障核心文化不被侵蚀，便会允许多种文化同时存在。

联合国教科文组织在《世界文化多样性宣言》中对"文化多样化"进行了阐述，明确指出人类世界充斥着多种多样的文化形式与内容，并从人类文明发展视角提出不同民族与国家要依托文化多样性资源进行交流、革新与创造。地球生物有着更为漫长的发展史，而它能够一路风尘仆仆而来，虽跌跌撞撞却始终向前，与其整体上维持生态平衡有着紧密关联。同样，人类文明也要走平衡之路，不能一家独大，将其他文化消弭灭绝。从这一层面分析，文化多样性要持续保持，这是人类文明在当代得到良好推进及在未来时代仍然具有巨大发展活力的重要基础。归纳以上内容，可以将文化多样性意义表述为以下三点：一是文化多样性既能凸显民族与国家的独特性，也能表现多样性。这两种性质只有同时存在、相辅相成，才能支撑人类文明不断向前。二是文化多样性是不同民族与国家交流互动的源泉，如果完全一致、没有差异，交流过程便会被切断。三是文化多样性应成为人类共同遗产得到维护，使其延续下去。

综上所述，多元文化的含义可总结如下：首先，多元文化要以主流文化作为主心骨，为其他文化的交流交融与共同发展创造条件。经过漫长岁月的积淀升华，一个国家或民族会形成自身主流文化与价值观，而坚持主流文化引导能更好地调动民族与国家的内在动力，并保持自我本色。对于任何一个民族和国家来说，闭门造车只会造成自身与外界脱节，即便主流文化仍然占据主导，也往往会因为缺少外来文化的刺激与营养供养而出现很多负面内容，久而久之这些负面内容便会累积成威胁民族与国家发展的隐患。允许不同文化存在与交流互动，对于发展主流文化、拉近不同国家与民族之间的距离具有重要意义，这是合作与竞争共存状态下获得更好发展效果的重要支撑。当今社会文化竞争十分激烈，无论哪个国家想要在竞争中不被淘汰出局，都要从多元文化方面入手汲取营养，只有这样才能保持旺盛的生命力。其次，多元文化可引领生活方式、价值观与思维方式。世界本应是丰富多彩的，科学探索、人文发展、环境塑造等要多种多样才会更加有趣，使世界充满活力，也使人类交流互动获得更强动力。如此才能驱动世界诸多方面不停发展，既能带来可观的经济收益，也能在精神思维层面融入新的内容，避免一成不变以致消亡。最后，多元文化表面上呈现出强烈的多元诉求，而实际上却是稳固民族类型、保持民族多样性的重要支撑。而通过吸收新文化这一过程，文化的多样性会进一步加强，百花齐放、百家争鸣将成为现实。

## 二、多元文化的特点

当今世界，多元文化既是现状也是趋势，在不远的将来，世界将五彩缤纷。这与多元文化的特点有关，多元文化的特点具体如下。

一是文化多元共存。文化多元共存指的是各种文化同时存在与发展。文化形成不是简单之事，往往渗透在一个民族或国家的血脉之中，即使这个民族或国家规模较小，其所形成的文化也应该得到尊重，进而开创不同文化平等共处、和谐发展的局面。在这种局面下，不同民族或国家在文化建设与文化交流方面会呈现本质上相同的价值追求，而这又会为经济全球化发展提供有力支撑。20世纪80年代是经济全球化兴盛发展的重要时期，也是多元文化愈演愈烈的节点。在信息网络时代，人与人之间能够更为便捷地进行交流，一方面人们认识到世界上还有很多文化存在，另一方面人们的民族文化认同感受到挑战。国家不会放任这种现象进一步发展，而是会采取相关举措予以应对。阻塞之法绝不可取，尤其在信息网络时代这种做法根本行不通，正确做法是充分接受文化多元态势，并通过积极引导让人们认清文化的优与劣，从而不会盲目地信任与吸收某种文化。如此一来，文化多元共存局面形成并为文化交流与互动创造良好条件。另外，国家的主动出击又能使各国在核心文化夯实方面做得更深入、更彻底。当每个国家的核心文化坚实存在时，其影响力必然进一步提升，这对于多元文化的和谐共存具有重要意义。

二是和而不同。"和而不同"一词出自《论语·子路》，用以表示追求融合与存在差异并不矛盾，而是能同时发生。用"和而不同"一词阐释多元文化时，能够充分阐明多元文化的表现与趋势，其中，表现层面为世界文化多种多样，追求和谐，能营造更加良好的发展环境；趋势层面为世界文化的和谐不是简单的不发生冲突，而是各具特色，并能相互促进实现共生共长。对具体国家来说，它们可以通过"和而不同"深入认识本国文化的不足之处，而后汲取他国文化长处进行补足。学者费孝通对"和而不同"进行了精妙的阐释，表述为"各美其美，美人之美，美美与共，天下大同"。用"和而不同"一词解释多元文化和谐共存时，能够让人们认识到和谐共存不是一味追求统一，而是以发展态度对待不同文化，对于好的、优秀的文化要积极吸收，而对于不好的、劣质的则要坚决摒弃。这样的态度才是对异质文化真正的尊重。马克思、恩格斯指出："古往今来每个民族都在某些方面优越于其他民族，任何一个民族都不会永远优越于其他民族。"[1]这一论述表明不同文化没有高低贵贱，不能以某种文化标准对所有文化作出评判。"和而不同"所表现的态度是平和的、冷静的、明智的，表现在世界文化发展中则是去芜存精、不断创新。但思想很丰满，现实很骨感。当今世界存在文化不平等现象，比如，世界第一大强国——美国所奉行的霸权主义使很多文化被异化或丧失文化个性，并且美国还通过电影、动画等渠道大肆传播本国文化内容与价值理念，目的在于提升本国的影响力。诸如此类的做法会使世界文化多样性受到威胁，如果任由这种局面发展下去，多元文化将不复存在。在这一形势下，"和而不同"要得到大力倡导。

三是融合创新。随着全球化的加速，文化交流和融合也越来越密切。在这个多元化的时代，文化的融合与创新已经成为一个越来越重要的话题。这种文化的融合与创新不仅体现在艺术和设计上，还体现在生活方式、科技、商业、教育等各个方面。第一，艺术和设计是多元文化融合与创新的重要领域。艺术家和设计师在创作中吸收来自不同文化的元素，融合不同文化的特色和风格，创造出新的艺术形式和设计风格。例如，当代艺术家村上隆融合了日本传统文化和流行文化的元素，创造出了独特的艺术风格。另外，设计师也可以从不同文化中汲取灵感，创造出具有跨文化特色的设计作品。例如，法国设计师菲利普·斯塔克从我国传统文化中汲取灵感，设计出了具有简约、时尚特色的家具和灯具。第二，生活方式也是文化多元融合与创新的一个方面。人们可以从不同文化中学习不同的生活方式、饮食习惯、着装风格等，从而创造出独特的生活方式。例如，我国的饮食文化深受全球范围人们的喜爱，其因具有丰富多样、内涵深刻的特征经过跨文化传播在全世界得到推广。第三，科技也是文化多元融合与创新的一个方面。技术的发展使人们更加容易进行跨文化交流与合作。这也为文化多元融合与创新提供了更好

---

[1] 马克思恩格斯全集：第二卷 [M]. 北京：人民出版社，1957.

的机会。例如，人工智能技术的发展使不同语言之间的沟通变得更加容易，为跨文化交流提供了更好的工具。第四，商业也是文化多元融合与创新的一个方面。商业可以通过融合不同文化元素创造新的产品和服务，满足人们的不同需求。例如，星巴克在其产品中融合了美国文化和咖啡文化的元素，创造出了独特的品牌形象和产品风格。第五，教育也是文化多元融合与创新的一个方面。教育可以帮助学生了解不同文化的特点，从而培养出具有跨文化意识和跨文化交际能力的人才。例如，一些学校会组织学生去不同国家进行交流和学习，帮助学生了解不同文化的差异，从而培养出具有跨文化意识和跨文化交际能力的人才。

四是长期稳定。这是对多元文化状态的描述，可分为长期性与稳定性。人类文明不断推进，文化也在不断发展，而在发展过程中，壮大自身是天然需求，同时文化的多元化也不可逆转。每个民族所创造的文化都是与自身实际情况相契合的，并在岁月的长河中支撑民族不断繁衍，而当遇到苦难与挫折时，文化内容经历锤炼，变得更为坚韧且具有潜力。在文化的支持下，民族的生命力与精神力不会枯竭，继续在民族生产、实践等过程中发挥应有价值。从某种意义上看，任何民族文化的产生与发展都是人类文化史中的重要组成部分，即使民族文化退出了历史舞台，其影响力也会继续存在。长期稳定特征的形成与文化适应性也有紧密关系。某种文化可能对某些民族没有作用，但对于原民族来说，所形成的文化适应性能支撑它们应对任何情况。虽然随着岁月更迭，文化会有所变化，但稳定性始终是主旋律。

### 三、多元文化与主流文化的关系

时代更迭，多元文化态势始终不会改变，成为世界文化发展的重要影响因素。每个国家和民族都要认清这一点，并在实际发展中以包容的态度进行长远规划。文化深层结构不会轻易变化，即使面对复杂的外界环境也会持续保持这一特质，这是多元文化形成的重要根基。多元文化态势已成现实，其中的每一种文化都能通过汲取外界养分进行发展并与其他文化实现融合。

英国哲学家罗素曾说，人类文明发展向前离不开不同文化的交流互动，比如希腊文化、埃及文化、罗马文化、阿拉伯文化等均被证明存在相互借鉴的关系。吸收与借鉴是将他之优点为我所用的重要方式，而对于一个民族或国家来说，内部多元文化也会在吸收与借鉴过程中成为现实。异质文化是客观存在的，这一点不容置疑。面对异质文化，保持宽容应是基本态度，但也要讲究程度，不能一味追求宽容而让异质文化对本民族文化核心价值造成伤害。

从文化起源分析，文化的多元性是与生俱来的，究其原因是因为世界上民族众多。有学者曾做过这样的比喻，如果将"文化"比作"美酒"，当上帝将"美酒"分发给每个民族后，原本相同的"美酒"在不同民族品味之下将表现出不同特征。这一比喻恰如其分地解释了同一文化源泉衍生出不同文化内容的历史真相。不同民族在繁衍生息过程中，生存环境有所差异，而为了适应生存环境，每个民族会产生符合自身情况的需求，进而逐步发展出独特的价值观念和生活方式，这种价值观念和生活方式成为形成独特文化的源泉。民族背景不同决定文化特性不同，而文化特性必然会含有其他民族文化不具备的优势因子，因此当不同的民族文化交流互动时，优势因子便能互为传递。世界文化从低谷走向繁荣正是基于这一实际得以实现的，这一点已经被证实。对于现代人来说，充分认识现实并继续走优势互补之路才能支撑世界文化继续繁荣下去。多元性、差异性、民族性是世界文化的基本特征。基于此，有学者得出"民族的才是世界的"这一结论。关于这一结论的解读多种多样，但有一点是必须承认的：正因为民族文化差异性与多元性特征的存在，世界文化才会绚丽多姿。反过来说"世界的才是民族的"同样在相应场合成立，其表现为不同文化的平等存在和发展。

每个民族都有自身的主流文化。多元文化能够增强主流文化生命力，支撑民族持续且良好发展。主流文化包括价值观、意识形态、思维理念等内容，这些内容的形成不是无根之萍，而是有着相应的扎实基础，如历史背景、社会条件、政治根基等。当同时代的异质文化席卷而来时，这些基础内容就会充当

"筛子"对异质文化进行筛选,帮助主流文化吸收其中的优质成分,通过取长补短实现主流文化的发展。主流文化独自生存与发展会面临资源枯竭的困境,因此必须走出局限,进入丰富多彩的世界文化中,如此才能汇集来自不同文化的优势因子,进而为自身发展提供充足资源,不断增强自身的竞争力与生命力。无论是欧洲文化还是中国文化,长存至今且依旧产生影响不是毫无理由的,其中能够不断吸收优势因子便是重要原因之一。畅想未来,世界文化只有继续走这条道路才能拥有美好的前程。这也是联合国教科文组织在《世界文化多样性宣言》中强调文化多样性的重要出发点。

从宏观长远视角分析,多元文化对人类文明与世界文化发展带来的益处是巨大的,但在具体的每一个阶段,多元文化可能会引起诸多矛盾与冲突,进而对一个民族和国家的主流文化造成冲击。首先,多元文化是价值观冲突与产生分歧的重要原因。当冲突与分歧进一步扩大与加深后,价值观的评价标准就会走向混乱,使人们变得焦躁与惶恐,不能正确理智地对待生活。价值观多样化对人类的影响是负面还是正面要看主流价值观是否稳定与产生的影响力是否强大,如果答案是肯定的,价值观多样化所造成的冲击便会限制在可接受范围内,并且还能为主流价值观的更好发展提供助力。青年学生正处于价值观不稳定、不成熟时期,容易受到外界价值观信息的影响,使他们的价值观标准不断变化。以改革开放前后青年学生价值观标准调研情况为依据可以发现以下内容:改革开放前,青年学生将"为社会、集体作贡献"作为主导价值观标准,并且在判断"人生价值"时更多选择"他人和社会的认可与尊重",而较少选择"个人成功与否";改革开放后,大部分青年学生仍然选择"为社会和人民作贡献",但是其他选择的比例明显上升,并呈现多样化趋势。究其原因,改革开放后的青年学生接受更多外来文化影响是重要因素之一。其次,多元文化之间产生冲突时容易引发社会矛盾,对社会稳定造成威胁。社会矛盾如果得不到科学应对与处理,便可能在某些因素的影响下进一步激化,影响社会稳定。在信息社会中,社会矛盾更是要被慎重对待，因为社会矛盾会在信息渠道快速传播下广泛渲染，稍有不慎便会贻害无穷。最后，文化多元化会逐步消解主流文化底色。主流文化底色不是一朝一夕形成的，而是经过了漫长的岁月磨砺与演进，其稳定性是毋庸置疑的，除非历史背景、社会条件、民族特色、政治根基等发生翻天覆地的变化才可能摧毁其稳定性。在实际情况中，异质文化的侵蚀虽然短时间内不足以引发主流文化变化，但如果任其发展下去，所产生的消解效果累积之后也会造成难以想象的负面影响。主流文化与多元文化共存共生是现实，但一定要使主流文化成为主导，多元文化则是养料。

在多元文化态势中，主流文化也有着相应功能与作用。首先，主流文化会对多元文化产生引领和整合作用。具体到每一个民族中，主流文化拥有很高的地位，而面对不可阻挡的文化多元趋势，主流文化要成为主心骨，既要为引入多元文化创造条件，也要做好领导者，避免多元化向负面方向发展。我国是社会主义国家，追求社会和谐，让人民群众过上幸福安康的高品质生活是重要发展目标，主流文化要围绕这一目标发挥相应作用。比如，面对多元文化时做好辨别和批判是基本切入点，而后通过去芜存精弱化多元文化的负面影响，使其正面积极影响进一步放大。其次，主流文化要展现尊重和包容。多元文化具有自身差异性和独特性，而这些特性会成为多元文化与主流文化的"隔阂"，如果主流文化"心胸狭窄"，必然容不下多元文化。尊重与包容应是主流文化在面对多元文化时应该持有的态度，确保多元文化的社会地位得到尊重，只要多元文化不对社会发展产生威胁与危害，其所表现出的任何局限与缺陷都应得到包容。再次，主流文化会促进多元文化更加丰富。主流文化与多元文化本没有高低之分，各自都有优点和不足。多元文化能为主流文化融入新内容助力，同时主流文化也能为多元文化有所创新和突破提供支撑。最后，主流文化能对多元文化产生一定的约束作用，避免多元文化无限制地发展下去。多元文化中优劣并存，落后的、负面的内容客观存在，如果任由这些内容自由发展，不仅会威胁到主流文化的主导地位，还会对社会和谐发展造成诸多负面影响。对我国来说，西方文化可以吸纳与借鉴，但不能触及一个原则，即危害中国特色社会主义文化主导地位。

我国在文化建设领域要做好主流文化与非主流文化共存工作，主旋律要弘扬，多样性也不能落下。中国特色社会主义文化是主旋律，基于此所产生的爱国主义、集体主义、社会主义精神要发扬，使它们在社会发展中充当价值导向；其他思想理念只要无害也应有存在空间，对主流文化来说，多元文化可与其交流、竞争，还能促进自身发展。每一种文化形态都有独特之处，如果能互为配合和补充，外来的文化意识能存在和发挥作用，又能与主流文化意识一起服务于社会发展。因此，我们对待多元文化潮流要表现出理智科学态度，能够辩证地看待问题，既不能与潮流相悖，也不能放任自流。"和而不同""一元主导、多元渗透"等原则与观念要得到落实，进而保证我国文化向健康、有序、繁荣方向发展。

## 第二节　多元文化的实质和意义

### 一、多元文化的实质

文化是一个抽象概念，难以用直观明晰的语言全面概括与表述，但这并不会影响人们对文化的理解与认识。首先，文化是个整体性概念，由表层结构和深层结构组成，两者在文化内部具有各自的地位与作用。人们可以清晰地了解与认知文化的表层结构，包括饮食文化、服饰文化、居住文化、语言文化等。文化的表层结构往往丰富多样，即使在同一个领域中，也会展现出丰富多样的变化，如饮食文化中不同的人会有不同的选择。文化的深层结构指向文化核心，是不同文化形态产生根本性区别的源头，可以表现为思维行为模式，也可表现为价值观念，还可表现为民族信仰。文化的表层结构与深层结构并不是泾渭分明的关系，两者可互相融合。例如，表层文化的表层结构在某些方面也会展现出深层结构的特质，让人们在文化感染中感受超意识形态。

价值观在文化中处于中心地位，它的影响力巨大，能够引领人们的思维方式、思想理念等。每个民族的文化均有其独特性，价值观也是独特的，而当价值观深入人心之后，民族文化就能够保持极强的稳定性。从这一层面分析，文化多元化的实质是价值观和思维方式的多元化。本书便是基于这一层面来研究多元文化的实质。

多元化是常态，世上没有完全相同的事物，人也是如此。而人的不同除了由基因决定外，人的成长环境、人文追求、风俗习惯等也会产生诸多影响，造成价值观念、思维方式、行为模式等表现出差异性。人作为世界主导者，他们的多元也决定了世界的多元。人与人之间会因为理念不同而产生冲突，同样，文化形态也会因为价值观不同而引发冲突，这是一种正常情况，应该正确对待与认知。冲突并不是坏事，交流与融合在冲突的加持下会更为深入。因此，我们要正确看待多元文化，当出现冲突后不是想着回避，而是以积极态度坦然接受，如此我们才能认清这个世界与世界上的诸多客观事实，更重要的是能实现"百花争艳"目标，建设一个更加美丽多姿的世界。

价值多元化是文化多元化的必然趋势与结果，从实质上分析，能够形成价值多元化得益于价值标准与价值追求的广泛性。在经济全球化时代，价值多元化拥有绝佳的土壤，加之互联网的助力，各式各样的文化更能良好地交织，进而形成更多价值观，既满足更多人的价值诉求，也能让他们获得更大的选择空间。从"人"的层面分析，不同的"人"会忠于自己的选择和追求，成为价值观多元化趋势的重要助力。在人类社会越来越复杂、信息流通越来越发达的情况下，文化的更新与转型日益加快，人们容易陷入迷茫状态，一方面受到传统价值体系的约束，另一方面又会被新价值体系驱动。在这样的状态下，个性追求会逐步占据上风，并营造出迎合个性发展的环境空间。在这一空间内，人们对追求私利、追求享受等行为表现出认可，使价值观追求向异质性、多样性、复杂性发展。这与现实形成冲突是必然的，而对于我国来说，想要沿承传统价值体系优秀内容并限制新价值体系中的负面内容，关键在于优化教育，通过教育手段影响人们的价值取向。

## 二、多元文化的意义

一个民族或国家保持旺盛的发展力离不开多元文化资源的支撑，而当民族或国家腾飞后，广大人民群众则会从中受益，内部文化也会变得多姿多彩，人文层面得到塑造，形成极具魅力的人文风景。多元文化也会带来一些弊端，使民族文化受到多重冲击，但从整体上看，多元文化终究是"利大于弊"，并当利得到放大之后，弊就能进一步消弭。归纳而言，多元文化的意义表现在以下四个方面：一是多元文化能增强文化生命力。新事物的产生往往源自旧事物的聚合，而新事物既能通过取长补短生成自我优势，也能在创新发展中有所突破。从文化层面分析，多元文化既能增加文化类型，又能为文化聚合创造条件。具体到社会发展中，文化元素越多，文化聚合就越容易进行，当文化聚合开创文化多样性局面后，身处其中的"人"不仅选择更多，也能在多样化选择激发下产生更多灵感与创造性。这两种因素叠加之后，文化创新可能性将进一步增大，使文化生命力更加旺盛。这一规律对每个民族和国家都是适用的。我国的文化发展伴随外来文化的融入。比如，印度佛教传入我国后，哲学、文学、艺术等领域均获得新了的发展，所产生的新内容成就了我国多姿多彩的文化风格。

二是多元文化能形成文化生态平衡局面。地球上的生物类型丰富多样、形形色色，如此才形成了活力四射的生物圈，并在代代繁衍之下维系生机与活力。人类文化发展与地球生物圈生物平衡有着异曲同工之妙，同样蕴含丰富多样的文化元素与智慧结晶。人类文明发展过程中所出现的每种文化都是长期积淀而成的，蕴含着宝贵的经验与智慧，而当文化形成之后便会对人类社会产生深厚的影响力，文化不会轻易被取代和消亡。在这一过程中，不同文化之间持续产生交流与互动，然后做出选择，吸收有益的、对自身有用的文化元素进行融合。而在现代社会中，不同文化之间的互动交流更为频繁，与此同时，很多传统文化会在现代文明的冲击下退出历史舞台。某一种或几种传统文化消失后，人们可能察觉不到，而当这种情况愈演愈烈之后，文化消失将会产生显著的影响，其中文化生态平衡被破坏是重要表现之一。从目前情况来看，文化消失尚未达到十分严重的程度，而自然生态消失与破坏却已经开始向人类露出獠牙，给人类的生产生活带来诸多负面影响。由自然生态失去平衡所产生的影响来揣度文化生态失去平衡之后的反应，可以预想到文化生态失衡的负面影响程度何其强烈。多元文化存在一定的负面影响，但是从宏观和长远视角审视，只有保持多元文化才能避免文化生态平衡局面被打破，进而为人类文化保持多样性与持续性发展创造良好条件。另外，多元文化得到认可意味着多元文化得到尊重，在恰当适宜的相关举措下，它们不会成为冲击主流文化的洪水猛兽，而是成为为主流文化多向度发展提供支撑的文化资源。

三是多元文化能够对抗文化霸权主义。在当今世界，西方很多发达国家实行文化霸权主义以巩固自身霸主地位，这一策略会对他国文化造成巨大冲击，并在霸权文化向其他文化慢慢渗透中形成文化一元化局面。有学者曾经对美国文化霸权策略进行评价，认为美国在这一策略支持下的确使自身文化远播海外、席卷世界，并由此在经济、政治、军事等方面收获巨大利益，确保自身领先于世界各国，但该学者指出文化霸权策略终究只是昙花一现，如果美国不能做出改变，一意孤行与多元文化态势进行对抗，那么在不远的将来美国必将被历史抛弃。很多非西方国家对美国文化霸权策略积极抵抗，避免自身成为美国文化的附庸。这些国家不约而同地采用了多元文化策略，一方面进一步弘扬与发展本国主流文化，另一方面则是积极与异质文化交流互动。西方国家采用文化霸权策略是统治阶级称霸世界野心的产物，并不等同于西方文化会被霸权思想笼罩。因此，非西方国家不能戴着有色眼镜看待西方文化，而是要通过积极的交流互动汲取其中的精华内容。这样一方面能够为本民族文化发展供应养分，另一方面也能形成防御机制，与文化霸权策略形成对抗。未来世界中，多民族共存发展是必然趋势，而对于其中的每个民族来说，学会与其他民族和谐相处具有重要意义，能为实现共存共赢打下坚实基础。平等对话、友好交流是和谐相处的重要方式。在和谐环境下，文化之间的碰撞会更加高效，表现出高质量的交流成果。有交流也要有自我提升，只有确保自身文化生机无限与魅力多彩，才能在与外来文化碰撞中处于主动地位，吸收精华、摒弃糟粕，杜绝不良文化的侵袭与侵蚀。这说起来容易做起来难，多元文化可能会形成"乱花渐欲迷人眼"的局面，甚至有些混乱，要想理清头绪，保护与发展自身文化是重要一步，当自身文化具有一定影响力之后，便能在应对文化多元态势时"信步坦然"。

四是多元文化能够化解民族冲突。不同民族之间产生冲突甚至演化成战争局面会对世界和平造成极大的负面影响，人心惶惶，难以安宁。从目前情况来看，和平与发展已然成为主流，但民族冲突时有发生。究其原因，文化对抗是根本，比如阿拉伯民族与西方民族由于文化对抗产生了巨大的民族矛盾，并且在时代更迭中多向度演进，使得民族矛盾爆发为冲突的概率进一步提高。为了世界和平，应切实落实化解民族矛盾，而想要做到这一点，使多元文化意识得到树立与强化是重要入手点。这一意识强调每个民族无论大小都是人类大家庭中的一员，都应该得到尊重，不能出现被不平等对待的现象。从人类文化发展层面来看，正是由于每一民族文化均作出了一定贡献，人类文化才变得多姿多彩、活力非凡。当不同民族之间做到互相尊重与理解，并能平等对待各自的风俗习惯、民族信仰、价值取向、生活方式等，民族团结才能逐步成为现实，进而为民族之间保持良性沟通与合作关系创造条件。

# 第三节　多元文化的动力与趋势

20世纪80年代以来，关于多元文化的研究日益深入，驱动多元文化局面形成。在这一局面下，分享研究成果，充分从多元文化中受益是每个民族或国家应该做的事情，但不能局限于此，还应对多元文化展开更深层次的研究，其中研究多元文化的动力与趋势是重要内容。这对于未来世界如何延续多元文化局面具有重要指导价值。

## 一、全球化推动了多元文化进程

全球化是世界局面趋向和平、国与国之间能够正常交流的重要趋势，而随着信息时代的到来，全球化趋势得到了进一步渲染，这使得不同文化之间的交流互动更为频繁，进而推动多元文化态势更加显著。20世纪90年代后，信息科学的发展已然埋下新时代的种子，而随着信息科学走向更高水平与更多领域，全球化快速发展，为不同文化之间的沟通与交流创造了有利条件。有学者指出，全球化进程的重要意义表现在将单边文化和政治流动扭转为多边形态。信息高速公路的形成与完善发挥了催化效应，加速了全球化进程，也使得多元文化获得快速发展。由此可见，多元文化的动力来源之中，全球化占据主导地位。

全球化改变了全球单边发展局面，使各个国家之间的联系更为紧密。对历史发展进程进行审视，可以发现全球化有着主观与客观双重因素的推动。1492年，航海家哥伦布发现了美洲大陆，欧洲各个国家开始向这一大陆进发，探索新大陆成为一种风潮，为新航道的不断发现打下了基础。世界各国在这些航道的支持下开始建立更为紧密的交流关系，无论是经济还是政治都在这一过程中获得了新的发展。从物质形态看，全球化表现为不同国家的经济贸易形态，而当经济贸易在规模与渠道方面走向更高层次后，全球化态势就更为显著，所囊括的内容也更为丰富。全球化并不是瞬间形成的，而是经过多个发展阶段，包括跨国化、局部国际化等。在这些阶段，风俗习惯、文化传统、价值观念、生活方式等逐步从微小表现或是有所禁忌走向开放自主，并通过交流、碰撞、冲突与融合过程展现出更大的影响力。总体来看，全球化所依仗的是经济力量，而当经济全球化得到进一步发展后，技术、制度、文化等也开始在全球化过程中获得发展良机，并从宏观层面走向微观向度，让具体的"人"可以了解并享受由此带来的各种收益。到了今天，全球化已然成为不可逆转趋势，无论人们是否接受和认同都无法改变这一现状。既然无法改变也无法逃避，立足于全球化构思新的发展模式才是明智之举，才能在全球化时代处于主动地位。

经济全球化是全球化的初级表现。经济全球化依托利益关联大行其道，身处其中的每个国家想要在经济层面获得良好发展必然要接受经济全球化这一事实，否则会被排斥在国际市场之外。经济合作在全球化中充当了文化交流渠道，不同文化开始频繁互动，为多元文化的形成创造了良好条件。但并不是所有的国家都会正确对待多元文化，比如炽热追求世界霸权的美国便是典型代表。美国将全球化作为传播与推销其价值观念与意识形态的"跳板"，而后依托其强大的经济、政治、军事等实力强压其他国家"就范"，通过这一过程，其他国家可能在短时间内能获得一些利处，但从长远来看，如果不能清醒看待、及时止损，就很容易成为美国的文化附庸，到头来民族经济、民族文化、民族精神等均会受到极大威胁。随着时间的推移，美国文化霸权政策的本质得到深入剖析，其他国家逐渐产生了自觉抵制意识，对维护本民族文化传统表现出更强动力。维护本民族文化是必要的，但不能超过一定限度，否则容易陷入极端民族主义误区。从这一层面来看，全球化更像是一道"考题"，既考察国家与民族对待异质文化的态度，也考察国家与民族应对异质文化的能力，做好这道"考题"，国家与民族才能在全球化局面中获得良好发展，才能在国家与民族内部形成多元文化的良好态势。文化霸权主义趁着多元文化之风强势袭来，对于任何一个国家与民族来说，抵制文化霸权的负面影响，汲取多元文化的营养内容是应对这一局面的重要途径。多元文化离不开全球化这一现实土壤，但对多元文化的生长与发展过程可以进行人为干预与引导，避免负面内容积聚，促进积极内容成为主导。

全球化浪潮为多元文化发展创造了良好条件。多元文化客观存在，但会因为地域限制、民族矛盾等阻碍不同文化之间的交流互动。全球化浪潮极大地冲击了这些限制与矛盾，使之弱化或者消弭于无形，使不同文化之间获得契机、空间等进行互融互补。文化全球化不再只是一个口号，而是逐步成为现实，加之通信和交通领域的技术水平日益提高，文化交往交流的速度、强度、广度、密度等得到提升。虽然文化交往交流短时间内难以获得良好效果，但随着交流的不断进行，不同文化之间不再局限于互相了解与认识，还会向取长补短、优势互补等方向发展。对于不同民族来说，孤立、封闭、保守等原有状态得到彻底扭转，对待传统文化与外来文化的态度趋向于科学合理，比如很多民族单方面认为自身传统文化冠绝于世，但在态度改变后，这些民族逐步对传统文化的优势与精华有了更深的认识，同时也承认传统文化中存在糟粕与不良内容。这样的态度不仅能更好地审视传统文化，还能在与外来文化的交流互动中更具针对性，懂得应吸取哪些内容，而不是散弹打鸟、全凭运气。文化交融本不是容易之事，出现矛盾与冲突是必然的，面对这种情况，有节制地交锋与针锋相对是基本态度，绝不能为了缓和冲突而一味退让，因为一味退让只会让自身陷入被动，即使融入多元文化也难以充分把控自家的文化。

经济全球化在文化层面的影响具有层次性。经济与物质建设紧密相连，当经济全球化影响一个民族时，这个民族的物质生产方式与模式就会发生变化，使民族文化物质层得到重塑。此时，民族文化还不会受到经济全球化的直接影响，但是随着与物质层相关的理论研究、制度内容进一步深化后，民族文化不再局限于文化建设领域，而是会逐渐向其他领域渗透，从而与经济全球化建立关联。文化有所改变之后，才会逐步对人的心理层面产生影响，使人们的价值观念、思维模式等发生变化。这一过程往往是漫长的，因此当文化全球化凸显之后，距离民族文化发生根本性转变与人们心理层面质的变化还有一段距离。此时所发生的现实行为是相关机构或个体之间的交流与对话，不刻意追求思想统一，通常是从具体问题出发探索双方都能接受的解决方式或途径。文化全球化直接受文化物质层、理论研究层、制度层等方面的影响，当这些内容实际发生并向前推进时，文化全球化已然成为事实。

今天的世界充斥着全球化影踪，使多元文化得到发展与强化，进而成为一种必然趋势。每个国家、民族和个人都要认清这一趋势并在认同的基础上积极应对，西方国家的文化霸权策略在这一趋势中只能走向破产。宏观来看，世界上有各种各样的民族文化，它们共同编织成了精彩纷呈的世界文化；微观来看，每一种民族文化都是独特的，都有其他文化没有或者难以取代的内容。在这些文化中，有些文化有着出众的名气，如希腊文化、印度文化、阿拉伯文化、中国文化等，它们对世界文化与人类文明发展作出了突出贡献，但即便如此也不具备取代其他文化的资格。西方国家鼓吹自身文化具有极强的适用性，但实际上那些文化所辐射的范围和影响空间都是有限的，妄想整个世界被西方国家文化覆盖与统治是绝不可能实现的。美国第42任总统克林顿曾公开承认多元文化才是世界发展的正途，他指出美国本是一个多种族共存的国度，更应该了解多元文化对于国家发展与民族振兴的重要意义，更应该将这种认知与意识向全世界普及。在诸多有影响力人物的推动下，西方国家开始基于多元文化思考与构建发展之策。例如，加拿大政府曾出台过《多元文化主义政策》，用以消除国内存在的文化歧视与文化猜忌；澳大利亚政府在《移民政策纲要》中明确规定移民的地位，指出移民也是澳大利亚社会的一分子，其代表的文化应得到尊重。在亚洲国家中，马来西亚是一个华人约占33%的国家，而在很长时间内，马来西亚政府曾致力于同化华人，但到最后认识到同化之策并无大用，开始积极接受这一现实。这充分表明，多元文化已然成为不可阻挡的现实与趋势，世界各国也实现了从抵制到接受的转变，为多元文化火热发展打下了坚实基础。

## 二、社会现代性转型促成了多元文化趋势

当新的事物出现后，旧的事物退出历史舞台需要经过一段历程，这一段历程就是转型期。社会现代性转型指的是社会向现代化转型所处时期。我国从1978年实行改革开放后，无数新的内容涌入社会发展之中，开启了我国现代性转型之路。在这一过程中，原先的价值理念、思维系统等解构，但是想要形成新的价值思想体系却不是一朝一夕就可以完成的，由此便出现了"空档期"。对于生活于其中的人来说，"空档期"犹如一根悬在空中的绳索，虽然连接着"人"的躯体，可是精神层面却在空中飘摇不定。这样一来，很多文化内容会乘虚而入，虽不会主导人们的价值思想，但是会造成人们的价值思想不断变化，时而冷静，时而狂热；时而追求时尚，时而崇尚传统，总之会呈现出显著的不确定性，出现混乱也在情理之中。这便是时代转型过程中伴随的文化后果。

社会现代化转型是指社会在经济、政治、文化等方面的变革和发展。这种变革和发展，不仅深刻影响着社会结构和社会关系，还对多元文化趋势产生了重要的推动作用。第一，社会现代化转型使全球化进程加速，人们的交往和互动更加频繁和紧密。随着信息技术的发展和全球化的推进，文化交流和传播的障碍被逐步消除。人们可以很容易地获取来自不同文化背景和国家的信息和知识，这促进了多元文化的发展趋势。第二，社会现代化转型使人们的生活方式和价值观念发生了深刻的变化。在传统社会中，人们往往秉持相对固定的价值观念和生活方式，但在现代社会中，这些观念和方式变得更加多样化。人们可以自由地选择适合自己的生活方式和价值观念，促进了多元文化的发展。第三，社会现代化转型使人们对文化差异的认识和理解变得更加深入和精细。随着经济、政治和文化交流的加速，人们对不同文化背景

和历史传承的认识和理解也得到了加深。这有助于人们更好地理解和尊重不同文化之间的差异，从而促进多元文化的发展趋势。第四，社会现代化转型使文化创意产业得到了快速的发展和壮大。在现代社会中，文化创意产业已成为一个重要的经济增长点。这种产业的发展，不仅有助于人们更好地理解和欣赏不同文化之间的差异，还能促进不同文化之间的交流和融合，从而推动多元文化的发展趋势。第五，社会现代化转型使得多元文化成为一个趋势和目标。在现代社会中，人们逐渐认识到多元文化的重要性和意义，也开始致力于促进多元文化的发展。这种趋势和目标的形成和推动也源自社会现代化转型的深刻影响。

### 三、科技和现代传媒的发展加速了多元文化进程

科学技术在现代社会得到迅猛发展，多元文化由此获得了更多助力。纵观人类社会发展历程，科学技术与文化始终相伴相随，两者互相促进、相互影响。科学技术和文化都源自人类创造，同时也会作用于人类，因此人类充当了两者互动交流的媒介与载体。在远古时代，人类的科学技术落后，衣食住行水平极低，比如所食用的食物由于没有火加热，只能生吞活剥，直到"钻木取火"之后，人类才能烹熟食物，开启了既注重美味也注重健康的饮食历程，也为形成丰富多彩的饮食文化打下了基础。进入21世纪后，科学技术达到了新的高度，同时表现出显著的国际化趋势。众所周知，科学技术是第一生产力。每个民族或国家想要发展壮大必然离不开科学技术的支持，而想要获得与掌握科学技术，除了自我研究开发外，从外部引入也是重要途径。这一引入过程必然会产生民族交流与合作，文化融合随即发生。随着科学技术类型的丰富多样尤其是信息技术强势袭来后，人与人的生活空间距离大幅缩短，不同民族与国家之间进行交流更为便捷与快速，进而为多元文化发展创造了条件。21世纪是多元文化蓬勃发展的时期，各种文化得以彰显，并伴随着互动、冲突等过程走向中心舞台。具体到科学技术发展中，国与国之间进行合作共同开发科学技术变得日益频繁。科学家来自不同国度，他们

在不同文化背景下成长，无论是生活方式还是思想观念都会存在差异，这些差异会在合作过程中有所体现，既能为开发进程融入新元素，也会出现碰撞局面，迸发出令人意想不到的火花。科学家对这一过程要正确对待，既不因碰撞与矛盾而中断交流进程，也不因其他科学家的文化信条异于自身而表现出不尊重的态度，只有这样才能更好地达成共识，进而在科学研究中和谐共进，为获得良好研究成果提供支撑。科技的发展与交流最终会落实到科学家身上，而科学家作为生命体，更能体现文化内涵，进而更好地驱动多元文化局面的形成与发展。科学技术与文化产品生产之间有着紧密关联。比如，电影艺术作为文化产品，会随着相关技术得到开发与提升而向更高品质迸发，如电影特效、视觉效果等更加优化。除了电影行业外，通信、计算机、电视等行业也会随着科学技术的发展得到革新。这些行业往往担负着文化传播的重任，而在传统技术下，文化传播范围较为受限，文化影响力难以充分释放。现代技术支撑这些行业在文化传播方面实现跨地域、跨时空的沟通，并同时为受众自由选择并接收文化内容提供渠道与平台。科学技术继续向前推进，多元文化将获得更大的助力，任何人想要阻挡这一趋势无异于螳臂当车。由此可见，科学技术在多元文化进程中发挥了重要作用。

现代传媒也在科学技术支撑下更为丰富多样。从功能层面分析，传媒所具备的信息传播功能为其与文化相结合奠定了基础，随着传媒的发展，新的文化形象与文化形式不断依托传媒而产生。媒体具有二次加工能力，经过媒体加工的文化内容会以新形象闪亮登场，进而成为多元文化中的新资源。目前，影响力最为突出的传媒当属网络媒体。网络媒体具有以下优势：一是信息内容丰富多样并且规模巨大。二是信息传播迅捷高效。而相较于传统媒体，网络媒体信息传播迅捷高效能为人们获得即时性更强的信息打下基础，比如某个事件发生后，几小时、几分钟甚至更短时间内人们便能了解事件的来龙去脉。三是信息传播与接收呈现更强的交互性。传统媒体时代，信息传播者与信息受众往往地位固定，信息受众想要做出反馈要经过较长时间才能完成。而在网络媒体支撑下，受众可以快速获得信息，并通过相关渠道将自身感受反馈给信息传播者，同时信息受众也能成为信息传播者。这样一来，信息受众能够获得没有经过加工处理的一手信息，并且能基于自身需求做出选择。网络世界开启了世界新纪元，而对于不同文化来说，信息表现方式的多样化能使文化内容更好地传播，让信息受众接收到更详细、更及时的文化内容，进而在精神层面受到更深入、更持续的影响。网络世界还具有虚拟性，人们能以虚拟身份在网络世界中火热交流，不仅能充分表达自身观点与想法，还能与他人交流与互动，将自身观点与想法更为具体与深入地传达出去。

网络世界信息大爆炸，导致这些信息良莠不齐，如果盲目全盘接收，所产生的负面影响难以估量。西方国家将网络作为遏制我国发展的重要渠道之一，因为网络是由西方国家开发，他们掌握着很多核心技术与管理运营权力。我国网民数量的大幅增长为西方国家通过网络传播其文化内容提供了条件。想要在技术层面变被动为主动需要漫长时间，但是打造网络文化却能快速入手。我国要重视网络文化建设，一方面将社会主流价值观在网络文化中充分渗透，引领网民形成正确的价值观，并能够自觉抵制西方文化内容的侵蚀；另一方面要加大民族文化的宣传力度，使民族文化通过网络在世界范围内产生更强的影响力，"反将一军"，弱化西方文化的渗透程度。网络媒体优势多多，可它也不能完全取代传统媒体，这说明传统媒体有着自身优势与长处。传统媒体包括报纸、图书等，由于这类媒体在处理信息内容时会经过多道程序，不良信息内容很难乘虚而入，另外严格把关与精益求精使得这类媒体发布的信息内容质量更高，更能揭示事物本质，引导人们全面了解相关情况，进而作出正确判断。影视媒体所传播的信息内容直观形象、丰富多彩。影视媒体能够给大众提供生动有趣的画面和多方位的视听感受，让人们在轻松、愉快的氛围中接收信息。有人曾经做过这样一个实验，即让人采用同样时间观看影视内容与文字内容，然后叙述出所掌握的信息内容，最后发现来自影视内容的信息内容会在人的脑海中留下更深刻的印象。影视媒体的影响力是巨大的，一档影视节目可以将人情风俗、人文地理、民族信仰、价值取向、思维方式等文化内容囊括其中，并通过易于接受的方式传达给受众。西方国家对影视媒体的优势十分了解，借助影视媒体向全世界进行文化渗透是他们的常规做法。比如，美国的"美国之音"在强大功率短波发射机的支持下将信号发送到了世界的每一个角落，所发送的新闻报道成为阐述"美国观点"的载体，并竭力塑造美国民主自由的良好形象。宣扬美国、贬损他国是美国影视媒体的一贯做法，而由于美国影视媒体领先于全世界，很长时间内其他国家只能受其压制而无力反制。到了今天，其他国家的影视媒体技术也得到了极大提升，反制美国成为可能。对于我国来说，大力发展影视媒体技术，并通过影视媒体宣传民族文化，如此才能增强我国文化的国际影响力，并为推进多元文化潮流作出贡献。

## 四、跨文化交际促进了多元文化趋势

世界是多民族共存的。纵观我国古代发展史，不乏不同民族进行积极交流的例子，比如张骞出使西域、玄奘东渡日本、郑和下西洋、元朝马可·波罗来到中国。这些都是早期跨文化交际的例子，而在现代社会中，由于全球化趋势迅猛发展，跨文化交流程度、频率等不断提高。

在当今世界，国际交流与合作呈现领域多样化、人员规模壮大化等趋势，比如政治、经济、文化、教育等领域均成为国际交流重点所在。交流终究要靠"人"，古代时期很多传教士充当了这一角色，而在现代社会，各个领域的专家学者接过了这一重任，既从研究领域出发进行专业化合作与交流，也成为文化使者，使不同民族文化进行碰撞互动。他们的参与程度有高有低，参与意识有刻意为之也有"无心插柳"，但从最终效果来看，的确起到了良好的联结作用，使不同民族与国家的文化形态、风俗习惯、价值观念、思想意识、生活方式、行为模式等拓展延伸，呈现出新内容与新气象。在全球化大趋势下，国与国之间的合作交流走向高潮，同时每个国家内部也在合作交流方面取得了不俗的成绩。我国作为一个多民族国家，各民族之间的交流互动从未停止，一方面每个民族的思想观念、风土人情、生活方式、价值取向等方面的特质与特色会得到保持与保留；另一方面不同民族之间也会相互借鉴，在某些方面进行创新。这使我国内部在多元文化方面取得了突出成绩，各民族之间和平相处、各展其能，共同为中华民族大家庭的繁荣发展作出自身贡献。这样的经验也能迁移到外部文化多元领域，指导我国在与其他国家的合作交流中走互相尊重、互相信赖的道路，尽可能将文化差异下的矛盾与冲突降至最低。

# 第二章　大学生思想政治教育实效性相关理论概述

## 第一节　大学生思想政治教育实效性内涵界定

### 一、大学生思想政治教育实效性的内涵

#### （一）实效性、有效性内涵及其关系辨析

##### 1.实效性的内涵

实效是一种结果，实效性是对实践活动产生后围绕目标运行最终达到结果的衡量。任何实践活动都是在一定目标体系下进行的，在实行时需要复杂的程序支撑，具体包括评价、分析、测量等。对比之后再进行价值分析后则能了解实效性，实效性既可以是正面的，也可以是负面的。当获得实效性结果后，由于融入了价值元素，实效性结果会逐步演变为价值观，开始成为人们在参与和开展实践活动过程中进行调整与修正的依据，也就是实效性建设过程。

##### 2.有效性的内涵

实效性是对实践活动最终结果的判断与衡量，有效性与实效性在含义上较为接近，区别在于判断渠道差异。实效性关注结果，有效性则关注实践活动中的主客体关系。在有效性视野内，客体能够满足主体需求则意味着两者的关系具有有效性。有效性的程度差异是由主客体关系价值区间决定的，如果表现出和谐性，则表明有效性程度高，反之则低。从人类实践视角分析，有效性能用于衡量人类实践活动功用途径是否达到最优化。

##### 3.实效性和有效性的关系

从目前的研究成果来看，实效性与有效性两个概念的关系并没有得到充

分展现，甚至在很多研究者眼中两者基本可以等价替换，这是研究者逻辑性不强的表现。从词性上看，"实效"是名词，"有效"是形容词；具体到实践活动中，"实效"用于展现结果，"有效"更注重过程。在现代汉语解释中，"有效"可以通过以下过程进行形容：如实践结果为A，如果实践过程B为达到A提供了支撑，则能评价B对A产生了"有效"作用，而A则是"实效"本身。笔者认为，实效性和有效性在某些方面具有一致性，但在其他方面又会表现出差异性。一致性体现如两者都会在实践活动预期目标下运行，着眼于对实践整体作出评价；差异性体现在实效性侧重实践结果评价，有效性侧重实践活动本身评价。

**（二）大学生思想政治教育实效性的内涵阐释**

基于实效性的概念与内涵解析，可以对大学生思想政治教育实效性获得认知与了解，一方面实效性是对大学生思想政治教育实现程度的展现，另一方面会涉及如何提升实效性研究与探讨。在相关内涵得到阐释的基础上，大学生思想政治教育实效性建设得到了重点关注，其研究目的是改进思想政治教育工作，使其符合教育预期。思想政治教育预期已经十分清晰明了，大学生思想政治教育实效性所要关注与研究的是如何达到更高的实效性，具体内容如下。

**1.大学生对思想政治教育内容在知识层面的接受程度**

众所周知，人的外在行为往往是"内心声音"的反映，即"内心声音"能指导行为。而"内心声音"并不是与生俱来的，会在模仿、学习、自我内化等过程中不断发展。这一过程中，自我教育、家庭教育、学校教育均会发挥相应作用，其中学校教育最为系统，会对"内心声音"的形成和发展产生影响。但是学校教育在发挥这一作用时，需要经过将知识内容具体化的过程，而这些知识尤其是思想政治知识在学生眼中由于较为静态直观会表现出一定的枯燥性，进而影响最终教学成果。因此，在思想政治教育中，将知识内容传达给学生至关重要，并且要通过行之有效的评价方式对接受程度予以评价，这样才能为提升实效性提供助力。

**2.大学生对思想政治教育内容在观念层面上的内化程度**

开展思想政治教育要将提升大学生对思想政治知识内容的接受程度作为重要目标，但不能停留于此，还要逐步向更高层面进发，即观念层面。当大学生在观念上达到更高程度后，会更好地指导行为。从知识接受到观念塑造需要一定动机支持，如果内部动机更强，转化与提升不仅效率高，而且可以直接进入内化渠道；如果外部动机占据主导，则会对进入内化渠道造成阻碍，学过的知识往往会随着岁月流逝而遗忘。因此，讨论大学生对思想政治教育内容在观念层面的内化程度，关键在于了解学生是否进入了内化渠道。但从实际情况看，评价这一点十分困难，虽然现有相关理论能为此提供支撑，但是实践操作存在诸多难点，尤其是心理层面的评价最为不易。

**3.大学生在思想政治教育后的实践状态**

接受知识是为了观念内化，形成观念后则能指导后续实践。大学生思想政治教育是以培养价值观正确的大学生为目标，并引导他们在解决实际问题时能够坚定立场并采用正确的解决方式。总体而言，大学生思想政治教育后的实践状态才是大学生思想政治教育所要达到的最终目标，也是教育者最应该深入研究与解决的问题。离开"实践"去考察大学生对知识的掌握程度、情感深度、价值观正确度等是行不通的，也难以对学生形成正确引导，容易出现"高分低能"现象。比如，有些大学生在好成绩、好表现等衬托下呈现"好形象"，可是在进入社会后却表现出诸多有害行为。这对大学生思想政治教育提出了更大挑战，引导学生接受知识与内化观念只是思想政治教育的一部分，更重要的是实践引导，并且要将这些内容有机结合。

## 二、对大学生思想政治教育实效性属性的思考

### （一）大学生思想政治教育的显性实效性与隐性实效性

大学生思想政治教育有其一般性，也有特殊性。在一般性上，思想政治教育方式、渠道等是显性的；在特殊性上，思想政治教育由于注重内心感

染，这一过程是隐性的。具体来看，显性效果在不同角度有不同表现。从学生角度，大学生接受思想政治教育时表现出的态度如是否积极、是否愿意、是否自觉等均是显性表现；从思想政治教育工作者角度，他们所表现出的教育态度、选择的教育内容、采取的教育方法等属于显性表现。隐性效果表现为大学生的内在作用程度，如思想政治水平的提升程度、遇到思想问题时的解决程度、对政治立场的坚定程度、对道德理念的坚守程度等。显性效果往往能直观了解，但有时会因为充斥"伪装"而难显真容；隐性效果不易于了解，但永远是真实的，只要了解便能准确判断大学生的思想政治教育水平。从教育评价视角分析，显性效果会因为直观性成为重要评价指标，而隐性效果却很难操作，但是两者的特征又决定了显性效果的价值弱于隐性效果的价值。这对高校思想政治教育评价工作带来了巨大挑战，需要从理论和实践层面构建应对策略。

**（二）大学生思想政治教育的多维与多层次实效性**

大学生在接受思想政治教育时处于较为复杂的状态，原先的思想观念、心智水平、心理状况等会对接受过程造成重要影响，既可能是消极的也可能是积极的。无论是消极的还是积极的，思想政治教育终究要向前看，积极影响的促进作用姑且不论，如果能应对消极影响并变消极为积极则更能显示思想政治教育的重要价值。在实效性层面上，大学生思想政治教育必须应对由消极与积极影响带来的多维与多层次特性。多维特性指的是大学生思想政治教育在不同维度上表现出不同内容，如在时间维度上思想政治教育会表现长期渐进与阶段反复的特点，在空间维度上表现为偶然变化、交错不稳定的特点，等等。多层次特性指的是大学生在接受思想政治教育时会经过多个阶段，基本分为接受、内化、实践等阶段。在不同阶段，思想政治教育实效性评价会表现出差异，这是呈现多层次特性的重要原因。

**（三）大学生思想政治教育实效性的结构关系**

大学生思想政治教育的实效性考察要从要素、过程、结果三个方面进行，三者关系紧密。比如，教育要素是教育过程开启的重要前提，教育要素又需要依托教育过程存在而发挥自身作用。当教育要素能发挥作用后，意味着实效性达到一定程度；教育要素与教育过程共同作用为教育结果作贡献，而想要提升贡献效果，则需要进一步提升要素与过程的协调程度。

# 第二节 多元文化对大学生思想政治教育实效性的影响

## 一、多元文化对大学生思想政治教育实效性的正面影响

### （一）开阔大学生视野

一方面，多元文化在全球化背景下成为事实，这使大学生能够接触与获得更多外来文化内容，有利于他们对国际现状、发展趋势等获得更多认知。与此同时，大学生大脑中的文化束缚也会被冲破，大学生就获得更为丰富的精神食粮。另一方面，多元文化能够为大学生提供更多教育资源。当代大学生思维更为活跃，对外界社会乃至国际社会有着热切向往，要真正了解国际社会必须学习相关知识内容，否则就会成为无头苍蝇到处乱撞。在多元文化背景下，国与国、企业与企业之间建立了更为紧密的联系，通过这些渠道，学生能够获得更多视野宏阔、内容多样的教育资源，进而通过学习了解国际社会，并开阔自身视野。

### （二）锻炼大学生的价值思维能力

多元文化创造了一个文化"万花筒"世界，让处于其中的大学生目不暇接，同时也会面临价值观念选择问题。从价值观念本身来看，无论是西方价值观念还是东方价值观念都具有自身优势与长处，并且会反映出不同的思维方式，学生选择哪一种都会得到思维能力锻炼。但是在现实中，西方价值理

念在西方敌对势力恶意熏染下融入了负面内容，如果学生不能加以辨别与有选择地接受，便会受到不良影响与侵蚀。大学生思想政治教育能发挥引导作用，避免学生被不良内容影响。在整个过程中，大学生的价值思维能力会得到锻炼，究其原因是多元文化为此提供了空间。

### （三）促进大学生价值观念理性化

多元文化对人们的冲击不容忽视，大学生身处其中会受到影响，但大学生作为主观能动性极强的群体，会在应对不良影响中学会自主构建，进而支撑大学生走出价值观念迷茫状态，走向理性。文化多样性就是大学生对个体价值的充分认知，进而更加重视个人选择，并且在价值取向上表现出多样性，这为大学生进一步升华个性打下了基础，更会基于自身诉求来学习与吸收文化内容。这一状态说明当代大学生变得更加理性，不再偏激地选择某一种价值观念，而是能够综合与辩证地看待问题，并会从实际出发对价值观念是否合理作出判断。随着大学生价值观念理性化达到更高层次，大学生的素质也逐渐提升，进而为自身全面发展起到重要的激励作用。

### （四）为大学生的发展提供良好环境

全球化进程不断加快，人们会在更广的范围内进行交际。大学生作为高智商群体，对于多元文化内容能够更快了解与掌握，这一过程也会增强学生的思维活力，让他们对新鲜事物更加渴望。一般而言，大学生的发展与环境存在正向相关关系，当大学生认知能力更强、思维更加清晰活跃，就会对发展环境提出更高要求。具体到大学生思想政治教育中，多元文化可为打造丰富多样、精彩纷呈的校园环境提供助力，让学生更好地发展与提升。

## 二、多元文化给大学生思想政治教育带来的负面影响

### （一）对大学生价值观取向方面的消极影响

总体而言，当代大学生在价值观念选择上以积极向上、正面健康等为重要标准，但是他们的心智尚未完全成熟，在面临外界事物时难以作出合理判断与选择，并且内心深处会对当下诸多事物存在诸多困惑。多元文化使世界

更加复杂，导致大学生的原本迷茫与困惑进一步加剧，并且会弱化主流价值观念。比如，目前很多学生对集体荣誉"不感冒"，不会主动获取和维护；对民族文化"视若他物"，应有的自信心和自豪感不尽如人意，反而对西方相关生活方式、价值理念等充满向往，如行为上追求西方时尚，将西方奢侈品牌作为重要追逐目标。这样的转变让大学生表现出明显的功利性，比如有的大学生在就业选择时会重点了解用人单位的薪酬待遇与工作强度，如果较为辛苦和劳累，很大程度上就不会选择。

### （二）对大学生道德观方面的影响

在多元文化背景下，大学生遭遇多种多样价值取向的猛烈冲击，道德底线不断下调，比如社会责任感、集体荣誉感等逐渐弱化，取而代之的是极端个人主义和利己主义。在做事时往往我行我素，只要对自我有利便会着重对待，否则会在不考虑全局状态下任意放弃，这样必然会造成集体利益受到伤害，但在他们眼中，集体利益是否受到伤害与他们关系不大。当这样的道德观念占据主导后，大学生在面对外来诱惑时往往缺乏抵抗力。

### （三）对大学生理想信仰方面的影响

有信仰的人具有强大的精神动力，面对外部诱惑不为所动，始终坚守底线。多元文化会对思想信仰造成冲击，可能会让大学生对信仰失去坚持力，开始变得迷失。而这样的迷失是可怕的，迷失的学生会恣意妄为、我行我素，而当这种习惯上升到一定程度后，可能会演化成对抗国家的内部力量。具体到大学生思想政治教育，学生就会表现出极大的不认可，将教学过程说成空洞说教，认为教育内容一文不值。

### （四）对大学生文化认同方面的影响

首先，多元文化会对我国主流文化造成冲击，破坏学生自我认同文化基础。西方文化在目前的国际社会极具影响力，在经济全球化背景下对我国主流文化形成了挑战与冲击。因此，我国大学生应该承担应对挑战、弱化冲击的责任与使命。

其次，西方国家将文化霸权作为重要策略，通过一系列霸权行径将文化内容渗透进我国，导致大学生在自我认同建构中有所迷失，比如美国凭借好莱坞电影在国际上的影响向世界各国兜售包含大量美国文化的影片，进而在潜移默化中影响大学生。大学生是国家未来的建设者，他们应热爱国家、关心民族发展，可现在由于西方文化的侵蚀与不良引导，部分大学生热爱国家与关心民族发展的情感不断弱化，如果这一趋势不能停止，我国社会主义文化主导地位必然深受其害。

最后，西方文化中存在很多腐朽文化思潮，比如拜金主义、享乐主义等，它们犹如毒药一般荼毒人的心灵，让人们变得唯利是图、贪图享乐，使中华民族大力倡导的立德树人、艰苦奋斗等精神被弱化。当大学生对本民族文化认同程度不足时，则难以为本民族的发展与腾飞作出自身贡献。

# 第三节　加强大学生思想政治教育实效性建设的意义

## 一、培养社会主义事业合格建设者和可靠接班人的必然要求

培养人才是国家与民族发展的重要任务，只有保证质量才能优化发展效果，才能为社会主义事业达到更高水平作出贡献。高校作为人才培养的重要基地和文化聚集之地，能够在人才培养和精神文化建设方面发挥重要作用，在对大学生进行思想政治教育的过程中，大学生是主体，其道德素质、科学文化素养、心理素质等既会影响个人发展，也会对国家和民族在新的时代拥有更强发展活力与底蕴产生影响。大学生思想政治教育是提升这些素质的重要途径，而想要该途径切实发挥作用，实效性建设是关键所在。在建设过程中，教育要素、教育过程等是重要切入点，归根结底是要落实到认知层面与行为层面，保证思想政治教育的有效性，通过构建转化渠道进一步深化大学生的自尊心、自信心、自豪感等，进而在国家建设过程中作出更大贡献。

## 二、维护国家文化安全的现实需要

文化安全对国家意义重大，事关国家意识形态能否稳定运行。从实际范围来看，文化内容多种多样，意识形态也是各有千秋，它们之间产生互动交流与相互碰撞是正常的，对于各类文化与人类整体文化发展均会产生重要作用。可我国目前的现实情况却是危机四伏，比如西方敌对势力一直亡我之心不死，在多个方面采取措施对我国进行干预和制约，其中文化渗透与意识形态渗透是重要内容，加之受多元文化发展趋势的影响，想要维护文化安全更是面临复杂的外部环境。大学生思想政治教育承担着培养政治价值观坚定、意识形态稳定的优秀人才的重要使命，想要在这一背景下完成应有使命，必须进行深入调整与创新。实效性建设是关键所在，当大学生思想政治教育实效性得到保障后，有利于大学生形成坚定的政治信仰、理想信念与价值取向，进而满足维护国家文化安全的现实需要。

文化安全在全球化背景下面临着诸多挑战，尤其是西方文化不断融入和渗透后，我国的文化安全形势危机四伏，思想政治教育任务更加繁重。有的学者认为多元文化使学生不知该"信"什么，这种状态下更加注重自我利益追求的相关思潮更容易熏染学生，导致大学生"个体本位主义"盛行。大学生作为国家建设的主力军，必须得到良好引导与接受正确教育。大学生思想政治教育实效性建设可发挥重要作用，引导大学生树立正确的价值观，保证意识形态得到良好维护。

## 三、大学生全面发展的迫切需要

大学生正处于可塑性较强时期，无论是世界观、人生观还是价值观都不够成熟，需要通过良好引导为良性发展形成助力。大学生思维活跃，对于认识与了解社会充满热情，但由于辩证思维能力不足，往往难以充分理解社会发展的复杂性特征，比如在面对一些社会问题时往往只能看到表面，不能对内质做出有效分析，出现认知偏激是一种常态。部分大学生一方面在校园

"象牙塔"中畅想未来，另一方面在多种功利化、个人化思潮下表现出极强的功利色彩，使得个人理想与社会理想难以充分融合，如一些学生更加注重表现自我与追求自我价值，而对社会发展走势不够关心。在这种心态之下，大学生十分容易迷失自我，或是过高或是过低看待自身价值。这对大学生全面发展会产生不利影响。大学生思想政治教育实效性建设可为学生得到正确引导作出贡献，扭转学生重个人、轻社会的错误观念，进而在自我发展中将个人理想与社会发展结合起来。

# 第四节　中外教育思想对大学生思想政治教育实效性的启示与借鉴

## 一、中国古代教育思想的启示与借鉴

### （一）因材施教

因材施教的教育思想由孔子提出，并在其教育实践中贯彻始终。很多相关记载体现了因材施教的教育思想，比如朱熹对孔子的教学效果作出过如此评价，即"子游能养而或失于敬，子夏能直义而或少温润之色，各因其材之高下与其所失而告之，故不同也"。因材施教的教育思想能提升教育的针对性，使教育活动满足不同受教育者的实际情况与诉求。在大学生思想政治教育中，高校所面对的大学生在性格、能力、态度、性别、年龄、经验、学习特点、认知水平等方面具有差异，如果统一对待则难以获得良好的教学效果，个性十分突出的大学生更应成为实施因材施教做法的典型对象。

### （二）寓教于乐

古代很多名人对寓教于乐的教育思想进行过讨论与研究，比如朱熹曾说"凡诗之言，善者可以感发人之善心，恶者可以惩创人之逸志"，孔子说

"知之者不如好之者，好知者不如乐之者"，皆揭示了寓教于乐的重要性。从心理学角度分析，人的情绪状态越愉悦，越能在活动之中表现出更强的主动性，如果这种状态维持得更久，活动效果将会极大地得到优化。大学生思想政治教育在很多学生心中呈现枯燥无味的印象，思想政治教育内容单一深奥是重要原因之一，而更重要的是教师的问题。教师如果能深谙寓教于乐的内涵，并采用行之有效的教学手段进行落实，则有利于调动学生的内在动机，为获得更优接受效果打下基础。

### （三）身教重于言教

孔子言"其身正，不令而行；其身不正，虽令不从"，老子言"天下之至柔，驰骋天下之至坚。无有入无间，吾是以知无为之有益。不言之教，无为之益，天下希及之"，指出了教育者在教育过程中应该以身作则，通过规范自身行为与塑造良好形象来对学生形成引导作用。教育者通过言传方式向学生传授知识是常规模式，但对于大学生思想政治教育来说，单纯的知识传授不仅不利于学生的良好理解，还会激发学生的抵触心理。如果思想政治教师能够通过自身行为来进行引导，不仅可有效拉近师生关系，也能让学生通过模仿改善自身行为。

### （四）循循善诱、循序渐进

古人早已懂得"欲速则不达"的道理，对于现代人来说，仍旧要延续这一理念开展教育活动，如此才能保证教育质量与效率。大学生思想政治教育不能追求一蹴而就，必须循序渐进地开展，并通过教育者的循循善诱，让大学生的思想政治水平得到有效提升。这一过程涉及教育者的认识问题，要求教育者认识到教育本就是长期性工程，想要抄近路、走小道是行不通的，即便抄近路、走小道暂时能获得效果，也难以走得长远。

## 二、西方教育思想的启示与借鉴

### （一）以学生为本，服务与教育相结合

西方教育思想十分注重"人本主义"，将学生放在核心地位进行培养引

导。西方教育除了关注大学生的内在需求外，还会基于大学生的现实诉求而不断调整教学服务内容。如此一来，学生就能够得到更好的发展。我国大学生思想政治教育要积极效仿与借鉴这一思想理念，对学生诸多情况进行充分调研与了解。比如，基于大学生的实际利益诉求，可以为大学生创造十分契合的生活与学习环境，让他们更愿意学习，进而为提升其思想政治教育有效性作出贡献。学生兴趣、学生问题等是重要的调研内容，尤其是在提供教学服务时，这些内容会成为重要依据。

## （二）注重效果，灌输与渗透相结合

灌输法在思想政治教育中经常被使用，所能灌输的往往是直观的理论知识。但对于学生来说，仅仅通过灌输从认知层面了解思想政治知识是不够的，还需要进行转化，将思想政治知识转化为实际能力与行为规范。这说明灌输教学方法不能单一应用，而应与其他教学方法结合。基于西方相关教育思想研究，渗透教育思想可谓重中之重。渗透的过程往往是缓慢的，但却会获得令人满意的实效成果。具体到我国大学生的思想教育中，也要从实效性入手对教育方法进行选择与创新。灌输教育方法是难以被取代的，因为灌输教育能确保将思想政治知识传达给学生，但在灌输的同时，也要通过渗透教学法逐步引导学生将理论变为理念，将思想政治知识转化为能够指导自身行为、帮助解决实际问题的工具或能力。在当今社会，渗透教学手段多种多样，但在采用相关教学手段时必须以入耳、入眼、入脑、入心等为目标，不能急功近利追求直接入脑，而是经过一定过程使最终入脑的知识得到深化进而入心。

## （三）借鉴发展，理论与实践相结合

理论与实践相结合是世界上的通行原则，但在实际使用时常因诸多因素影响而难以获得良好效果。静心摸索是重要手段，目的是发现其中存在的问题与不足，采取行之有效的策略进行应对。但是大学生思想政治教育"不等人"，需要快速开展并步入正轨才能更快培养出为国家建设作出贡献的优秀人才，因此借鉴之路必须走。在西方教育实践活动中，有很多理论与实践成功结合的好例子。比如，西方有的学校会设置教育体验环节，让学生在学习理论知识的同时进行实践。如果能够全面了解并深入挖掘与获取相关经验，则有利于我国大学生思想政治教育的快速转型与发展。

# 第三章　当前我国多元文化的基本态势

## 第一节　西方文化的影响

西方文化经过长期积淀而成，内容丰富多彩。从源头上分析，西方文化起源于古希腊、古罗马及希伯来文化，到中世纪时期，阿拉伯文化又融入其中。西方文化的定型是在资本主义体制逐步占据主导后发生的。在当时，资本主义体制相较于封建主义具有显著先进性，它取代封建主义后，社会诸多方面得到改革与优化。随着新思想、新技术为资本主义蓬勃发展助力，西方文化进一步走向成熟。西方文化是人类文化的重要组成部分，其为人类文明的推进作出了大量贡献。对于我国来说，西方文化属于异质文化。改革开放后，西方文化开始大规模进入我国，由于当时我国正值转型时期，新的价值体系尚未构建完善，这为西方文化对我国民众产生巨大影响力创造了条件。尤其对于青少年来说，西方文化会在潜移默化中影响他们的生活方式、价值观念，青少年作为国家未来发展的重要力量，也会因受外来文化影响而推动我国多元文化态势的形成。从内容来看，西方文化中既有精华内容，同时也存在不得不剔除的糟粕，借鉴优秀、抵制腐朽应成为面对西方文化的重要原则。

### 一、西方文化的含义和特点

西方文化是丰富的，也是复杂的，在谈到西方文化时，主要指的是西欧国家和北美洲国家相关文化的集合。从专业角度分析，这种一概而论的总结与归纳会掺杂一定的非专业性，比如有的国家也有与西方文化存在差异的内容，但是从整体上看，上述国家中西方文化的确处于重要地位。另外，西方文化还有一种说法，那就是相对于其他发达文化而言，其中东方文化是典型代表，东方文化的代表国家有中国、日本、印度等。

研究事物的本质是知识论体系构建中的重要环节，在这一过程中，不停追问和概括是基本态度。人们对西方文化本质的研究从来没有中断过，很多学者从多个视角做过深入探索。学者梁漱溟将西方文化根本精神总结为"意欲向前要求"，这个总结充分反映了西方文化的根本特质与属性。美国人类学家R.本尼迪克特在总结文化本质时认为文化归根结底是通过思维和行为模式得到表现，不同文化会在这两个方面表现出不同形态，进而形成不同的民族样貌。基于该学者的研究思路，西方文化对应着西方人的思维和行为模式，同时这也是西方文化的本质表现。西方文化是在漫长的历史长河中逐渐积淀而成的，参与主体为西欧与北美地区的诸多民族。文化不会静态形成，而是个体或群体在认识自然、改造自然等活动中动态积淀的精神成果。在西方文化中，"人"的地位十分突出，认为"人"是万物之灵，所有活动（如认识、征服和控制自然）都是由"人"发起的，"人"的主观能动性在这一过程中发挥重要作用。从历史进程分析，西方文化在古希腊时期便已初见端倪，后来经过多个时期的演变发展，人们的思维方式、价值观念、行为模式等有所变化，更为重要的是，这些内容深深烙印在西方人的精神世界中，既发挥精神纽带作用维系西方民族共荣共存，又保留带有地域性、民族性和时代性的内容，立足于"求同存异"思路不断发展向前。西方国家的文明史是西方文化的重要组成部分，研究西方文化即可了解这些内容。而从世界文化发展视角分析，西方文化也作出了突出贡献。

西方文化具有其典型性，所表现出的特征、诉求等内容值得人们研究与探讨。我国学者尤其是新文化运动时期的诸多学者对西方文化进行了深入研究并做出归纳总结，比如李大钊、陈独秀、梁漱溟等人，而从他们的研究成果来看，主要是与东方文化进行对比，表现为静与动、重集体与重个人、人性文化与知性文化、重精神与重物质、内向型与外向型等。将以上内容进一步深挖总结，可以将西方文化特点归纳如下。

**（一）崇尚理性**

西方文化中的理性思维十分出彩，比如在征服自然的活动中会依托理性思维认识大自然的规律，而不是盲目神化大自然，逐渐地，这种思维成为一种科学意识融入教育活动中，支撑西方国家培养更多具有理性思维的人才。理性思维讲究逻辑推理，不会妄加猜测，而是每得到一个结论必须遵循客观规律，并经过冷静思考与严密分析后得出。这种思维最先应用于认识外物，而"人"作为认识主体，也在潜移默化中借助这种思维对自身进行了更深的认识，从而为提升自身智慧与增强自身认识能力打下了基础。我国文化中的理性主义，与西方文化中的理想主义存在些许差异。比如，我国的理性主义主要存在于具体层面，所涉及的相关思维与行为较为浅显并且不具备普遍代表性；西方理性主义则更为抽象，一般难以进行总结，但在具体应用时却能从多个层面提供指导，这与西方人善于探索的精神内质具有紧密关系。

在古希腊时期，先哲们环视周遭，对习以为常的事物进行了深刻思考，注意到任何事物都有两面性，逐渐形成了初始的辩证法思想，比如赫拉克利特认为事物发展是伴随矛盾与斗争一路向前[1]。苏格拉底作为哲学大家，所研究的内容从外在事物逐步转向人的内心世界，认识到"人"是复杂体，但在复杂之中"理性"是拨开云雾见光明的内在力量，即"人"通过"理性"引导灵魂走向高尚与纯洁，进而达到更高的修养水平与认知水平。欧洲理性主义便是因苏格拉底而得以形成与发展。在中世纪时期，理性主义经过一段时间的沉沦，后来随着文艺复兴卷土重来。18世纪的法国启蒙运动是理性主义得以在整个欧洲迅速波及的重要力量，此时的理想主义得到了进一步拓展与延伸，并且与国家政治紧密相连。自由、平等、民主、博爱等精华思想与理性主义进行了融合，体现在国家发展建设中则是追求理性国家与理性社会。当时社会上兴起的"天赋人权""主权在民"等口号便是从理性出发的。无论是自然界还是社会中均存在大量事实与现象，而长期以来，在盲目信仰影响下，人们认为神灵或上帝主导着这一切，想要改变无异于天方夜谭，直到理性主义思维重新确立后，人们开始剖析事物本质，逐渐走出了愚

---

[1] 张天宇.论赫拉克利特的朴素辩证法及其当代意义 [J]. 大学，2021(9): 26-27.

昧与无知。理性主义者还认为"人是生而平等的"，不存在高低贵贱尊卑。在理性主义思想的影响下，人的主观能动性得到了进一步激发，在科学发展与人类文明进步中发挥了更大作用。

## （二）个人本位

"个人本位"是西方文化特征之中的重要组成。顾名思义，个人本位强调个人价值与作用，这一思想在向整个社会渗透时，会驱动人本主义、意志自由、权利平等、人格独立、思想解放等的形成与发展。这一特征体现出西方人更注重突出自身，比如西方人的姓名之中是先写名后写姓，这与我国的先写姓后写名是不同的，其中名字更强调个体，而姓氏则是祖辈流传下来不能更改的。在西方世界中，个人奋斗是每个活生生的人存在于内心世界中的重要信念，而这种信念也会影响社会发展，驱动西方社会形成先重个人发展后重社会发展的思想观念。追根溯源，古希腊文化中已经出现了个人本位思想。在古希腊时期，人类力量的强大被人们充分认识并得到推崇，成为"以人为中心"思想形成的根基，但到了中世纪，在教会强大力量的推动下，形成了神学统治局面，人本精神被严重遏制。文艺复兴运动兴起后，"以人为中心"的思想大旗再度被举起，进而推动社会向更民主、更自由的方向发展。人权和自由、个性解放和个性张扬等均是那个时期的"关键词"，如何真正实现这些目标成为人们重要的探讨内容。当时法律权威已然树立，一方面相关学者提出人权与自由不能违背法律而存在，另一方面有学者提出国家可通过法律手段来保护人权，不容许出现干涉人权、干涉自由的事件发生。法律的完善发挥了催化剂作用，使个人本位思想在西方社会中更为凸显，逐渐成为西方文化中的重要内容。从积极一面分析，个人本位思想有利于调动个体的主观能动性，让个体在个人发展与社会发展中创造更大价值；从消极一面分析，个人本位思想会由于太重个人而破坏人与人之间的感情，使人与人之间的关系更为机械僵化，从而对社会的和谐稳定发展产生不利影响。

## （三）开放精神

在古代社会，由于科学技术水平较低，人类的生存发展主要依靠农业，但是古希腊、古罗马时期却出现了特例，虽然在这两个时期农业的重要性依旧存在，但商品经济也得到快速发展，纵观整个古代世界史均十分少见。究其原因，海洋地理环境是重要因素之一。从国家治理层面来看，商品经济发达催生了工商业阶层的形成与壮大，他们逐渐主导国家政治，开启了民主政治历程。相较于氏族贵族"奴隶制"式的统治，民主政治能够驱动国家产生更大活力，生产力自然也会迅速提升。如此一来，征服与认识自然便拥有了更为坚实的生产力支撑，而对于其中的个体来说，他们向外探索的诉求得到强烈激发，并且在价值追求上将发现世界和改造世界上升至更高地位。随着生产力的进一步提升，社会呼唤建立更契合的上层建筑，在这一背景下，生活于其中的人们十分注重自我修养与能力的提升，在渴求知识的路上越走越远。商品经济的发达让人们见识到了更多的生产生活方式，加之海洋地理环境开放性的衬托，西方人的视野更为开阔，他们热衷于冒险，并以实际行动去落实，进而使开拓精神与创新观念得到进一步丰富与深化。开拓精神影响深远，不仅激励人们在生产生活中锐意进取、积极创新，还驱动学术思想、文化艺术等领域产生了更多流派，如理性主义、自然主义、经验主义、存在主义等。西方文化中的民族传统和科学精神在古希腊与古罗马时期得以奠定，其中肯定个性、认同民主法制等是重要追求。西方人求新求异、锐意向前，这是值得提倡的，但在实际情况中也容易滋生绝望、极端等不良思想，这一点与我国传统文化和民族心理有较大差异。

## 二、西方文化对我国社会主义文化建设的积极影响

文化多元态势必定是多种文化交织共存，其中外来文化是重要组成部分。纵观人类文化，无论哪种文化都会蕴含优秀成果，西方文化也是如此。西方文化经过历史长河的演进，创造了具有独特风采的人类文明。古希腊文明、罗马文化及文艺复兴之后出现的各类文化均是西方文化的重要组成部分，它们在人类文化发展中拥有一定地位，并为社会进步作出了重要贡献。我国在发展建设中要积极汲取西方文化中的精华内容，具体来说包括以下六

个方面。

## （一）科学精神

科学精神是西方文化中十分出彩的精神因素。古希腊作为西方文化的发源地，由于山脉环绕、高原遍布，所能提供的生活资料不够充裕，因此人们想要过上更好的生活，就要从精神层面崛起，通过艰辛探索与发现去接近大自然，进而从大自然中获取更多财富。自然界是深邃无穷、奥秘无尽的，开发与探索也没有尽头。西方人秉持不断进取的科学精神不断探索，同时也在不断积淀中推动科学精神进一步深化。精神驱动行为，自然探索精神使自然探索行为从浅层发起并向更深层次进发，成为自然科学诞生的重要前提。早在古希腊和古罗马时期，探究自然便坚定了着眼内部、接近本质等诉求，这使得相关理论得到开发。中世纪一度束缚了对这些理论的进一步深化研究。17世纪，英国发起了自然科学革命，推动了现代科学正式诞生，使科学面貌更加清晰与释放更多光辉。18世纪，工业革命在科学技术的助力下展现出更大威力，社会生产力得到大幅提升与进步。科学技术的进步与人们在思想层面的参悟推动西方科学领域蓬勃发展，所获得的研究成果不仅作用于社会生产力，还对社会伦理价值观念产生深刻影响。从历史角度分析，现代科学是人类文明从传统走向现代的转折标志。一方面，科学精神在转折中得到更好发展；另一方面，科学精神又会促进社会向更繁荣局面进发。

## （二）民主精神

民主精神也有较长历史。其在最初出现时影响力较小，主要在古希腊、雅典等城邦有所体现，但整体来看其并不是真正的民主，因为妇女、奴隶等底层群体并不在民主之列。到了古罗马时期，共和制中融入了一些民主精神，相较于古希腊时期有所发展。在中世纪时期也有一些城邦尝试将民主精神作为治城之思想，但从最终效果来看并不理想。可以说中世纪之前，民主精神十分弱小，承认与实行者屈指可数。英国资产阶级革命、法国资产阶级革命等思想革命运动推动民主精神走到台前，成为革命者对抗专制的重要武器，一时间民主思想在西方大地上茁壮成长，受到更多人的欢迎与认可。曾有学者对20世纪初西方国家的思想理念情况进行过调研，发现民主精神深入人心的程度是历来所有思想理念中的佼佼者，因此大多数资产阶级自由主义者、知识分子等将民主精神作为毕生追求。经历两次世界大战后，西方世界政体形式有所变化，但是民主精神的影响力丝毫没有削弱，由此可见，民主已然成为现代社会的发展潮流。当然，任何精神在发展过程中不会毫无变化，而是会随着时代诉求、价值追求等有所变化。民主精神也是如此。发展到今天，民主精神不仅是一种文化形式，还是一种价值观念及研究相关问题时的思维方式。西方社会的思想家大力倡导民主保障，认为民主权利不可剥夺，如果这一方面有所动摇，民主社会便不可能形成。在西方民主精神中，自由与平等处于核心地位，从法律层面分析，自由包括人身自由、言论自由、信仰自由等，平等包括地位平等、受教育平等、福利平等等。西方学者对民主精神的研究成果也是多种多样的，有洛克的"主权在民"、卢梭的"法的精神"、孟德斯鸠的"社会契约论"等。这些思想对我国社会发展具有一定的参考价值，但在具体发展中还应该结合我国国情具体分析探讨。

**（三）平等思想**

平等思想在西方世界源远流长。古希腊时期便有学者研究平等问题，最早的当属普罗塔哥拉，在他的推动下，平等意识逐渐深入人们的内心。在这一时期出现了很多阐释平等的言论，比如智者派的"上帝是使人生而自由，而自然从未使任何人成为奴隶"，柏拉图主张男女权利和机会平等[1]。这些言论或思想主要是从侧面凸显平等，真正明确提出平等思想的学者是亚里士多德。在他看来，平等对于国家发展至关重要，如果失去平等，国家政体就会陷入不稳定状态，而他在谈到如何做到平等时提出了公民应具有平等而同样的人格，直接从社会个体层面指出平等的价值与作用。平等思想发展也是磕磕绊绊，中世纪一度销声匿迹，随着文艺复兴运动开启，平等思想重新活了过来，并在新的时代获得了蓬勃发展。在诸多思想理念中，"天赋人权论"产生了巨大影响，并在很长一段时间内成为人们认识平等的重要载体。

---

[1] 胡晓乐. 柏拉图《理想国》中蕴含的正义思想研究 [J]. 今古文创，2024(33): 53-55.

该理念倡导人的生命、自由是人与生俱来、不可剥夺的权利：霍布斯认为每个人既要认识到自然是独特的，也要承认他人与自身是平等的；孟德斯鸠认为每个人在生活发展中应享有同等的欢乐与希望；卢梭指出自然状态下平等是常态，如果出现不平等则意味着自然状态被打破，由此他认为人类社会一切邪恶的根源都是由不平等引发的；托马斯·杰弗逊倡导将平等权写入美国宪法，通过法律的力量确保人人平等；托克维尔将平等与自由结合起来进行分析，认为有平等才有自由，没有平等自由也会成为不可能；皮埃尔·勒鲁提出政治平等概念，将人的平等与国家和社会发展联系起来；圣西门作为空想社会主义的代表人物，从更多视角论述了平等的重要性，并且构思达到平等的诸多路径，可以说该流派将平等思想推向更高层次[1]。20世纪是平等思想快速发展的时期，其内涵得到深入研究，地位越发稳固。对于我国来说，平等应成为社会主义现代化建设道路上的重要目标与出发点，而西方的平等思想能在一定程度上提供参考与借鉴。

**（四）人本主义思想**

人本主义是西方文化的核心所在，在西方文化发展长河中逐步得到深化，从价值观演变为思想体系。从形成时间上看，人本主义思想体系虽然早有根基，但真正形成并快速发展是在文艺复兴之后。古希腊的先哲们将探讨人生作为哲学研究的重点，而人生与"人"本是紧密相连的，"人"的需求、诉求等皆会得到重点对待。人会追求利益，也会时刻期盼自身进步，而在这两个过程中，人又会不断进行探索，如此相辅相成，人的主观能动性能够得到进一步激发。这种激发过程是自然出现的，而一些学者开始致力于研究非自然状态下人的主观能动性如何激发，这成为人本主义思想形成的重要基础。17世纪到18世纪，人本主义出现了多个类型，如启蒙运动人本主义、费尔巴哈哲学人本主义等。综合分析后可以发现这些人本主义思想是建立在理性主义认识论基础上，并逐渐与现实主义结合起来进行探讨，它们的核心离不开人性维护，对人的价值、尊严、自由等表现出强烈的尊重态度。在近

---

[1] 梅蒋巧. 西方哲学史中的平等思想 [J]. 传奇·传记文学选刊（教学研究），2011(5): 48,55.

代，人本主义思想流派更是多种多样，除了西方世界相关流派外，其他地区也有多种思想流派。西方人本主义强调"人"的主体地位，认为"人"能够主导万物，反过来万物会为"人"的发展服务。自然界广阔无边，有低级的真菌、细菌等微生物，有高级的植物、动物，而"人"却是独一档的存在，因为"人"有智慧、有语言，还会通过思维活动研发技艺、发明创造。基于这些特征表现，"人"在大自然中必然得到凸显。"人"不是谁的奴仆或附庸物，也不会按照某种既定程序生存发展，因此"人"是自由的，会表现出个性及对自身尊严进行保护的诉求。"人"的价值也体现在这些方面，而想要充分夯实与发挥"人"的价值，营造人格平等和相互尊重的社会氛围是重要出发点。马斯洛提出的"自我实现"进一步丰富了人本主义思想体系，进一步强调和凸显了人的主观能动性。对我国来说，人本主义思想能够在指导教育事业、文化建设事业等方面发挥重要作用，为人的全面发展与文化建设达到更高水平作出贡献。

### （五）竞争精神

自然界中存在竞争，通常表现为弱肉强食、优胜劣汰，在人类社会中也同样充满竞争，从其源头上分析，矛盾与斗争是出现竞争的重要原因。人在自然界中处于主导支配地位，这同样也是竞争来的，只不过这样的竞争历时更为长久。古希腊文化作为西方文化的源头，其独特的地理环境营造了个人奋斗的氛围，而奋斗之中不仅包含自我提升，还会伴随与他人的竞争，竞争中处于优势地位者所能获得的财富会更多。古希腊是海洋型地貌，机遇与挑战共存，不会像中华文明内陆环境那样，人们只要遵循自然规律进行农业种植便能收获成果，而是要处处谋划，抓住机遇的同时也要消弭挑战所带来的威胁。在这样的环境中，西方人的思想与性情得到了独特塑造，不像内陆环境中人们那么平静、温和、自足，而是展现出强烈的竞争与对抗意识，表现在生活与生存方式上则是经常性发动对外战争来掠夺财富。资本主义便是在海外扩张和资本掠夺中发展形成的，在资本主义思想的影响下，西方人向外扩张的程度进一步加剧，反映在竞争层面则是强调对自然和异族的征服。竞争精神会衍生和强化冒险、挑战、拼搏、超越等精神内容，但在超过一定限度后便会成为引发战争的因子。对于我国来说，西方的竞争精神若能与我国以和为贵的精神相融合，既号召人们通过自我奋斗来获得成功，也要引导人们不过分竞争，不以伤害他人利益为获得成功的前提条件。

### （六）开拓精神

西方国家在自然环境上较为恶劣，比如海洋容易掀起波涛摧毁西方人的文明成果，这一方面让西方人充满危机意识，时刻准备应对到来的灾难；另一方面，促使西方人不断开拓，通过探索未知领域为提升自身生存能力与生活质量打下基础。以美国"西进运动"为例，美国人对所获得的财富与生活品质不会表现出满足与怡然自得的态度，而是会不断开拓追求，并且这种精神已经渗透至每个人的血液中，即便有些理想看起来虚无缥缈、毫无胜算，但他们还是会放弃当下的舒适，从"新"开始与追求。无论是富人还是穷人都会做出这样的选择。开拓精神是因为艰苦的地理环境而产生，对未知世界的好奇向往也是重要因子。美国拓荒者不惧饥饿、寒冷、疾病甚至死亡，只要能前进一步便无怨无悔。在当今世界的新形势、新局面下，想要生存并不断向前发展，求实求稳是一种态度，但不能完全拘泥于此，还要敢于开拓、敢于创新，通过不断创新使自身立于不败之地。

西方文化中的优秀成果还有很多，如法治精神、契约精神等。我国的社会主义文化建设应积极吸收和应用这些优秀成果，如此才能进一步夯实和丰富我国的多元文化态势，为我国的文化建设获得更好成绩打下基础。

### 三、西方文化对我国社会主义文化建设的消极影响

西方文化包含很多优秀成分，值得我国积极借鉴与汲取，但西方文化的负面内容也是较为巨大的，如果不能区别对待，将会对我国造成很多负面影响。客观看待应是基本态度，面对其优秀成分不盲目夸大，面对其负面内容不谈虎色变，这样才能保持正常心态，进而以正确理性的方式应对处理。西方文化是在近代时期进入我国的，但是进入渠道并非正常的文化交流，而

是依托侵略战争，因此进入我国的西方文化包含有很多负面内容，如侵略理论、白人至上种族论、欧洲中心论等，如果我们任由负面内容肆意传播，将严重威胁我国的文化安全。从近20年的发展情况分析，西方文化对我国的消极影响主要源自其负面文化思潮。既然是思潮，便具有显著的流行性特征，会在某一时段大肆兴起，通过表现出强烈的思想趋势或倾向产生巨大影响力。从目前情况看，西方文化中的负面思潮已然存在于国土之内，对我国的意识形态与思想道德塑造产生了极大冲击。

**（一）个人主义思潮**

个人主义指的是以个人为中心"待人接物"的价值观念，强调个人追求与利益。这一思潮与资本主义生产关系有着紧密关联，但从源头上分析，在古希腊与古罗马时期已初见端倪，而后经过文艺复兴的熏陶渲染，个人主义正式形成。霍布斯认为人生来便具有极端利己的本性，而具体到人与人之间，以伤害他人利益为代价来谋取个人利益属于正常的本性表现[1]。很多学者对霍布斯的观点提出反对意见，认为极端个人主义会造成社会不稳定，于是合理个人主义产生。19世纪，个人主义逐渐向更为系统的方向发展。法国思想家托克维尔是对个人主义进行系统论述的第一人。他的个人主义思想包含五层内涵：一是个人本位取向，倡导个人价值为最高价值，国家应为个人价值实现提供服务，表现在法律上则是通过具体的法律制度保障个人权利。二是强调平等取向，认为每个人从降生便是平等的，法律要保障这一权利，不因地位差异而有失公允。三是自由取向，认为人们在思考与采取某种行为时可以自由决断，不应受到外界因素的干扰。在自由取向状态下，人的状态会更加积极，更有动力去追求财富和自我幸福。四是隐私取向，认为隐私为个人重要权利，应该受到法律的保护，避免被侵犯。五是独立取向，认为个体具有独立思考、作出决断等能力，进而衍生出自我决定、自我管理、自我设计、自我发展、自我实现等多种表现。

西方个人主义思潮对维护个人权利、个性发展等具有积极意义，有利于

---

[1] 甘绍平. 现代伦理学中利他主义的地位 [J]. 武汉大学学报（哲学社会科学版），2024，77（3）：71-84.

调动人的主观能动性，进而主动竞争、主动探索和创新等。但是个人主义思潮也有诸多负面影响，比如只重自身利益而无视他人利益，容易导致人际关系恶化，为社会不稳定埋下隐患；个人主义以自我为中心会形成畸形心态，难以融入社会，进而阻碍个人发展进程。对于我国来说，其中的积极意义自当倡导，但对于负面影响必须坚决反对和抵制。

### （二）新自由主义思潮

20世纪30年代新自由主义诞生，该思潮与民主精神、人权保护等思想有着紧密关系，但却在发展过程中走向了"鼓吹"极端，极度渲染自由的重要性。美国、英国、德国等西方国家所实行的右翼经济政策中充斥大量新自由主义思潮，这成为该思潮大肆兴起的重要推动力。具体来说，新自由主义思潮的基本思想包括以下四个方面：一是主张自由放任，认为市场经济具备自行调整能力，无须政府干预便能获得正常发展；二是否定公有制，渲染私有制，认为要给予私人经济活动充分自由，并倡导产权私有化，而对公有制下产权得到管理监督持反对态度；三是宣扬经济自由化，认为经济发展不应被政府干预，因为那样会弱化经济活力，不利于经济发展；四是反对"福利国家"制度，反对通货膨胀。从本质上看，新自由主义追求绝对的自由，但这在实际生活中是不可能实现的。从其思想表现上分析，新自由主义思潮对形成良好市场氛围具有积极效用，并且强调弱化政府干预也能在一定程度上抑制通货膨胀与促进经济结构调整，但是过度自由也会带来诸多不良影响，比如资本自由流动会使投资者趋向于"挣快钱"，这会导致泡沫经济不断壮大，一旦出现大规模撤资现象，经济危机便会上演。在政治层面，新自由主义思潮大肆宣扬西方政治模式，而对于我国来说，政治革新要基于本国国情逐步进行，直接照搬他国模式绝不可取。

### （三）实用主义思潮

苏格拉底、亚里士多德等先哲是实用主义的积极倡导者，追求真实实在，否定虚无缥缈。19世纪70年代，皮尔斯将实用主义升华为指导信念，目的在于指导人们的实际行为向"高效用"转变[1]。20世纪40年代，实用主义在西方世界获得较快发展，逐渐成为西方世界的主流哲学。在五四运动时期，实用主义传至我国，由于当时我国正经历内忧外患，该思想得到了很多有识之士的关注，并在社会中产生相应影响。实用主义在发展过程中吸收了很多其他思想理念，比如经验主义、传统人学思想等，而在经过穆勒实证主义理论指导后，实用主义更加系统、完善。其基本主张如下：一是强调实践。实用来源于实践，没有实践人们便不会掌握技术、获得经验及对实践效果作出评价。实用主义要求人们积极行动与实践，并在过程中追求人生价值与意义。二是注重实效。实践过后会收获实效，并且在一定程度上，实效能够评价实践水平，但实践往往是复杂的，如果仅注重实效而忽视其他，就会出现评价不科学、不准确的现象。实用主义注重实效，因而容易陷入主观判断误区，出现错误难以避免。三是否定客观性。实用主义认为客观物质没有太大意义，只要主观层面能够达到"有用"目标便意味着获得了真理，这样就容易陷入主观随意捏造的误区，使所谓的真理没有实际价值。四是弘扬进取意识。实用主义倡导"我命由我不由天"，认为只要积极进取便能掌握自身命运。

实用主义在某些方面具有积极效应，能够引导人们注重实践、崇尚实干精神，有利于为创新创造打下坚实基础。我国社会主义建设正处于转型升级的关键时期，需要更多有进取精神的人才提供支撑，实用主义能为培养这样的人才提供指导。但需要注意的是，实用主义在超过一定限度后也会发生逆转，比如过于迷信效用至上价值观就会出现偏执主观而忽视客观的做法，陷入唯心主义的误区，不利于人们正确认识与看待周遭事物。实用主义崇尚"相对"，反对"绝对"，认为世间一切都没有坚实的基础，同样也不会存在绝对中心价值与信仰主义，让人们产生强烈的功利心理，只注重最终结果是否符合预期，而对整个过程所渗透的人文精神、价值意义等缺乏重视。国家发展、民族建设不能只追求结果，还要对过程品质提出要求，否则国家和

---

[1] 冯月季.实用主义哲学的传播观念：从皮尔斯到罗蒂 [J]. 关东学刊，2016(4): 58–65.

民族将失去理想信念与精神内涵，变得死气沉沉、毫无活力。

### （四）消费主义思潮

消费主义产生于美国，它是随着消费市场逐渐壮大而衍生的，其核心理念是消费至上、享乐至上，目的是满足人不断膨胀的欲望。有学者对消费主义进行了系统阐释，认为消费主义偏离了消费的原本目的，不再局限于为了满足实际需求而进行消费，而是不断产生与制造新的需求与欲望，然后再通过消费过程予以满足。这种思潮容易让人形成贪婪、欲望无底线的价值观念，进而对人生过程产生新的认识，比如认为劳动只是为享乐服务。消费主义基本思想表现如下：一是会将消费作为人生的终极目标。消费是增加市场活力、促进市场发展的重要途径，但对于个体来说，如果消费成为人生终极目标，那所有的劳动与创造过程便会成为满足消费的必然手段，而劳动与创造过程所蕴含的勤劳节俭、成就事业、奉献社会等美德与人生观便会被否定，使个体的价值观发生扭曲变形。二是为消费而消费。消费本是为满足自身实际需求而服务的，但是在消费主义价值观中，消费成为社会评价的标识，比如高消费往往对应着财富多、地位高、身份高等，进而上升为评价人的价值的指标。当人们被这一价值观误导后，就会为了彰显自身社会价值而盲目消费，不顾外在条件而一味拔高消费水平。三是无节制地消费。消费主义思潮认为消费不应该受到限制，无限度、无节制消费是其重要目标。在实际生活中，很多人为了达到某一水平而选择通过借贷、向他人索取等途径来获得更多金钱财物满足消费欲望，而这些途径可能会成为人们违法犯罪或是陷入人生泥潭的罪魁祸首。四是一切为了消费。消费可获得乐趣，可满足自身欲望，而当这种观念极度异化后，就会滋生人生所有活动皆是为了消费的想法，进而形成为了一时之乐而不择手段的价值观。

综上所述，可以了解到消费主义将高物质消费作为追求目标，反映在个体生活中，则会引发消费无节制、超前消费等不良现象。虽然在某种程度上，消费主义能够刺激消费市场，通过拉动内需为社会经济发展注入活力。但是其有害性会大大超过积极作用，因为这一思潮会引发极端拜金、极端个人主义、极端享乐主义等不良现象，进而对人们的价值观造成严重冲击，让他们形成一切向钱看、金钱至上的不良思想观念，对崇高事业、精神品质塑造等失去热爱与追求。对于我国来说，社会主义建设需要更多勤俭节约、艰苦奋斗的人才，如果人们沉溺于消费与享乐，不仅难以为社会发展作出贡献，还会成为社会发展中的不稳定因素，进而产生不良影响。因此，我国必须坚决抵制消费主义思潮，不断通过加强精神引导与文化建设来塑造国民正确的人生态度。

### （五）后现代主义思潮

后现代主义产生于20世纪60年代。当时的西方已经走向资本主义道路，短时间内社会生产力得到大幅提升，但与此同时环境污染、资源浪费、人口激增、生态破坏等负面影响也大肆袭来，引发了当时社会各界的深刻反思。后现代主义便是在这样的背景下形成的，其从产生之日起便充斥着"怀疑"与"否定"态度。后现代主义并没有兴盛太长时间，20世纪80年代后期便开始衰落和分化，这一时期我国正式开启改革开放新征程，寻求思想解放成为风潮，这为后现代主义进入我国创造了条件。后现代主义提出以下主张：一是反基础主义。在西方传统哲学中普遍认可"第一原理"说，认为只要掌握了"第一原理"，就能诠释世间万事万物。后现代主义对此提出了反对，认为"第一原理"根本不存在，而是主张"不确定性原理"，即人们在认识周遭世界时可以从多元视角出发，获得多元化知识。二是反本质主义。西方传统哲学研究会从"本质"与"现象"两个层面出发，其中"本质"用于探讨事物的内在属性，而"现象"用于探讨事物的外在表现。在传统哲学观点中，想要认识事物必须了解其"本质"，而"现象"终究是为了解"本质"服务的。后现代主义认为"本质"与"现象"不应该是二元对立的关系，主张在认识事物时以不确定性、模糊性进行解构，不必拘泥于某个原理或目标。三是反理性主义。在古希腊文化中，理性主义追求理智精神与依托专业知识分析周遭事物。后现代主义对此提出反对意见，认为理性会产生很多不良影响，比如限制个性发挥、阻碍想象力与创造力开发等，因此后现代主义提出了非理性概念，将情感、体验、想象等作为激发人们挖掘潜力、提升人们创造能力的重要源泉。四是反中心主义。在中心主义者眼中，人是万物之灵，处于自然界的中心位置；而在后现代主义者眼中，人只是自然界中的组成部分，而不是主人或者主导者。

后现代主义思潮的积极效应表现为打破机械僵化与敢于批判挑战，能够引导人们辩证地看待问题，而不是被传统权威思想统治。但是后现代主义也存在一些负面内容，比如分化出的虚无主义、无政府主义等会对国际历史观、现行国家模式等造成冲击，使人们的思想理念融入更多不确定内容，成为社会发展、国家建设中的不确定隐患。

### （六）功利主义思潮

功利主义是一种以功利效果对周遭事物进行评价的思维理念。西方功利主义产生于古希腊时期，它的源头是快乐主义学说。这一学说将"趋乐避苦"描述为人的本性，进而引出"功利"概念，并描述为"一种外物给当事者求福避祸的那种特性"。具体到人的本性中，追求利益与功利是人们获得幸福的基础，也是衡量人们行为与思维方式的标准，这样的标准便是功利主义标准。在功利主义发展过程中，追求幸福与快乐始终是主流，这成为"最大幸福主义"产生的源头，并且将精神快乐放在更高位置。这反映了功利主义并非只追求物质层面的满足，其对精神层面更为重视。从积极意义上分析，功利主义立足于人的本性寻求物质与精神层面的双重满足途径，对于社会发展注重"人"的需求具有重要的指导价值。但是，该思潮也具有一定局限性，会因为忽视人的历史性和社会本质而产生不良影响，甚至容易陷入个人主义泥潭，进而对我国社会主义现代化建设产生不良影响。

### （七）拜金主义思潮

拜金主义产生于商品经济高度发达时代。商品经济发展会带来大量社会财富，而在私有制社会中，社会财富集中于小群体之中，进而使小群体过上高品质生活。这会提升"金钱"的地位，让人们对"金钱"产生强烈的崇拜感，认为只要获得了金钱便能获得全世界。拜金主义思潮的主要内容如下：

一是对金钱本身产生狂热的价值判断，认为金钱是万能的，钱能解决一切问题。人生追求逐渐以金钱为主，其他追求在与金钱产生冲突时均要退居次席。二是对获利手段的异化认知，认为获得金钱可以不择手段，社会公德、法律法规等均能被无视，当友情、亲情、爱情成为获得金钱的"拦路虎"时便会被一脚踢开，更严重时出卖国家民族利益，不仅没有人格，也没有国格。三是金钱作为评价一切的唯一尺度。只要金钱到位，任何事情都可以为之，同时在评价人生价值时也会以获得金钱数量作为标准，进而对有钱人青睐有加，对没钱人白眼相向。拜金主义思潮会对社会发展产生极为恶劣的影响，引导人们成为金钱的奴隶，做人做事、生活生存等皆以获得金钱为目标。商品经济高度发达是拜金主义思潮产生与发展的温床，从目前情况来看，我国社会主义市场经济高速发展也会为拜金主义滋生创造条件，很多人在追求金钱的道路上迷失了自我，变得腐化堕落，失去人生底线，如果放任这样的现象继续存在，必然会对我国社会主义现代化建设产生难以想象的后果。

西方文化中的消极元素除了前文所述外，还有很多内容没有谈到。西方资本主义制度下所产生的思想、思潮与社会主义制度存在天然的对立，产生风险与负面影响是必然的。西方国家依托先进技术在文化领域占领先机，并通过多种途径向我国传递社会思想与价值理念，目的是攻占我国文化领地，为扩大西方国家文化影响力与实现文化霸权打下基础。据相关统计，当今世界绝大部分的新闻平台被西方国家垄断，这些平台所生产与制作的新闻产品均以塑造西方国家良好形象与抹黑其他国家形象为中心。除了新闻平台外，电影、电视行业中西方国家也具有强大影响力，比如美国的好莱坞在国际上享有盛名，每年都会向其他国家输送大量电影作品，而根据盈利统计发现，美国好莱坞在国际市场上的盈利占到总盈利的八成以上。这改变了美国的出口格局，所出口的产品中农作物、工业品等不再占据主导地位，而是文化产品成了主导，包括电影、电视节目、音乐、图书、电脑软件等。这些文化产品会在悄无声息中侵蚀我国人民的思想，尤其对于价值观尚不成熟与稳定的青少年来说更是如此。有学者指出，西方文化通过文化产品出口大肆影响第三世界国家，其中的颓废内容不仅产生毒害作用，还会对人类文化的发展造成不良冲击，使人们的创造力逐步丧失。我国必须对此高度警惕，应通过采取积极举措应对西方文化的消极影响，尽可能避免国民政治信仰被动摇。

总而言之，西方文化是优劣并存的。曾有学者在分析西方文化时指出，"文明"与"野蛮"并不是显而易见、易于区分的，当"文明"趋向更高层次时，往往意味着高度野蛮的开始。西方文明领先于全球，但是其中所蕴含的"野蛮"内容为西方的文明发展埋下了隐患，比如个人主义激发个性开发，但同时也容易进入闭锁与孤独境况；一味追求经济发展会使人的精神层面不被重视，容易让人精神空虚，进而对人的发展造成不良影响，阻碍人类文明向前发展；科学技术发展带来了诸多福利，但同时也夹杂着不良产物，如破坏环境、损伤人文、加快社会节奏等。面对优劣并存的西方文化，我国要在坚持马克思主义立场的基础上对其进行辩证剖析，吸收精华、摒除糟粕，如此才能在发展与建设过程中处于良性状态。

# 第二节　传统文化的影响

中国传统文化博大精深，经过漫长的岁月积淀与升华融入了民族精神之中，中华民族在其影响之下不仅产生了强大的凝聚力，而且支撑发展的脚步不断向前。从古至今，中华民族经历多重波折，有兴盛，也有衰败，而衰败并没有打倒中华儿女，他们面对逆境强势崛起，终于扭转乾坤，开创了如今的中华盛世。传统文化在这一过程中充当了养料，滋养着人们的思想与行为，引导人们树立正确价值观。时至今日，多元文化态势已成必然，这势必会对传统文化造成诸多影响，如何通过科学继承与批判路径使传统文化在多元文化态势中发挥其应有影响力是我们应该重点研究的问题。

## 一、中国传统文化的含义及特点

传统文化不是一朝一夕形成的，而是经过了漫长的发展历程，经过了无数次的锤炼与升华并进行积淀。因此，传统文化会沁入中华民族的血脉之中，为中华民族的发展夯实根基，并向世界宣告自身存在并作出贡献。现如今，中华民族面临新的态势，传统文化依然能提供发展动力，支撑中华民族奋力向上，始终在世界民族之林中拥有一席之地。从传统文化的形成过程来看，它与民族的形成和发展相伴相生。不同民族存在于不同地域之中，成为传统文化展现地域性的源头；民族又处于动态发展之中，立足于时代发生转化变形，这一过程也体现在传统文化的发展历程中，表现为不断增加新内容与产生新观念。在这个大力宣扬创新的时代，传统文化始终有其重要地位，因为创新不能凭空而起，必须有所依托，而传统文化便能够充当这一角色。它既能够成为文化创新的重要前提，也能对文化创新有所约束，避免超出应用范围而无序无度发展。传统文化会世代相传，而在传承过程中有的内容会进一步发展，有的内容会因为脱离时代而退出历史舞台，但"历史存在过"这一事实不容置疑，因此剖析传统文化发展历程能够对民族的过去、现在进行了解，对民族的未来进行展望，并做出评价与预测。在某个阶段，传统文化的过去、现在及未来会同时存在，这得益于文化特征会通过诸多方式存续于后世文化中，因此我们此时看到的传统文化并不完全是过去式，同时还有对今天的映照及对未来的畅想。脱离文化传统进行文化创造与建设，会导致民族精神断层，造成民族凝聚力大幅减弱，而当这种现象成为现实，一个民族的历史便会永久消匿于岁月长河中。

中国传统文化丰富多彩、魅力四射，无论怎样变化，地理环境、民族本质追求等所形成的稳定性会让传统文化永远折射中华民族特征，并存在于中华民族的过去、现在和未来的发展之中。中国古代先秦时期便出现了诸子百家之说，而随着社会发展与时代选择，儒、释、道三家文化成为主导内容，并且一直延续，成为后世各朝各代核心伦理精神与文化内质。这三种文化名称不同、源头不同，但却走向了同流发展道路，比如三者关注的重点均为对人的本性、人的精神、人的价值、人的追求等内容的研究，最为显著的是三者共同支撑起中华民族的思想与道德体系，对中华文化的发展产生了深远影响，进而成为中国传统文化主流。中国传统文化还包括书法、服饰、医学、农学、天文、地理等内容，这些内容与三大主流文化存在紧密关联，中国传统文化的主体和灵魂以儒、释、道三大文化为载体。

梁启超曾经说过，一个民族或者一个国家能够存于世界并持续发展，说明它们具有一定的独特性，而后经过代代传承进一步发展壮大，无论是道德法律、风俗习惯还是文学美术都独具一格，成为国家形成并走向强大的重要根源[1]。基于这一说法可以了解到中华民族是一个伟大民族。从世界范围来看，中华文明是唯一一个得以传承数千年始终没有中断的文明，而之所以如此，与中华民族所表现出的独特性有着紧密关联。

**（一）天人合一的根本指向**

"天人合一"是中国传统文化的核心理念与根本指向。它追求人与自然和谐发展，通过互补互助达到统一高度。究其根源，该思想起源于商代占卜。当时人们将神看作天地万物的主宰，在采取决策与表现相关行为时会通过占卜以定基调，到了西周时期，天人关系得到新的发展，表现为"天"的管理范围更加广阔，不只是预测吉凶，还加入了人伦规范，开始对"人"进行更深层次的指导与管理。《周礼》之中融入更多天人相通、天人相应等思想，将"天之经也""地之义也""民之行也"结合在一起。战国时期孟子认为"知其性，则知天矣"，将"人性"作为"知天"的渠道。后来"财成辅相""天地合德""天人之际，合而为一"等观点被提出，进一步拉近了天与人的距离，并且"天"的内涵得到深化，除了表现自然变化规律外，还代表"诚""明"等修养境界。以上主要是儒家"天人合一"思想的发展历程。除了儒家之外，道家、墨家等流派的思想中也蕴含"天人合一"思想，比如道家创始人老子提出"人法地，地法天，天法道，道法自然"；庄子主

---

[1] 杜溯. 融合与冲突：梁启超新民思想的内在理路 [J]. 贵州开放大学学报, 2023, 31(4): 65-71.

张的"心斋""坐忘""静生""寡欲"是拉近人与自然距离的休养方式；墨家倡导的"尚贤""兼爱""非攻"是以"遵天道""守天时"等思想为基础[1]。在"天人合一"思想中，人与自然遵循统一规律，并强调协调发展，从中可以表现出人性基于万物表露伦理情感与思想作为。

### （二）伦理道德的主体地位

在中国传统文化中，伦理道德是重要组成，从古至今皆得到人们的高度重视与崇尚，凡是有利于人文发展的都会受到重点关注，由此衍生出崇仁尚义、重义轻利等思想。这些思想又以德行修养为出发点，可以说，德行贯穿整个古代社会，不仅是个体的修养目标，还是维系社会秩序的重要支撑。值得注意的是，中国传统文化中所宣扬的德行会通过实践彰显与发挥指导价值，而不会局限于道德理论分析研究层面。"君子""圣人"是传统文化中高德行的代表，他们有知识、有修养，在为人处世、应对问题中眼光长远，不会只图一时之快与暂时的夸夸其谈。伦理道德的威力巨大，对中华民族的影响极为深远，纵观世界，在这一方面找不到同等影响程度的伦理道德。有学者总结，神学思想贯穿欧洲民族，中华民族则以伦理道德发展前行。中国古代思想流派很多，但道德却是每一派共同崇尚的内容，其中儒家对伦理道德的阐释与实践最为深刻。孔子提出的"仁"和"礼"、孟子提出的"仁政"、荀子提出的"王道"、董仲舒提出的"三纲五常"、朱熹提出的"格物穷理"、王守仁提出的"致良知"均是儒家伦理道德学说的典型代表。

### （三）群体本位的价值取向

家庭在中国传统社会中有着很高地位，"没有家哪有国""家国一体"思想具有广泛影响力，而这也成为群体本位价值取向形成的重要基础。儒家所倡导的"孝""忠""节"是通过规范个体行为来达到为社会利益、家族利益作出贡献的目标，这些行为规范并不是简单呈现给人们，还会搭配其他阐释帮助人们懂得如何实行，比如"己所不欲，勿施于人"便是典型例子，它指出人们在处理人际关系时要遵循先人后己原则；"老吾老以及人之老，

---

[1] 周静. 试论中国哲学的传统精神与逻辑诠释 [J]. 湖北函授大学学报，2016, 29(17): 77-78.

幼吾幼以及人之幼"是通过提倡"尊老爱幼"来实现总体行为规范。董仲舒作为先秦之后儒家集大成者，明确指出群体利益要高于个人利益，并且认为个人只有先追求群体利益才能达到更高的人生高度；程朱理学进一步渲染了群体本位思想，对个体进行了压制甚至达到扭曲地步，如"存天理灭人欲"是以消除个体私欲为目标，认为只有这样社会才能安定，群体才能和谐。在群体本位价值取向中墨家也有突出表现。墨家"兼爱"思想中透露出强烈的群体意识，认为只有向全天下普及仁爱，才能实现天下安宁的目标。更为出彩的是，墨家除了有思想还有确确实实的行为，比如墨家会通过严密的组织纪律践行"兼爱"思想，即使赴汤蹈火也在所不惜。群体本位价值取向对社会和谐发展与提升人生境界具有重要意义，但与此同时也对个体发展造成限制。

**（四）境界提升的人生追求**

人生境界需要通过不断努力与修行逐步提升。在中国古代社会中，道德修养是重要途径，不仅能够提升人的道德程度与情操水平，还能加深对人生意义的理解。中国传统文化重伦理道德与倾向群体本位，两者经过融合之后形成了"从心所欲不逾矩"的修养境界，而达到这一境界需要人们加强个人道德修养并完善人格，更重要的是能像"仁人""圣人"那样将自身利益置之度外，一心为国家、为天下作出奉献。儒家倡导"修身齐家治国平天下"，其中"修身"放在首位，如果"修身"不成或达不到相应标准，后续的"齐家""治国""平天下"便会成为枉谈。修身很难，不是一朝一夕所能达成的。人们对"修身"境界进行了深入剖析，具体分为四重境界，分别是自然境界、功利境界、道德境界、天地境界。其中，自然境界中人们对所思所行的意义与价值并不十分清楚，主要是在外在的指导下被动前行；功利境界中人们有了功利追求，并开始立足于此调整做事方式，表现出较强的主动性，但由于专注于自身利益容易造成心胸狭隘；道德境界中人们开始为社会发展着想，会通过事事讲道德来确保社会利益不受损害；天地境界中人们的追求更为广阔，从社会层面上升到了天下与宇宙层面，所思所行不仅体现出"天下为公"的意识，还会自觉践行以达到更高人生境界。这几重境界紧密连接，能通过步步提升而走向更高层面。中国传统文化提供了"慎独""自省""养心"等修养方式，为境界提升提供了可行途径。纵观中国古代发展史，涌现出了很多追求更高人生境界的名人志士，比如"先天下之忧而忧，后天下之乐而乐"的范仲淹，"人生自古谁无死，留取丹心照汗青"的文天祥，"为天地立心，为生民立命，为往圣继绝学，为万世开太平"的张载等，他们通过文字充分表达自身人生境界追求，而对于后世来说，这些文字又会成为后人树立人生追求的重要指导。

## 二、传统文化对我国社会主义文化建设的积极影响

中国传统文化在世界范围内可谓独树一帜，并且经过漫长的岁月积淀形成了丰富多样的内容，时至今日，我们可以从浩如烟海的古籍与相关研究中对中国传统文化进行发掘。中国古代社会在传统文化的滋养下走向辉煌，并且铸就了中华民族特有的精神结构，使中华民族永葆活力，历经磨难而永不退却，同时中国传统文化也在这一过程中生生不息，继续在现代社会展现意义与价值。中国传统文化在很长时间内领先于西方文化，主要领先点表现在"人文性"层面，如思维模式、价值信仰、精神品质等均以礼治为指导，展现出对社会与个体真实诉求的殷切重视。中国传统文化为中华民族精神发展提供了土壤，既引领中华民族精神走向深入，也激励着中华民族不断向前。它既指引古代社会发展演化，也在现代社会中发光发热，并且在世界文化发展中发挥了重要推动作用。

在中国传统文化中，有优秀内容也有不良成分，关于这一点，历代学者有清晰的认识，当然学者也会因为时代局限而难以准确界定。张岱年认为天人合一、以人为本、刚健自强、以和为贵是中国传统文化优秀内容的典型代表；张岂之总结了七种精神，分别是文明之初的创造精神、穷本探源的辩证精神、天人关系的艰苦探索精神、人格养成的道德人文精神、博采众家之长的文化会通精神、以天下为己任的责任精神、生生不息的中华创新精神；李宗桂认为中国传统文化以人文主义为核心，包括自强不息、正道直行、贵和

持中、民为邦本、平均平等、求实务实、豁达乐观、以道治欲等内容。我国社会主义现代化建设中所提出的社会主义核心价值观也与中国传统文化密切相关，将团结统一、爱好和平、勤劳勇敢、自强不息的中华民族精神充分展现。笔者结合相关观点对中华优秀传统文化的基本精神进行了概括与总结，具体内容如下。

**（一）爱国主义情怀**

每个人都有祖国，祖国滋养着人们茁壮成长，人们也要反过来为祖国发展作出自身贡献，并且通过这一过程加深对祖国的情感。这些情感会积聚成爱国主义，流淌于每个人的血液中。中国传统文化蕴含着丰富的爱国主义情感，虽然在不同时期这类情感会有不同表现，但为民族发展壮大勇于奉献付出，甚至敢于牺牲的精神却是统一的，在漫长岁月中一直激励着中华儿女不断向前。春秋时期孔子注重激发人们的主人翁意识，能为本民族与国家的发展而奋斗；战国时期屈原一心救国，直到身死也在担忧祖国的命运；宋朝范仲淹被贬谪在外仍然忧思天下，通过"先天下之忧而忧，后天下之乐而乐"的心声表达自身对国家发展的关心；宋朝文天祥在亡国之际依然不改初心，大声疾呼"人生自古谁无死，留取丹心照汗青"，既彰显了自身的浩然正气，也传达出对国家忠贞不二的情感；明朝顾炎武在朝代更替之际喊出"天下兴亡、匹夫有责"，清朝时期林则徐在外敌入侵、影响国运时毫不畏惧，说出"苟利国家生死以，岂因祸福避趋之"来表明自身态度。这些名人志士均对自己的祖国热爱有加，虽然个人之力十分薄弱难以左右时代发展脚步，但是所呈现的爱国主义情怀却激励着一代又一代中华儿女奋勇向前。抗战时期与解放时期，无数中华儿女披荆斩棘、不惧牺牲，以血肉之躯抵抗外侮与驱除反动势力，这才有了今日之繁荣与和平盛世；社会主义建设时期每个领域都有爱国者引领导航，如雷锋、王进喜、杨利伟等在本职岗位上作出突出贡献，他们的精神感染了国民。

**（二）民为邦本的政治理念**

中国古代社会有等级与阶级之分，但这并不会掩盖"民为邦本"思想的熠熠之光。夏、商、周时期，民众力量的重要性已经被人们了解，统治者为了巩固统治地位与维系社会稳定，十分注重民众力量的应用，比如很多政策传达出"重我民""施实德于民"等思想内涵。孔子提出"民为邦本，本固邦宁"的民本思想，并提出以"庶民""富民""教民"等方式实现该理想；孟子提出"民为贵"，而"社稷"与"君"次之，明确指出国家发展必须重视民众的力量；荀子有言"水则载舟，水则覆舟"，揭示了民众力量的巨大影响力。到了近现代时期，推翻封建王朝的领导者孙中山在"三民主义"思想中融入了民本思想，而在社会主义现代化建设中，"为人民服务""以人为本"等思想始终处于指导地位。

### （三）刚健自强的进取意识

中华民族一路走来遭遇诸多苦难与困境，却始终没有倒下，反而越挫越勇，这与刚健自强的进取意识深入民族精神之中有着紧密关联。"天行健，君子以自强不息""三军可夺帅也，匹夫不可夺志也"等至理名言充分体现了这一意识，引导人们在遇到困难时能以积极态度面对，始终保持自强不息的精神与意志。孔子作为儒家创始人，被后世尊为"孔圣人"，不仅是因为孔子的思想博大精深、影响深远，孔子本身所表现出的自强不息精神也是重要原因，他面对困难没有退却，而是"知其不可而为之"；孟子心胸豁达，致力于养浩然之气，他在阐释浩然之气时提出"富贵不能淫，贫贱不能移，威武不能屈"，成为后世评价自强不息精神的重要标准。想要做好一件事情并不容易，而能够名垂千古的人士不只是才华出众、异于他人，还经历了克服困难重塑自我的阶段，比如司马迁所举的周公、孔子、屈原、左丘明、孙膑、吕不韦、韩非等皆是脱胎于苦难而有所作为的例子。刚健自强的进取意识已经渗入中华儿女的血液中，并经过知识分子弘扬与传承，在后世继续发挥激励作用。时至今日，我国各界人士没有因落后于世界而灰心气馁，反而在一次次探索与研究中更显刚勇，支撑我国国力不断提升。

### （四）厚德载物的宽厚胸怀

中华民族并不是一个单一民族，而是众多民族的共同体，中华民族拥有厚德载物、海纳百川的宽厚胸怀，能够积极融合外来文化，并生成新的但不会动摇核心价值观的文化内容，比如佛教文化便是外来文化，但它在我国却能生根发芽，并与儒家、道家文化相映生辉，使中国传统文化更为丰富多彩。厚德载物民族精神驱动个体形成重视品德修养的良好习惯，如"行有余力，则以学文"指出人们只有提升道德修养才能更好地"学文"。对于整个社会来说，只有每个人具备宽厚品德，社会才能和谐有序，战争才能消弭，每个人才能过上好日子。从多元文化层面分析，宽厚品德能驱使人们接纳外来事物，不会因认识不同、追求不同而产生矛盾冲突，这样不仅能塑造多姿多彩的社会空间，还能为形成多元文化局面打下基础。但需要注意的是，厚德载物并不等同于软弱可欺，比如一个人胸怀博大、胸襟宏伟，但他不会失去对善恶的基本判断力，这能保证自我主体不出现异化。

## 三、传统文化对我国社会主义文化建设的消极影响

中国传统文化产生于封建社会，在对其进行研究时既要从特定时期的历史因素入手，也要着眼于当代，立足于现实状况具体分析。在通过研究分析后可以发现中国传统文化既蕴含丰富多样的优秀内容，同时也包含腐朽落后的成分。新文化运动的重要发起者陈独秀曾对儒家文化作出评价，认为儒家文化优缺点并存，但缺点更多。虽然陈独秀的观点有一定的偏颇性与局限性，但也能从侧面说明中国传统文化存在一定的消极因素。从宏观角度分析，中国传统文化讲血缘、重礼法并追求更高的人生境界，但却是以维护皇权、父权等级秩序为出发点，因而充斥着显著的统治与服从关系。这些关系与当今时代发展诉求格格不入，如果不能剔除或者创新改革，势必会对当代社会产生诸多消极影响。以下对中国传统文化中的消极内容进行分析。

### （一）严格的封建等级制度

文化发展不会脱离政治与经济形态，并且会在发展过程中通过某种形式反映在政治与经济形态中。中国传统文化在封建社会中发展演进，所孕育的思想内容必然与封建社会相契合，如等级观念、宿命论等均是封建统治者治理国家

的重要思想观念。三纲五常、因果循环等思想在民间广为流传，让广大人民自觉约束自身行为，进而对统治阶级施加于民的剥削、压迫、欺凌和宰割变得麻木不仁，一味忍受而不知反抗。在这样的文化氛围和背景下，人们表现出忠顺性，犹如奴仆一样没有自由，更枉论创造性。以当今视角审视，封建社会所实行的制度具有显著的反民主性，这与当代社会人民追求民主是背道而驰的，因此在社会主义现代化建设中必须坚决摒弃这类负面内容。

### （二）严酷的封建伦理道德

封建统治者为了巩固自身地位，会依托相关文化流派制定封建伦理道德，让治下之民通过严格遵守达到统一民心、约束人民行为思想的作用。董仲舒提出的三纲五常是封建伦理道德的基本体系。在这一体系中，君主、父辈、丈夫处于权威地位，而臣民、子辈、妻子处于服从地位，权威者可任意发号施令，服从者只能听之任之，不能有所反抗，也不能表现出个人诉求与欲望。放到整个国家治理中，除了高高在上的皇帝，每个人在封建伦理道德下没有自身存在感，自然所有努力是为国家作贡献，因此在评价个人价值时，会将为集体作贡献的程度作为重要评价指标。个体没有空间，所做的一切都是义务，除了收获虚名之外，自身难以获得更多利益。这会对个体形成压迫，阻碍他们向前发展，只能一直徘徊于现状泥潭中，继续遭受封建伦理道德的残害。由此可见，封建伦理道德中人性关怀较少，多是一些对民众要求的虚无缥缈、宏观空泛的境界追求。比如"饿死事小，失节事大"对广大人民群众产生了很大的毒害作用，很多人为了守住所谓的"节"而不惜伤害自身，而不去考虑内在真正的追求。一个民族与国家要想发展壮大离不开创新创造，否则只会形成一潭死水，在恶性循环中自取灭亡。封建伦理道德阻碍创新创造，因此必须彻底予以否定与抛弃，才能营造更好的社会环境，为人们个性发展与展现更强的创新创造能力打下基础。

### （三）愚昧的封建迷信思想

中国传统文化中存在很多封建迷信思想：一方面由于古代人们的认知能力有限，在探究外在事物时会向神灵等虚无缥缈却具有强大影响力的"意志体"偏移；另一方面封建统治者会通过创立和宣扬迷信内容来维护统治地位，比如"君权神授"是以神灵影响力来让广大人民认可统治者的权力，进而不产生反抗心理，成为忠顺老实、虽受剥削却仍然死心塌地为封建统治提供服务的"顺民"。在封建迷信思想的影响下，人们习惯于通过算命、改变阴阳风水等方式来改变命运。当今社会科学水平已达到更高程度，可是封建迷信思想却仍然存在，并被别有用心之人冠以科学的帽子，成为他们牟取利益的手段。如果任由这样的风气继续盛行，封建迷信则会死灰复燃，对人们产生不利影响。

**（四）官本位思想**

在中国封建社会发展过程中，官本位思想产生了巨大的影响力，使人们在心理与思维上十分固化，成为阻碍社会发展进步的重要因素。官本位思想的核心是以官为本、以官为贵、以官为尊，当的官越大，意味着人生价值越高。在这一思想影响下，人们炽热追求官位，想通过当官来光宗耀祖和享有特权。有学者指出，官本位将官位极度神化，认为只要当了官便能获得自己想要的一切。炽热追求会引发利益输送，比如封建社会虽然有明确的求官渠道，但还是出现了买官、卖官、跑官等不良现象，甚至在某些朝代"卖官鬻爵"是以公开形式存在的。当官场变得腐化堕落，选官渠道就会夹杂诸多"私人"要素，使很多学识高、能力强但却没有"私人"关系的人终其一生不能进入官场。在封建社会，官本位思想产生并发展壮大是必然的，因为封建统治者与普通民众之间是一种不平等关系，很难为普通民众提供公平公开的求官路径。官位与一个人的地位、价值大小等密切相关，当官位被烘托到更高层次后，人们会对当官者充满敬畏，阿谀奉承、溜须拍马成为常态，而这些方式也被用于求官，想通过这些方式升官的官员更会挖空心思欺上瞒下，一心只为谋取更多私利。

# 第三节　中国特色社会主义文化的形成与发展

中国特色社会主义文化始终坚持以马克思列宁主义、毛泽东思想、邓小平理论、"三个代表"重要思想、科学发展观、习近平新时代中国特色社会主义思想为指导，既基于本国国情继承传统文化优秀内容，又广泛吸收外来文化精华成分，进而形成独特的中国新时代文化。中国特色社会主义文化与世界接轨，能够在多元文化态势中良好成长，因此在研究我国多元文化基本态势时，要将中国特色社会主义文化作为重要研究内容。

## 一、中国特色社会主义文化的生成及其历史必然性

中国共产党在马克思主义指导下建立了中华人民共和国，而中华人民共和国必须有新文化才能为国家发展注入更强动力。但是文化建设并非一朝一夕之事，首先要立足于国情采取针对性措施，确保文化建设获得坚实土壤；其次要立足于实践。社会主义实践是动态的，会随着外界情况的变化而变化，因此中国特色社会主义文化同样具有动态性。目前，中国特色社会主义文化内涵与诉求包括以下四个方面：一是中国特色社会主义文化以马克思主义为指导。马克思主义传入中国后，经过中国化形成了极具指导价值的思想内容，比如毛泽东思想、邓小平理论、"三个代表"重要思想等均是极具影响力的马克思主义中国化理论成果。二是中国特色社会主义文化会向下渗透，着眼于培养有理想、有道德、有文化、有纪律的"四有"公民作为文化建设根本任务。三是中国特色社会主义文化视角广泛，在建设方向上更为长远。现代化方向是以促进文化内容符合当今人们的诉求为目标，面向世界方向是以继承传统、汲取外来文化优秀内容为目标，面向未来方向是以不断优化创新、提升文化品质为目标。四是中国特色社会主义文化始终坚持为人民

服务。文化来源于人民也要服务于人民，这样才能形成良性循环，确保文化内容不失民心，并且减少形式化、表面化的不良内容。

当今时代国际形势变幻莫测，对于任何一个民族与国家来说，要想始终拥有立足之地就必须增强自身力量，而增强力量必然离不开文化的支撑，因为文化越强盛，越能增强民族的凝聚力与创造力。对于我国来说，研究行之有效的文化建设策略应成为重点，如此才能在经济全球化与多元文化时代保持向前发展态势。进入21世纪后，我国重新规划社会主义发展方略，其中文化建设是重中之重。历届国家领导人着重强调中国特色社会主义文化建设要走多元化道路，但是"不能搞指导思想多元化"，只有如此才能更好地吸收世界文化优秀成果，并同时避免民族虚无主义和全盘西化现象出现。马克思主义始终要处于指导地位，一方面要对传统文化与外来文化进行辩证分析，为传承优秀、摒弃不良内容提供支撑；另一方面要规划"一元指导、多元并存"局面，进而更好地应对多元文化态势。

文化发展是一个动态过程，自身运动与演化必不可少，同时也要不断汲取外来养料为自身添砖加瓦。古语云："流水不腐，户枢不蠹。"文化建设要动态进行才能始终保持旺盛的生命力，在面对不良内容时才能有效应对，避免走向腐朽和落后。中国文化传承千年依旧生命力不减，究其原因，与中国文化在各个历史时期存在整合与融合活动密切相关。在当今时代多元文化呈必然趋势的局面下，我国要主动出击，对外来文化进行整合融合，同时也要不断发扬与壮大本民族主体精神，如此才能创造出继续拥有旺盛生命力的中国特色社会主义文化。

中国特色社会主义文化发展要植根于民族文化与传统文化土壤中。中国文化在世界上一度光芒四射、领先于全球，虽然在近现代时期由于闭关锁国等因素导致停滞落后，但也不能因此而对传统文化一味摒弃。如果完全摒弃传统文化，则意味着社会主义文化建设割断了历史，势必会造成文化断层。对传统文化，既不能一味摒弃，也不能全盘继承，对于传统文化中的不良内容必须坚决摒弃，并通过文化创新开启新局面。有学者提出，"古为今用"

思路对于提升中国特色社会主义文化对民众的亲和度具有重要意义，能使民众积极主动地环绕在中国特色社会主义伟大旗帜下。外来文化优劣并存，有目的地吸收与借鉴能够更好地发展本国文化。现代社会国与国之间的交流互动更为密切，这能为我国高效吸收外来文化创造条件，进而为我国文化输入新鲜血液，保持旺盛的生命力。这是"洋为中用"思路下的具体路径。

另外，中国特色社会主义文化建设不能只从理论层面进行研究探讨，还要落实到具体实践中，通过实践验证确定文化建设结果是否符合实际要求。中华人民共和国成立后，百废待兴、百业待举，社会主义实践困难重重、挑战多样。在这样的局面下，中国人民不惧困难，一步一个脚印奋勇前行，终于使中国发展步入正轨，并在国际上获得了更高地位和产生了更强的影响力。这样的实践过程所积累的经验可成为中国特色社会主义文化建设与发展的重要素材，同时实践过程中所蕴含的发展更先进的生产力与满足广大人民美好生活愿望的内在诉求也会支撑中国特色社会主义文化保持先进性。以上路径可总结为"综合创新"。

综上所述，中国特色社会主义文化建设要走"古为今用、洋为中用、综合创新"之路，坚持以科学态度分析与研究传统文化和外来文化，确保优秀成分得到吸取与弘扬，不良成分被坚决摒弃。对于外来文化来说，由于文化差异会阻碍理解深度，想要做到去芜存精必须加大文化交流力度，尤其是将本国国情作为文化交流的重要前提，有目的、有针对性地进行吸收，进而使外来文化渗入中国特色社会主义实践过程中，使中国特色社会主义文化展现出更加绚丽多姿的风采。

## 二、中国特色社会主义文化的特点

中国特色社会主义文化内涵丰富且深刻，而想要获得更好的文化建设效果，必须了解其特点，具体包括先进性、时代性、民族性、开放性、科学性、大众性、创新性。

### （一）先进性

中国特色社会主义文化以马克思主义为基础理论体系，服务于无产阶级。人类社会发展向前，终将摒弃私有、专制等不良内容，而体现在个体发展上则是走向个体自由全面发展。与资本主义文化相比，中国特色社会主义文化的先进性表现在文化内容符合人类社会发展规律。马克思主义对人类社会发展阶段进行了科学论证，能够指导中国特色社会主义文化始终紧跟人类社会发展需求，确保持续保持先进性。

### （二）时代性

中国特色社会主义文化是在中国共产党的领导下，结合中国特殊的历史、文化和现实条件而形成的一种独特的文化形态。它是中国共产党正确领导中国革命、建设和改革的历史经验和文化成果的体现，具有鲜明的时代性。首先，中国特色社会主义文化是中国特殊历史和文化的产物。中国拥有悠久的历史和丰富的文化遗产，这些历史文化传承形成了中华民族独特的精神风貌和价值观念。中国特色社会主义文化不仅继承了传统文化的优秀传统，而且在发展中不断创新，充分体现了中华民族的文化自信和自主创新精神。其次，中国特色社会主义文化是中国特殊现实条件的反映。中国是一个发展中国家，与发达国家相比有着巨大的经济差距。中国特色社会主义文化在这种情况下应运而生，旨在引导全社会走向富强、民主、文明、和谐，推动中华民族实现伟大复兴。它是在中国特殊的现实条件下，基于实践经验和理论创新的产物，具有很强的现实意义。最后，中国特色社会主义文化是时代的产物。中国现代化进程加速，全球化进程不断深入，人们的想法、观念和价值观在不断变化。中国特色社会主义文化是在这一背景下形成的，它既具有时代性，又具有中国特色，反映了时代发展的要求和中国社会的实际需要。

### （三）民族性

世界上有多个民族，每个民族都拥有自身文化，不同民族之间所表现出的差异便是文化民族性。在民族文化中，民族品格、价值观念、思维方式往往是独特的，并以独特路径指引着本民族人民。中国特色社会主义文化是中华民族在新的历史时期所形成的新文化，但它的"新"既不会完全颠覆传统，也不会脱离实际国情与民情，始终具有深刻的民族性。正所谓民族的也是世界的，中国特色社会主义文化会在国际上展现出不俗的影响力，既能充分展现中国特色，也能将价值观念融入其他民族中。

### （四）开放性

任何文化在发展过程中都要经过交流和碰撞，进而发现自身的短处与不足，吸收新的文化内容予以补足与补强。从长远来看，一种文化想要持续保持旺盛的生命力就必须不断交流，一旦中断并闭塞，必将陷入停滞与落后局面。中国近代的屈辱史可充分说明这一点。中国特色社会主义文化吸取了过去的教训，在开放性上不会开倒车，即便多元文化态势会对文化建设产生诸多不利影响，但中华民族博大的胸襟与开阔的视野永远与文化建设同行。只有如此，中国特色社会主义文化才能吸纳优秀文化成果，并在"以我为主、为我所用"的原则下开启互动历程，既使文化内容丰富多彩，也能避免外来文化内容占据主导局面的出现。

### （五）科学性

随着世界科学发展程度的加深，所有的封建迷信思想、不符合科学要求的行为与理论等均会被淘汰。中国特色社会主义文化也要走科学发展道路，正确辨识传统文化与外来文化中的优秀与不良内容，使文化建设服务于实践，并能形成全民学科学的良好氛围，让每个人懂得更多科学知识、具备合格科学文化素质，进而以自身实际行动为社会建设与文化建设作出贡献。

### （六）大众性

文化不能成为某一阶层的专属，那样会使文化得不到大众的认可，并且会因缺乏大众智慧融入而导致文化失去活力，成为徒有其表而无内涵的无用之物。中国特色社会主义文化具有显著的大众性，它面向大众、服务大众，并从大众之中汲取有价值的内容，如人民群众实践活动便是文化建设的重要素材。社会主义制度决定了社会主义文化代表广大人民群众的根本利益，文化建设过程会以满足人民群众精神文化需求与提升人民群众文化素质为重要目标。

### （七）创新性

民族发展离不开创新，没有创新，发展动力将枯竭，同样文化建设也要不断创新，这样才能保证文化的先进性。纵观中国特色社会主义文化建设历程，马克思主义始终为指导思想，但具体建设实践却没有陷入"一元化"误区，而是敢于创新。一方面立足于时代新需求对传统文化与外来文化"新"吸纳；另一方面在实践中灵活应对，不拘泥于某种理论，而是能找出新路径、开创新方法。在目前国际局势下，我国的发展道路面临着前所未有的巨大挑战，很多领域进入瓶颈期，要想突破瓶颈必须敢于创新，而文化创新则是第一步。文化创新能够从思想层面引导人们形成创新意识，进而在创新过程中主动出击、积极构思。

## 三、坚持和弘扬中国特色社会主义文化的重要意义

纵观当前国际竞争局势，文化软实力成为竞争的关键因素，如果不能切实增强文化软实力，必将在国际竞争中处于劣势。我国作为发展中国家，相较于发达国家来说经济水平等仍旧存在一定差距与不足，这会对文化建设产生负面影响，使文化软实力难以步入前列，既对社会发展造成阻碍，也会极大制约社会主义文化功能发挥。随着知识经济时代强势来袭，文化软实力的影响力更为突出，这就要求中国特色社会主义文化建设必须得到进一步加强，而想要实现这一目标，必须认识到中国特色社会主义文化的重要性，只有如此，建设之路才能向更自觉、更主动的方向进发。

### （一）中国特色社会主义文化是社会主义社会的有机组成部分

基于马克思主义理论，可以认识到生产力决定生产关系，经济基础决定上层建筑。社会形态与生产力之间存在紧密联系，如果生产力水平较低，社会经济、社会政治、社会文化等均会处于低层次。它们是相互影响、相互促进的关系，当形成良性统一后，便能推动社会向更高层次发展。社会主义社会具有显著进步性，而这一特性不仅体现在高生产力所创造的高物质文明上，还表现为政治文明与精神文明的同步挺进，任何一方面有所不足，都会对建设中国特色社会主义造成阻碍。改革开放后，我国经济高速发展运行，但在经济高速发展的同时，精神文化建设出现了诸多问题，这一点引起了国

家领导人的高度重视，不断在重要会议之中强调精神文化建设的重要性，并将其上升到党和国家发展战略层面。这充分说明中国特色社会主义文化是社会主义社会的有机组成部分，是社会主义建设事业中不可忽视，必须得到严谨规划与充分落实的内容。

**（二）中国特色社会主义文化是社会主义事业健康发展的重要保证**

文化建设服务于思想建设，思想正确才能确保发展之路不偏离轨道。中国特色社会主义事业在不断探索中前进，面对复杂多变的局势必须足够谨慎，搞好文化建设则能为中国特色社会主义事业添砖加瓦。具体表现在以下三个方面：一是提供思想保证。中国特色社会主义事业需要全社会所有力量共同来承担，而想要形成更强合力，必须在思想上进行统一。文化建设可将思想内容传达至社会的每个角落，通过熏陶引领，使全社会形成统一思想。另外，中国特色社会主义文化建设与人民大众实践行动密切关联，可在实践层面发挥思想引导作用，并结合理论传达获得更好的引导效果。二是提供精神动力。干好一件事不能只谋一时，还要放眼长远，通过持续作为获得更好的效果。持续作为需要持续精神动力的支持。中国特色社会主义文化所包含的世界观、人生观、价值观等内容能引导人民大众形成健康精神认知，在国家建设中始终坚持为人民服务的原则，并且依托艰苦创业精神、自我奉献精神等应对随时出现的困难与阻碍，有力推动社会主义现代化建设稳步向前。三是提供智力支持。社会主义现代化建设需要大量人才参与其中，而人才并不能凭空而来，必须经过教育渠道进行培养。文化建设能为优化教育作出贡献，文化建设不仅能丰富教育培养内容与提升培养内容的科学性，还能引领教育培养方向，通过巩固思想政治建设确保培养出思想政治素质扎实的优秀人才。

**（三）中国特色社会主义文化是增强综合国力和国际竞争力的重要途径**

在当今世界，提升文化软实力成为当前每一个国家重点关注的内容，文化软实力逐渐成为国家综合实力的标志。尤其是知识经济时代到来后，哪个国家能够占据科学技术制高点与拥有强大的文化软实力，便会在国际竞争中处于优势地位。归根结底，这些方面的提升取决于劳动者的素质和知识分子的数量与质量。可以说，文化能够通过优化教育事业而作用于生产力，文化软实力越强，生产力就会越高。这要求我国将文化建设放在更高的战略位置，并通过行之有效的策略调动文化工作者的积极性，为生成更多文化创新成果打下基础。当文化变得多姿多彩并具有强大吸引力与感染力后，我国经济、政治、科技等方面就会获得巨大进步。

### （四）中国特色社会主义文化是我国应对文化霸权最有力的武器

在新的时代，世界各国之间的合作与竞争呈现新的局面，其中文化竞争是重要内容。西方发达国家为了在文化竞争中占据主导地位大肆实行文化霸权战略，这一战略在西方发达国家超强的经济实力与科技实力的加持下展现出强劲势头，不断向社会主义国家渗透与扩张。对我国来说，西方发达国家的文化霸权战略极大地威胁着我国的文化安全，如果听之任之，国家安全也将受到冲击。在这样的形势下，我国要加强文化建设力度，保持文化先进性，以抵抗别有用心的文化渗透与侵略。想要实现这一目标需要从以下四个方面入手：一是全面彰显本土传统文化，引领国民对其充分认识，以便在思想深处夯实民族精神。这一过程要去芜存精，不能一味全盘传承，如此才能将优秀内容传达给人民，并能与现代化建设相契合。二是借助现代高科技手段开发与保护传统文化。传统文化中的很多内容难以通过常规手段得到挖掘与保护，进而会在社会发展中走向消亡，而高科技手段的应用能够解决存在的问题，使传统文化在现代社会再度释放光辉，为延续我国民族文化生命力作出贡献。三是加强对外文化交流。正所谓"知己知彼，才能百战百胜"，面对发达国家的文化霸权策略，简单抵制与封闭虽然能暂时降低文化渗透的影响，但从长远来看却是"伤敌一千自损八百"，并且在互联网时代，想要完全封闭是不可能的。加强对外文化交流能够深入了解外来文化，剖析其内质，让人民吸收其精华，并对不良内容自觉抵制。四是积极进行文化创新。面对文化霸权战略，主动出击能够占据先机，而创新则是重要路径。文化创新主要是对本土文化改革，通过增强其国际影响力与竞争力让文化霸权战略毫无用武之地。

# 第四章　多元文化背景下大学生思想政治教育有效性研究

## 第一节　大学生思想政治教育主体有效性研究

### 一、高校思想政治教育主体的特点和作用

#### （一）高校思想政治教育主体的含义

##### 1.主体和主体性

"主体"是哲学研究中的重要概念，主要充当基质、载体或承担者角色，用以更准确地阐释事物的属性、状态、作用等。主体与客体相对应。主体具有显著能动性，自主认知与实践是其重要表现；客体则是被动研究对象。成为主体要以主体性为前提。主体性指的是主体在与客体相互作用的过程中表现出的功能特性，如能动性、自主性、创造性等。具有主体性的通常是人，因为人具有认识能力与实践能力，并能借助这些能力做很多事情。

##### 2.思想政治教育主体

基于主体特征与表现，思想政治教育主体指的是在思想政治教育中发挥主动作用的个人或群体，他们立足于实际情况并针对受教育者需求构建教育策略。在广义层面，思想政治教育主体可以等同于教育者，无论是管理职能还是教学职能都能在一定程度上表现出育人功能，而具体到思想政治教育过程中，教育主体需要通力合作与协调来为获得更好的效果作出贡献。

##### 3.高校思想政治教育主体

主体与客体是同时存在的。在高校思想政治教育活动中，处于主体地位的包括发起者、实施者和组织者，他们职责不同，分工有异，但均会围绕思想政治教育活动开展工作。高校思想政治教育主体在教育活动开启时会发挥

主导性作用，而当该活动结束或者告一段落，主导性便会中止。具体来说，冲锋在教育一线的高校思想政治教育主体包括辅导员、理论课教师、政工干部等。

### （二）高校教育主体的特点

主体有其自身特点，最为突出的当属主体性。具体谈到高校思想政治教育主体时，其主体性特征表现在以下三个方面：一是积极开展思想政治教育、发挥思想政治教育功能与价值的主动行为，这与其职责密不可分，并会在长期工作中进一步加强与深化；二是不拘泥于现状，敢于开拓创新促进思想政治教育与时俱进，从而推动思想政治教育改革创新，为获得更好的育人效果打下基础；三是发挥引导作用，引导学生培养良好的思想道德品质并能基于时代发展将道德品质转化为服务社会、服务国家的重要动力，在这一过程中，高校思想政治教育主体始终处于主导与支配地位，目的是夯实正确价值观与良好道德品质的主导地位。

### （三）高校思想政治教育主体的作用

组织与实施是高校思想政治教育主体的重要职能，而这些职能是否能充分贯彻直接影响思想政治教育效果。从主体层面进行具体分析，其作用表现在以下四个方面：一是与受教育者交流互动，达到全面了解与深入认识的目标。教育者在开展思想政治教育时不能想当然，不能将自身想法与追求强行附加给受教育者，否则会激起受教育者的抵触心理，对最终的育人效果造成不良影响。二是制定教育目标，为思想政治教育开展确定方向。有目标才能获得更强的行为动力，才能在检验教育效果时有所依托，进而判断思想政治教育效果是否符合预期。制定教育目标要参考多种因素，了解受教育者的实际情况与诉求是重要基础，除此之外要考虑社会现状与受教育者发展要求，如此一来，思想政治教育目标能囊括更大的范围，使育人效果惠及更大、更广空间。三是精心选择思想政治教育内容。教育内容是在教育目标下进行选择与构建的，但是教育目标往往更为宏观，不能指点教育内容选择，这就需要教育主体深入理解教育目标，在掌控大方向的基础上"人为"强化细节，进而选择更适合学生要求、满足时代发展、传达丰富内容的教育内容。四是引入与革新教育方法。有目标、有内容还不够，还需要依靠教育方法发挥两者应有的价值。教育主体在选择教育方法时，可以借鉴先进经验进行引入，也能在原先教育方法的基础上有所创新。在实际教育中，引入与革新往往互为依托，推动教育方法向更高水平发展。

根据学界对高校思想政治教育主体作用的阐释，可以了解到教育主体处于支配与主导地位，教育主体的教育水平、思维深度、创新意识等会对高校思想政治教育实际效果产生明显影响。教育主体的作用是无法替代的，即使在科技高度发展的当今时代，教育主体依然独立发挥作用。也只有如此，才能使高校思想政治教育适应多元文化背景，汲取其中的有益元素，对抗其中的有害内容。

## 二、多元文化背景下对高校思想政治教育主体的素质要求

外在形势变化必然会对内在主体产生诸多影响。多元文化是当下的重要发展趋势，而对于高校思想政治教育主体来说，其思想观念、教育理念、价值取向等均会受到多元文化的相应影响，有积极方面也有消极方面。但从总体上看，高校思想政治教育主体必须提高警惕，通过进一步提升与夯实政治素质、人格素质、理论素质、能力素质等更好地应对多元文化所带来的机遇与挑战。

### （一）多元文化背景下高校思想政治教育主体的政治素质要求

在当今多元文化背景下，高校思想政治教育主体的政治素质显得尤为重要。随着全球化的不断深入和民族文化的交融，高校思想政治教育主体必须具备多元文化视野、开放包容理念，以更好地适应时代发展的需要。因此，高校思想政治教育主体的政治素质应该具备以下四个方面的要求。首先，高校思想政治教育主体的政治素质要求他们对多元文化持开放包容态度。在多元文化社会中，不同的文化背景、价值观念和信仰、习俗都应该得到尊重和理解。高校思想政治教育主体应该能够以开放的心态、包容的态度、平等的对话方式去交流和解决不同文化间的冲突和矛盾，提高自身的文化素养和文化适应能力。其次，高校思想政治教育主体的政治素质要求他们具备批判性

思维能力。在多元文化背景下，高校思想政治教育主体应该具备较强的批判性思维能力，能够对所接受的各种思想观念进行辨析，发现其内在的价值和缺陷，做到既尊重别人的观点，又坚守自己的原则。再次，高校思想政治教育主体的政治素质要求他们具备独立思考和创新精神。在多元文化社会中，高校思想政治教育主体应该具有独立思考的能力，能够从不同的角度和层面去思考问题，找到新的解决方案，从而推动思想的创新和发展。最后，高校思想政治教育主体的政治素质要求他们具备责任感和使命感。高校思想政治教育主体应该具有高度的责任感和使命感，把自己的工作看作为社会作贡献的一份重要工作，始终牢记自身的社会担当和使命，以此推动高校思想政治教育的发展。

### （二）多元文化背景下高校思想政治教育主体的人格素质要求

人格素质关系人的性格、气质、道德品质等内容，这些内容不仅代表个人修养水平，还是影响人们在外获得社会认可的重要因素。在日常生活中，那些具有人格魅力的人通常是性格突出，并且表现出令人着迷与想要接近的气质，而在实际接触后，他们的道德品质也让人十分信服。具体到高校思想政治教育活动中，教育主体的首要责任便是向学生传达思想政治知识与引导他们树立正确的价值观念，而想要达到这一效果，教育主体按部就班地进行知识传达是不够的，还要依托良好的人格素质拉近与学生的距离，让学生更愿意倾听和效仿教育主体的正确行为。古语云："亲其师，信其道。"如果学生不尊敬与亲近自己的师长，他们便会对师长传达的知识内容、讲授的人生道理等表现出不信任，如此一来育人效果就会大打折扣。从古至今，教育者的地位是超凡的，他们不只是传授知识的载体，还是指导人们领悟人生道理、学会做人做事、提升精神境界的"良医仁者"，可以说教育者本身也是一种教育资源，能够利用好则能让学生充分受益。对于大学生来说，由于他们的思想观念、行为方式等尚不成熟，需要教育者充当他们的领路人，指引他们少走弯路、不走歧路。教育者的人格素质越良好，所形成的师德资源质量越高，越能在思想政治教育中发挥重要的示范与渗透作用，既引领大学生良好发展，也使教育主体的人格素质向大学生迁移。

### （三）多元文化背景下高校思想政治教育主体的理论素质要求

思想政治教育具有专业性与独特性，并不是随便一个教师便能胜任的。过去很多学校的确存在这样的现象，思想政治教师往往由其他学科教师兼任，虽然短时间内不能看到负面影响，但从长远审视必然不是长久之计。教育主体理论素质包括理论知识的掌握程度、面对实际问题的应对与解决能力、教育过程中教学方式与引导方式等，任何一项不达标都会影响教育效果，尤其对于直抵心灵与思维的思想政治教育来说，教育主体稍有不足与缺陷都可能在学生的心灵与思维层面被进一步放大。另外，思想政治教育并不是单一学科，而是多种学科交融渗透所形成的综合性学科，如教育学、心理学、管理学等均在其中有所表现。这便要求思想政治教育主体具备多种学科素养，能够在教育过程中将思想政治知识讲透，让学生深入掌握。随着时代的发展，思想政治教育也要与时俱进，但想要前进一步必须建立在扎实的理论研究基础上，如果相关理论尚未成熟，思想政治教育革新便难以施行。在多元文化时代，学生所能获得的信息量巨大，加之他们的思维活跃并展现出极强的自由意识，这就给思想政治教育带来很多挑战与影响，如果教育主体理论素质不扎实，就会在与学生的交锋中败下阵来。

### （四）多元文化背景下高校思想政治教育主体的能力素质要求

在当今多元文化的背景下，对高校思想政治教育主体的能力素质要求更高。高校思想政治教育主体应具备以下五个方面的能力素质：一是文化适应能力。高校思想政治教育主体应该适应不同文化背景下学生的思想和行为习惯。在思想政治教育中，应尊重多元文化的存在，不得强制推行某一种文化或价值观，更不能忽视或排斥某些文化和价值观。二是跨文化交际能力。高校思想政治教育主体应具备良好的跨文化交际能力，能够与学生进行有效沟通与互动。在跨文化交际中，应注意语言表达的准确性和有效性，尽可能避免语言上的误解和隔阂。三是多元思维能力。高校思想政治教育主体应具备多元思维能力，能够理解和尊重不同的思想观念和价值观。在思想政治教育中，应鼓励学生思考和探索多种思维方式方法，培养学生的创新能力和独立思考能力。四是文化包容能力。高校思想政治教育主体应具备文化包容能力，能够包容和接纳不同文化背景下的学生。在思想政治教育中应尊重学生的个性差异和文化差异，不得歧视或排斥某些学生。五是文化传承能力。高校思想政治教育主体应具备文化传承能力，能够传承和弘扬中华优秀传统文化。在思想政治教育中，应注重传承和弘扬中华优秀传统文化，培养学生的爱国主义和民族精神。

### 三、多元文化背景下增强高校思想政治教育主体有效性的对策

高校思想政治教育主体的有效性会对思想政治教育效果产生直接影响，因而增强其有效性至关重要，基于前文分析，在多元文化背景下增强高校思想政治教育主体素质是增强其有效性的重要入手点。

#### （一）多元文化背景下高校思想政治教育主体自身素质的培养

**1.加强多元文化背景下教育主体政治素质的培养**

政治素质是教育主体最为基本的素质修养，关系到教育主体政治立场是否坚定、政治品德是否优良等。在多元文化背景下产生了很多新的问题，而在分析这些问题时会有很多不同立场。高校思想政治教育主体要始终站在"为人民服务"的政治立场上分析问题，如此所获得的分析结果才更加公正，也更经得住推敲与考验。想要坚持这样的立场，在品德方面，教育主体要做到光明磊落、公平公正、言行一致、表里如一；在知识能力方面，教育主体要紧跟时事，了解当下社会问题发生的前因后果，进而正确分析。

**2.加强多元文化背景下职业道德素质的培养**

随着全球化和多元文化的发展，教育者的职业道德素质也面临新的挑战和要求。教育者不仅要具备专业知识和技能，还需要具备跨文化沟通和理解多元文化的能力，以更好地服务于学生和社会。教育者需要具备跨文化沟通和交流的能力。在跨国或跨文化的教育交流中，教育者需要学会使用多种语言与文化语境中的特定表达方式，以便更好地与学生和家长沟通；教育者需要具备理解和尊重多元文化的能力。在现代社会中，学生的文化背景和价

值观已经变得越来越多样化。教育者需要学会尊重不同的文化和价值观，并且理解学生的背景和文化经验对学习的影响。只有这样，才能更好地帮助学生实现个人发展和取得成就；教育者需要具备良好的道德和职业素质。教育者的职业素质包括专业知识和技能、教学经验和教育管理能力等方面。而道德素质则包括诚实、正直、公正、责任感和尊重等方面。这些素质是教育者必备的品质，能够帮助教育者更好地履行职责，为学生和社会作出更大的贡献；教育者还需要具备不断学习和自我提升的能力。随着社会和学生的不断变化，教育者需要不断更新自己的知识和技能，以适应不同的教育需求和文化环境。同时，教育者还需要不断思考和反思自己的教学理念和方法，以提高自己的专业水平和教学质量。

### 3.加强多元文化背景下文化素质的培养

想要搞好高校思想政治教育不能只是一味地向学生传达思想政治理论知识，还要从多个方面入手进行引导，这就需要教育主体具备更高的文化素质，比如能够掌握社会学、教育学、心理学等学科知识，并在教育实践中予以落实。随着时代的发展，思想政治教育与更多学科产生关联，这会对教育主体的文化素质提出更高要求，他们只有迎接挑战才能在思想政治教育领域做出更多成绩。比如，新媒体时代下各种新型教育技术涌现，如果教育主体不能良好掌握这类新技术，则会在教育过程中与时代脱节，留给学生刻板、传统的不良印象。

### （二）多元文化背景下高校思想政治教育主体自身建设的保障措施

### 1.优化高校思想政治教育队伍

高校思想政治教育教师队伍诸多方面亟待优化和提升，具体包括数量规模、专业程度、年龄分布、职称分布等，比如在面对多元文化复杂背景下，资深老教师能够坚定政治立场进行应对，但会因为不够了解新生事物而难以与学生良好交流，如果能够搭配年轻教师，两者互为帮衬、各展优势，则能够获得更好的教育效果。优化教师队伍要从机制层面入手，只有机制到位，教师的选拔、晋升、结构调整等才能贯彻落实，才能将真正优秀的、适合的教师留在重要岗位上，而将素质不足、事业心弱、奉献精神欠缺的教师排除在思想政治教育教师队伍之列，避免他们对高校思想政治教育效果产生不良影响。

**2.加强高校思想政治教师教育培训和社会考察**

社会已然纷繁复杂，我们的生活与学习所面临的文化氛围多种多样，大学生会受其影响，教师同样如此。教育培训与社会考察是不断夯实教师思想素质与教育能力的重要途径。首先，基本理论、基本业务等内容要融入培训与考察体系中，并且保持动态更新，目的是确保教师的理论水平和业务能力不落后、不脱节。其次，评价工作要完善。教育培训不能只是走过场，而要实实在在获得效果，这必然要依赖评价工作，除了书面形式的考试外，还要设置现场授课平台，让教师通过现场授课来直观呈现教育培训效果。同样，社会考察环节也要经历前期组织、后期评价等程序，不容许形式化之风渗入其中。最后，无论是教育培训还是社会考察都要得到人力、物力、财力的支持，这些均需要高校提供，并且在管理层面形成协作，避免因管理不协调造成教育培训和社会考察不能如期高质量进行。实现这些目标也要体制先行，确保每个环节有章可循、有规可依。

**3.强化高校思想政治教师队伍科学管理**

做事要有规矩，失去规矩就会以混乱收场。思想政治教师队伍作为高校思想政治教育的开启者，他们能否正常工作会直接影响最终的教育效果。科学管理教师队伍的目的是规范他们的诸多行为，比如在教学中要做到为人师表，以关怀者、指导者的角色去引导学生，对犯错的学生能耐心对待，而不是一味批评与苛责；在生活中要严于律己，不能做有损师德的事情，如在网络上不能任意发布言论，不能挟私报复。

**4.努力解决高校思想政治教师队伍待遇问题**

追求利益是人的天性，没有利益驱动，人的主观能动性会削弱大半。思想政治教育是一项神圣使命，需要思想政治教师以崇高信仰与坚定政治立场来完成，但他们也是社会中真实的人，也有衣食住行等基本需求，如果高校不能满足他们的正常需求，必然会对教育工作产生负面影响。尤其在当今商业化氛围横行的时代更要做好激励工作，确保思想政治教师队伍的待遇能与时代发展同步，否则难以留住人才。

# 第二节　大学生思想政治教育客体有效性研究

## 一、高校思想政治教育客体的概念界说

### （一）客体的概念

客体与主体相对应，是主体作用的对象。客体的存在空间十分广泛，只要产生主体活动与行为，客体便会成立。从哲学上分析，主体与客体是相互作用的关系，主体的作用表现为探究、实践操作等主动行为，客体的作用表现为反向制约、反向限制的被动行为。自然万物都能成为客体，艺术领域、文化领域等形成的精神性物质即使看不见摸不着但只要涉及人的创造，便也会冠以客体身份。

### （二）传统思想政治教育对客体的认识

在传统思想政治教育中，受教育者是客体，他们会接受由教育主体所传播的知识，并在教育主体的要求下参与某些活动。从对应层面分析，教育主体与教育客体在某一时空中是一一对应的关系，两者相互作用促进彼此的成长，而在广阔的时空视角中，教育主体与教育客体可以存在"一对多"与"多对一"的情形。无论怎样对应，教育客体的基本特点是不会变化的，表现为受动性、受控性、可塑性等。被动接受是教育客体与生俱来的特性，虽然在实际教育过程中，这一被动性会有强弱差异，但主体施教、客体受教的大局面不会改变。客体会受到主体影响，除了接受知识与技能外，主体的一言一行、一举一动也会潜移默化地感染客体。主体与客体并不是绝对的关系，比如教师在课堂中是主体，而到了教师培训场所中又转化为客体。这种转化对于拉近主体与客体的距离具有重要意义。

### （三）现代思想政治教育学对客体的认识

从目前情况来看，现代思想政治教育学对客体的研究与认识并不完全统一，其中"双主体说"与"客体-主体论"是两种更具代表性的观点。在"双主体说"中，教育者与受教育者被认为同为主体，两者皆能通过主动行为发挥主动教育功能，比如教育者能主动引导受教育者的思想行为与所传授知识的内化。受教育者也能向教育者主动反馈，促进教育者进行改良。基于这一观点，教育者与受教育者会成为"双主体"。"双主体说"强调了教育者与受教育者在教育活动中是平等的，没有孰高孰低、孰尊贵孰卑贱之说。在"客体-主体论"中，受教育者的客体性被突出强调，与传统的思想政治教育对客体的相关说法是一脉相承的。在这种关系中，主体的影响力是强大的，能够通过自身主动作用引领客体达到自身想要的变化。具体到思想政治教育中，受教育者作为客体受到教育主体的很大影响，但是他们还是活生生的人，有自我意志、自我追求、自我爱好等，因此当他们接受教育时也会表现出一定的主动性，包括接受教育主动性和自我教育主动性。这类主动性仍然包含在客体性之内，能够促进受教育者更好地接受教育。

### （四）高校思想政治教育客体

高校作为培养人才的重要场所，需要在培养模式构建上下功夫，而在这一过程中，了解学生个性鲜明的特征是重要工作之一，目的是为人才培养模式展现出针对性、个性化等提供支撑。高校思想政治教育的客体是指在校大学生，教育主体在面对这类客体时，因材施教是重要原则，只有这样才能使客体受到足够重视，所接受的知识不会浮于表面而是深入内心，有利于获得更好的育人效果。具体来说，大学生具有以下特征：一是大学生有自身需求，包括自然需求与社会需求，并且随着阅历的增长，社会需求会更加丰富与凸显；二是大学生文化素质更高且有鲜明的个人观点，看待周遭事物会有新看法、新见解等，但是大学生在很多方面尚不成熟，需要继续发展与夯实；三是现代高校思想政治教育不同于传统教育中"教师主导、学生被动接受"的局面，学生的主动性得到增强，能在接受教育过程中展现出主动创造趋向。在多元文化背景下，学生所能接受的信息内容更为丰富，这既对高校思想政治教育带来挑战，也为做好思想政治教育提供了一个切入点。

## 二、多元文化背景下对高校思想政治教育客体的影响

### （一）多元文化背景下对高校思想政治教育客体的正面影响

在新的时代，高等教育继续向"公众化"方向发展，越来越多的学生进入大学校园，成为大学规模扩大及大学诸多方面与社会接轨的重要驱动因素。在这样的背景下，高校不再封闭，而是向外界打开多重沟通渠道。对于多元文化背景下的高校来说，高校不会简单排斥某种文化，更多的是号召尊重各种文化，并坚持求同存异，通过吸收多种文化营养来谋得自身更好的发展。具体到高校的思想政治教育中，开放的文化选择机制能够为学生选择所喜好的文化内容提供支持，这能在一定程度上活跃思想政治教育氛围，不再简单地遵从一种文化进行研究与探讨。但是主流文化的地位不能改变，主流文化与其他文化呈现相互借鉴、相互影响的关系，如果某种文化对主流文化造成冲击，只要不是涉及意识形态或危及政治安全，高校并不会强制干预。如此一来，传统文化、现代文化、民族文化、世界文化能够和谐共存，通过相互包容、开放多元为学生体验更精彩的文化打下基础。当今世界的大学生要眼界宽广，能够看清世界形势与发展规律，从更长远的角度来思考国家与民族的未来，这样的人才才是国家与民族所需要的。

### （二）多元文化背景下对高校思想政治教育客体的负面影响

文化多元已成现实，并且仍在以潮流之势汹涌向前。这给高校的思想政治教育带来很多机遇与正面影响，但与此同时，挑战与负面影响也接踵而至。大学生群体思维尚不成熟，喜好新鲜事物的天性让他们热衷于"从未谋面"的外来文化，在这一过程中他们往往"不设防"，这为外来文化中的负面内容乘虚而入创造了条件。

#### 1.多元文化对高校思想政治教育客体精神信仰带来冲击

在全球化趋势愈演愈烈的局面下，我们的生活中涌入了各种各样的新鲜

事物，从微小事物的变化中甚至能看到国际大局，会在不经意间产生与国际接轨的感觉。这样的过程是潜移默化、难以防御的，从现实情况来看，在大学生的思维模式与行为方式中或多或少地表现出外来文化中的价值观，有些虽然不同于传统价值观但无关大局，有些则需要严格提防。大学生好新鲜、喜欢盲目模仿与追求潮流，而一些有害内容渗入大学生思想后，他们会变得更加个人化，总想着以自我为中心。但社会现实又会向他们浇一盆冷水，于是他们开始偏向脱离现实，沉浸在自己的世界中追求虚无缥缈的"美好世界"。在面对事关未来前途的发展道路时，他们表现出极度的迷茫与困惑，原本应该积极遵守的道德品质、理想追求等在他们眼中变得一文不值。这是精神信仰崩塌的表现，进而在身体、心理等方面表现出诸多症状，如果不能改变，未来发展之路将会崎岖难行，甚至终其一生难有作为。

**2.高校思想政治教育客体对多元文化的鉴别、选择能力欠缺**

多元文化传播并不是凭空而起的，互联网时代的到来为其提供了有力支持，人们只需要"轻轻一击"便能知晓天下大事，而与此同时获得的是良莠不齐的繁杂信息。在互联网时代之前，图书、杂志、报纸、电视、广播等传统媒体也在多元文化传播中发挥了重要作用，但由于传播效力有限，所造成的负面冲击能够有效控制。互联网使这些传统媒体的传播能力大大加强，比如在电视媒体中，由于国家相关部门的严格把控，很少有负面内容能大张旗鼓地在电视媒体中播放，但是互联网的"防不胜防"改变了这一格局，人们可以绕开主流电视媒体渠道去获得充斥着暴力、血腥、色情、拜金主义、享乐主义等元素的节目内容。网络媒体所具备的虚拟性、匿名性等特征使信息传播难以被完全监督与管控。大学生作为网络媒体的密切接触者，容易接收到不良信息内容，久而久之会对其思想造成严重侵害。很多大学生在现实生活与网络世界中是两个模样，这让教育者很难作出准确判断。归根结底，大学生对多元文化缺乏鉴别与选择能力是重要原因之一，如果他们能自觉抵制不良信息，则能降低多元文化的负面影响。

**3.多元文化背景下对高校思想政治教育客体道德认知的不良影响**

多元文化时代已然到来，我国作为社会主义国家代表，经受着西方各种文化思潮的冲击与影响。有些内容在经过演变之后显现出"无害"姿态，进而在我国社会中广泛传播与扩散，但实际上却是危害很大，悄无声息地影响人们的思想品质。西方国家倡导"和平演变"，主张以没有硝烟的文化手段去侵蚀其他国家，达到占领其他国家文化阵地、使对方国家制度发生变化的目标。大学生作为国家未来建设的主力军，如果他们的思想被西方文化思潮影响，那对于国家与民族的发展将造成难以想象的伤害与打击。道德认知是重要影响层面，道德认知正确，对于善恶美丑的判断便能更准确，反之则会首鼠两端、难有定数。

### 三、多元文化背景下增强高校思想政治教育客体有效性的对策

多元文化对高校思想政治教育客体会产生诸多影响，而想要延续积极影响并消除消极影响的关键在于提升客体的主体性，让他们能够自觉主动地应对外来文化的冲击，同时教育主体也要做好引导工作，成为教育客体思想发展道路上的指路明灯。

#### （一）提高高校思想政治教育客体的文化鉴别和选择能力

文化鉴别与选择的前提是去芜存精，对于高校思想政治教育来说，"去芜"的过程会更加长久，需要更复杂的教育体系用更长的周期去完成这一使命，而"存精"则相对容易做到，比如高校能将诸多正确的、有益的知识内容如爱国主义、集体主义等思想传达给学生。精华内容要占据主导，让大学生在强力熏陶中接受正确的思维方式、价值观等，进而在行为方式上保持正确合理。虽然"去芜"是一项艰巨任务，但是高校也要不折不扣地完成，而且从思维发展规律层面分析，仅仅向学生传达精华、正确内容是不够的，还要通过剖析负面内容过程锻炼学生的思维能力，使他们在遇到负面文化内容时能够清晰辨别，避免被侵蚀。

一是对当下诋毁主流文化内容的思潮进行批判。比如，部分人认为马克思主义在中华人民共和国成立初期没有太大作用，从实际情况来看，马克思主义的指导性不会随着时代变迁而有所减弱，它所倡导的思维方式、方法论等内容依旧能为国家发展提供重要参考。并且马克思主义并不是静态之物，

而是能随着时代发展不断呈现新的内容，马克思主义中国化便是典型例子。当马克思主义的地位被夯实后，大学生更能积极主动地学习马克思主义，而不是朝三暮四，对马克思主义提出怀疑。

二是对当下披着"无害"外衣的外来文化思潮进行批判。外来文化思潮之所以"无害"，原因在于它们会为个体考虑，十分容易调动个体对自身利益强烈追求的诉求。如果控制在一定程度内，能够起到一定的调动个体积极性的作用；但如果毫无节制，个人主义则会占据主流，对社会发展有百害而无一利。想要批判这些思潮，关键是剖析其本质，撕下它们的"无害"外衣，让大学生看清楚它们的本来面貌，进而在接触到这类思潮时能够自觉抵制。

三是对当下的腐朽思想进行批判。无论是外来文化还是本土文化都存在腐朽思想，比如我国本土文化中划分阶级等级、无视女子地位等均是腐朽思想，与现代发展趋势格格不入，必须予以批判与抵制，让它们在现代社会中毫无市场。外来文化中的金钱至上主义、享乐主义、历史虚无主义等是脱离现实倡导虚无自由的典型例子，不能容许它们在社会上传播扩散，否则会激起人们内心深处的负面种子，开始对社会产生抱怨，成为社会发展的重大隐患。

**（二）引导高校思想政治教育客体树立接受主体意识**

教育是一个接受的过程，如果没有接受作为前提，教育过程就很难进行。大学生树立接受主体意识的目的是让他们积极主动地参与思想政治教育过程，能够配合教育主体完成教育活动，也能让教育主体基于具体情况制定针对性更强的教育策略。这一意识的培养关键在于提升大学生的主体性，让他们认识到接受教育是为自身发展服务，归根结底会对自身产生益处。

**（三）引导高校思想政治教育客体树立自我教育意识**

随着高校思想政治教育的不断深入，人们逐渐意识到自我教育的重要性，如果高校思想政治教育客体能够树立自我教育意识，则能通过自我教育，不断提高自己的综合素质，不仅能够更好地适应社会，还能够为社会作出更大的贡献。高校思想政治教育应该进一步认识到自我教育的重要性。在高校的学习生活中，学生们往往会受到很多外界干扰，比如社交、娱乐等，这些干扰会让学生的学习效率大大降低，而当学生树立起自我教育意识后，就能够更好地掌控自己的学习生活，从而更加高效地完成学业。高校思想政治教育客体应该了解自我教育的方法。自我教育不是简单地看书、背诵知识，而是通过多种途径来提升自己的综合素质，比如可以通过参加各种社团活动来锻炼自己的组织能力和领导能力；通过参加实践活动来提高自己的实践能力；通过读书、写作等方式来提高自己的思维能力和表达能力。高校思想政治教育客体还应该树立自我教育的目标。自我教育的目标应该与学生的人生目标相一致，既要符合自己的兴趣爱好，又要符合社会的需求。只有树立正确的自我教育目标，学生才能够更好地规划自己的人生道路，从而更好地实现自己的梦想。

# 第三节　大学生思想政治教育介体有效性研究

教育介体顾名思义是教育开展过程中的相关介质，主要起到沟通主体与客体的作用。随着时代的发展，教育介体也在不断变化，需要高校对此进行深入研究，通过主动革新确保教育介体与时俱进，切实在思想政治教育过程中发挥其应有作用。另外，教育介体的内涵与外延更为丰富，教育目标、教育方式、教育内容等均与教育介体紧密关联，因此提升大学生思想政治教育介体有效性关系到很多方面的优化。

## 一、高校思想政治教育介体的含义和作用

### （一）高校思想政治教育介体的含义

教育介体是一种中介因素，既可以是教育活动中的活动方式，也可以是遵循的程序或者采取的手段。如果没有介体在主体与客体之间产生纽带联结作用，两者的交集就会受到很大影响。在对高校思想政治教育介体的含义

进行分析时，可以概括为内容与方式的总和，其中的每个要素都十分关键，缺少任何一个都会影响教育的完整性与有机统一性。教育介体与时代发展紧密关联，比如技术层面的革新会成为教育介体推陈出新、更新换代的重要动力，而在多元文化背景下，除了技术层面有所表现外，在文化层面、理念层面等也会产生诸多影响，亟须高校对教育介体做出相应改变。

### （二）高校思想政治教育介体的作用

教育介体可以比作"桥梁"，有"桥梁"支撑，教育主体与教育客体才能更好地联动与交流，但是"桥梁"亦有好坏之分。如果"桥梁"的质量存在问题与隐患，就只会给教育过程带来不稳定因素，如果不能及时应对，等到"桥梁"问题爆发，教育效果就难以保证。高校要承担维修"桥梁"的重要职责，这是高校作为育人场所的基本要求。具体来看，高校思想政治教育介体包含多个要素，首先是工具要素，如课堂平台是典型例子，没有这个平台教育活动便不能正常进行，知识便不能由教育主体传达给教育客体；其次是教育内容和教学方法，它们是教育要素，如内容是思想政治知识的现实载体，方法是教师将内容传达给学生时采取的技巧，两者良好配合能够使思想政治知识深入学生的脑海之中，在心灵与思维层面均产生重要影响。工具要素与教育要素不可或缺，两者要有效结合，而在结合时也要借助相关形式要素，这也是教育介体的一种重要组成。

## 二、多元文化背景下对高校思想政治教育介体有效性的影响

多元文化正在不断发展，与此同时变化的还有日新月异的科学技术，这一局势对高校思想政治教育介体持续产生影响。从某种程度上看，这是高校思想政治教育介体向开放性结构进发的重要动力，也是影响有效性的重要因素。

### （一）多元文化背景使高校思想政治教育的内容更具复杂性

在多元文化背景下，高校思想政治教育局面变得更为复杂是必然的，其中内容复杂是重要表现之一。思想政治教育始终不能脱离社会要求和学生需

求，要通过切实有效的途径为大学生道德水平达到更高层次提供助力，进而使他们能为社会主义建设服务。在内容层面，思想政治教育的特殊性体现在传播内容的明晰化与直观化，始终与无产阶级意识形态相关联并以其为基础进行衍生；在文化层面，思想政治教育以社会主义文化为主导，并在马克思主义意识形态的指导下产生鲜明的阶级性。

社会存在主流文化，而当主流文化成为唯一时，高校思想政治教育会不折不扣地围绕其来开展，并通过有效措施促进其更好地传播；当主流文化不再是唯一而是多元文化共存时，道德价值观便会多种多样，此时若仍然只重视主流文化而忽视其他，不仅与多元文化背景下的社会要求背道而驰，还会因难以满足受教育者的需要而影响思想政治教育的最终效果。因此，高校思想政治教育走多元价值观共存道路是必然的，虽多元文化中也会有主次之分，但多样化态势不可逆转。在这样的背景下，高校思想政治教育内容会向复杂化发展，从文化内容到价值观再到具体的教育模式都是如此。

### （二）多元文化背景对高校思想政治教育载体的影响

#### 1.社会信息化对高校思想政治教育载体提出新挑战

文化多元时代已然来临，同时到来的还有信息化时代，在多重作用下，社会的运作方式和人们的思想观念、生活方式等均产生了诸多变化，并随着渗入高校之中而对高校思想政治教育载体提出新挑战。具体表现在以下三个方面：一是信息传播速度达到新等级，人们在极短时间内便可获得大量信息。传统思想政治教育载体会在这种局面下呈现出滞后、低效等弊端，进而难以适应实际需求而得不到师生的认可。二是信息传播范围广、渠道多，这与信息传播主体"无差别化"趋势有着很大关联。而在思想政治教育中，原先拥有知识权威的教师不再完全具有这一优势，因为学生也能从其他渠道获得，这样一来，教师仅掌握常规知识或者一味传达已存在的知识是远远不能满足学生需求的，必须有所创新并且保持动态创新才能获得学生的尊崇。三是信息时代带来的信息大爆炸，信息规模空前巨大，而在如此规模中信息良莠不齐的现象更为凸显，也为多元文化观念充斥其中创造了条件。高校想要应对这一局面只有从学生入手才能获得理想的教育效果，而这又会回到"如何教育学生"这一老生常谈的话题之中，因此高校必须创新，否则将难以找到更好的答案。

**2.教育改革对高校思想政治教育载体创新提出新要求**

近年来，多元文化发展方兴未艾，高校为了更好地适应多元文化形势开启了改革与探索历程，高校不仅革新了内部管理体制，而且还在创新教育方面投入了巨大精力。这是改革的必然结果，即催生新事物，但是新事物想要与当下现状"和谐共处"却需要较长时间的适应期，因此高校思想政治教育当下出现矛盾也是必然的，高校应从以下方面进行改革，以适应多元文化的时代需求。

一是实行学分制改革。这一改革是以提升学生的综合素质为目标，避免学生因学分限制而制约发展脚步。从实际情况来看，完全学分制、学年学分制等实行后，学生拥有更多的自由空间来选择自己喜欢的科目，并且可以突破传统文理科限制。这种局面是良好的，但维持这一局面需要高校革新教学管理才能实现，这样一来，传统管理模式必然会被打破，这会在潜移默化中弱化思想政治教育的功能，使思想政治教育不能按照既定计划按部就班地开展，只能视情况而定。

二是大学生在诸多方面拥有更大的自由选择空间，比如住宿方面，校外公寓园区让学生可以自由选择，使原先由学校统一管理的住宿体系遭到破坏，如辅导员日常指导与解决问题时不能在空间上立刻聚集学生。在这一局面下，高校一方面要延续已有的教育载体优势使其继续发光发热，另一方面则要探索新载体以满足新局面的要求。

高校教师在开展教育活动时，与学生交流沟通是必备环节，而随着新媒体在教育领域得到广泛应用，教师可以利用多种渠道与学生交流沟通并且具有更高效率，如社交媒体在师生的沟通中发挥了良好作用。与此同时，教师也要面临如何利用好新载体与新渠道的挑战，尤其是随着高校思想政治教育介体在开放性结构下不断吸纳新型技术的局面下，教师要保持动态革新自身知识体系，不断习得新的技术手段与方略，才能胜任新要求。

## 三、多元文化背景下增强高校思想政治教育介体有效性的对策

### （一）在教育内容上实现个体需要和社会需要的统一

高校思想政治教育内容中不乏精深高远者，如马克思列宁主义、毛泽东思想、邓小平理论、"三个代表"重要思想、科学发展观、习近平新时代中国特色社会主义思想等，要确保这些内容良好体现在教育过程中，始终掌控思想政治教育方向，避免出现偏离。当大方向确定之后，具体内容也要得到优化，其中贴合学生实际生活进行内容提取是重要途径，如此获得的内容更能得到学生的认可，有利于学生更好地掌握与使用，这对于彰显高校思想政治教育实效性具有重要作用。思想政治教育活动开展终归要落实到人的具体需求上，如果凭空而起或处在象牙塔中"坐而论道"，则会让学生感觉思想政治知识无甚大用，进而削弱学习主动性与积极性。另外，思想政治教育活动的开展主体还要引导客体寻求正确认知，发现错误后及时纠正调节。

#### 1.找准结合点，引导个体需要符合社会需要

个体需要与社会发展紧密关联，能够在一定程度上反映社会需求。从动态视角来看，个体需要不会停滞不前或者以单一模式存在，必定会随着社会的发展而变化并表现出突出的层次性。主观上，个体内在驱动力越强，个体需要便会越强。这种驱动性具有两个突出特征，分别是指向性和冲动性，因此在思想政治教育过程中，找到受教者的驱动点至关重要，这样才能选择正确的知识内容与有效的方式方法，进而使教育过程不是游离在个体需要之外，而是对个体行为起到支配作用。

另外，个体需要与社会需要并不是完全统一的，教育者不能只将目光聚焦于社会需要，而是要立足于社会调查来进一步了解学生的需要，进而采取行之有效的教育举措，这样不仅有利于激发学生的潜能，还能引导学生走正确之路，避免错误思想乘虚而入。在思想政治教育理论课教学中，理论灌输自然不能缺少，但要避免一味地谈理论而忽视实际需要，比如可以将社会主

义现代化建设与大学生的生活相结合，使大学生生活中的一点一滴升华为引人深思的知识内容，这样能使思想教育、知识教育、现实教育等紧密结合，进而获得更好的教育成果。在思想政治教育内容上，以上途径可以提供更为丰富多样的支持，原本枯燥无味的理论教学将变得更为有趣和生动，让学生更主动、更积极地接受教育。

### 2.立足学生需要，升华"利益认同"

在思想观念形成与发展过程中，需求、价值诉求等发挥着重要作用，而从现实情况来看，需求、价值诉求等已然呈现"乱花渐欲迷人眼"之态势，想要从中选择符合自身需求的内容则要进行判断和筛选。将筛选和判断权完全交给大学生是不可取的，教师要从中助力，这要建立在教师深入剖析学生利益"敏感点"的基础上，目的是选择符合学生利益的内容，而后传达给学生，这样既能调动学生的兴趣，也能在学生接受思想政治教育时展现更强的驱动力。

党团活动是高校思想政治教育的常用手段，为了避免党团活动陷入机械单一、枯燥无味的状态，必须紧密联系学生的生活实际。这样一来，党中央精神才能以通俗易懂、喜闻乐见的形式呈现给学生，让学生在学习与探索过程中让精神逐步深入心灵，进而促进政治认同感、责任感、使命感的强化与提升。社会主义建设范围大，精神内容往往显得空泛高远，而当与学生实际结合后，与学生的距离瞬间被拉近。这一过程的关键在于选取主题，主题既不能太大延续空泛特质，也不能太细使思想政治教育活动囊括内容受限，难以引导学生实现思维层面的升华。这需要思想政治教育工作者一方面对党中央的指导精神及时了解与深入剖析；另一方面则要走入实际生活中，用"发现美"的眼睛去探寻指导精神与学生生活的联结点，而后通过精心塑造使教育活动显得更为自然，引领学生在思考生活实际的同时深刻感悟党中央精神。1998年特大洪水、2008年汶川地震等自然灾害发生后，党中央指导精神中渗透出浓浓深情，而到了各大高校中通过发掘学生身边助人为乐、舍己救人等具体事迹将党中央指导精神传达给大学生，让他们不仅对党"全心全意为人民服务"的根本宗旨获得更深入认知，还能在潜移默化中提升其社会责任感与使命感。

### （二）关注教育形式，创新教育方法

方法正确，事半功倍；方法不对，事倍功半。多元文化趋势下，人们愈发关注个性追求，并展现出更加强烈的自主意识，这使得问题教育方式得到重点研究。大学生思维活跃，对于外界事物往往充满疑问，不会轻易认可与接受某一观念，如果仍旧采用传统教育法进行知识传播，会因为他们内在排斥而影响教育效果。问题教育方式可以迎合大学生的心理要求，并与传统教育法融合后通过互补不足应对当前大学生的心理状态，不仅能引导学生积极认知与追求，还能为师生互动创造良好条件。

#### 1.关注教育方式

当今时代的大学生思想意识更为独立且对创新有着炽热追求，对教育者来说，仍旧采用说教方式显然不合适，而是要对学生表现出足够尊重，让他们在教育过程中处于中心地位，教师起到引导和启发作用，并通过完善自身修养来感染学生。更为重要的是，教师要指导大学生学会自我教育，这对大学生终身发展意义重大。

在多元文化背景下，多种多样的外来文化进入我国，其中教育教学文化是重要组成。我国可以对有益的、先进的内容进行借鉴，如国外思想政治教育注重学科联动的做法便具有很强的借鉴意义，这种做法有利于掩盖思想政治理论的枯燥无趣而将充满趣味、易于接受的内容呈现给学生。我国高校要吸收"结合灌输"理念，在开展思想政治教育时将社会责任感、民主观念、爱国精神等潜移默化地渗透，而具体到实际教育过程中，要凸显中央精神内容，要始终以中央精神为主格调，与此同时也要紧密联系实际，尤其是广泛调研当下大学生的生活学习现状，将发生在他们自身与周边的事迹与理论知识结合深入探讨。在这一基础上，高校还要寻找这些理论知识中的其他学科知识，从更多学科视角进行分析挖掘，如此一来，高校思想政治教育教师便能拥有更多途径传达思想政治知识，避免途径太过单一引发学生的抵触心理。

教学过程不只是进行知识传达，还是师生交流的大好时机，教师可以通过师生交流了解学生的最新思想动态，然后在课堂上采取针对性教学策略对大学生进行引导，并且能通过开放性讨论模式让大学生各抒己见，在"越辩越明"中学到知识。学生在一起进行讨论能使学生相互了解，并且交流讨论各自所掌握的社会信息，可以帮助学生对复杂的社会现象获得更清晰的认知。教师在这一过程中发挥阐释作用，当学生遇到不理解的内容时，则可以求助于教师。教师要充分了解党的最新方针与政策，并深入探析当下经济发展与文化建设过程中存在的重大问题，进而在解决学生疑问时能够有的放矢、有理有据，帮助学生更好地理解党的思想，为进一步提高思想道德修养与形成更高的政治觉悟打下基础。教育形式的革新与变化是消除思想政治教育理论内容枯燥无味的重要途径，也是学生在学习过程中找到人生发展方向的重要支撑，如果能切实创新教育形式教育方法，对于高校、学生等的发展益处多多。

### 2.讲究教育艺术

政治教育是针对"人"而开展的，因为"人"有思想和情感，当"人"的思想和情感在政治教育中得到启发时，他的行为将发生转变，并通过作用于实践后反过来继续滋养心灵。政治教育要想达到这一效果，关键在于激发"人"的智慧与兴趣，比如可以通过情境教学法来引"人"进入某种境界，让他的知、情、意、行等均受到熏陶。

受教育者获得知识后只是停留在初级了解与认知状态中，尚不能转化为支撑思维与行为模式的因素。对于教育者来说，想要促进转化过程，与学生深入交流并感同身受至关重要。在科技高度发达的社会中，教育手段会变得丰富多样与高效迅捷，但是归根结底仍然取代不了教育者与受教育者面对面的教学方式，因为这种方式更容易融入感情与优化互动效果，进而有利于知识内化，转化为能够指导人们思维模式与行为模式的重要因素。有学者在研究教育艺术时指出，教育不能脱离情感，如果专注于技术层面促进教育，教育会变成毫无情感的知识传达机器。情感犹如一种催化剂，当融入思想政治教育后，教师与学生的距离便能拉近，并且所谈论与交流的内容更加贴合学生与教师的实际，不会只停留于讨论"高大上"的知识内容上。然而从实际情况来看，很多教师忽视了情感的重要性，在教学过程中往往不会主动付出情感，因而造成教育效果有所弱化。面对这种现象，高校必须"站出来"，通过晓之以理动之以情改变教师的既有观念，并制定相关制度进行有效约束，使思想政治教育中"情"与"理"的结合更为紧密与具有实效性。

### 3.合理利用网络资源

在当今时代，大学生作为网络的密切接触者，他们将网络作为表达自身想法的重要渠道，同时热衷于从网络中获取相关信息。多元文化背景驱使网络信息更加多元多样，而对于大学生来说，想要在短时间内从中摘选有价值的信息是极为困难的，因此他们会受到网络中不良信息的影响与干扰。从实际情况来看，境外敌对势力的确将网络作为侵蚀大学生思想的重要武器。面对这种情况，一味抵制是绝不可行的，因为网络已然成为大趋势，在各个领域得到了广泛应用，我们所能做的是变劣势为优势，依托网络信息的传播特征进行马克思主义思想大规模宣传，进而与负面思潮形成对抗。

可以说网络是一把双刃剑，只有利用好才能发挥其锋利特质，否则将会受其伤害。具体到高校思想政治教育中，教育者不仅要具备扎实的思想政治理论基础，还要充分了解网络文化，然后在掌握大学生特点的基础上打造专项红色网站，目的是向大学生输送积极健康、价值观正确的知识内容，并对大学生所关心的社会问题予以解答与阐释。网络是广阔无边的，有些人认为在网络上传播信息无异于"石沉大海"，难以掀起波澜，但如果任由负面信息在网络世界中传播扩散，到时再想融入积极信息进行扭转则会遇到很大的困难，因此当下便要掌握网络文化的主动权。

随着全球化的发展，不同国家、不同地区的文化交流越来越频繁，多元文化的交融也越来越普遍。在这样的背景下，高校应该利用网络资源让学生认识到多元文化，提高他们的跨文化交流能力和跨文化意识，为他们未来的职业发展打下基础。首先，高校可以利用网络资源丰富学生的文化知识。通过给学生提供多元文化的相关网站、在线课程、电子书籍等资源，让他们了解不同国家、不同地区的文化传统、风俗习惯、宗教信仰等方面的知识。这样可以扩大学生的视野，增强他们的文化包容性和理解力，促进不同文化之间的交流。其次，高校可以利用网络资源促进学生的跨文化交流。通过虚拟交流平台，让学生与来自不同国家、不同地区的学生进行线上交流，分享彼此的文化背景、学习经验、职业规划等信息。这样可以提高学生的跨文化交流能力，让他们在未来的职业生涯中更好地适应跨文化工作环境。最后，高校可以利用网络资源开展多元文化教育活动。例如，组织学生到不同国家、不同地区的文化中心、博物馆等地参观学习；举办多元文化节、文化讲座、文化交流会等活动。这些活动可以让学生更直观地感受不同文化的魅力，增强他们的文化自信心和文化认同感。

# 第四节　大学生思想政治教育环体有效性研究

高校在开展思想政治教育时，势必会遇到环境因素的影响，如果环境方面呈现不乐观、不理想的状况，整个教育过程也会受到很多制约与阻碍。教育环体是对教育环境因素的总称。环境因素往往不是一朝一夕形成的，而是经过长期的积淀与发展，因此高校在研究思想政治教育环体时要对背后诸多要素进行深入分析。多元文化已然成为教育环体中的重要要素，在研究过程中要了解其积极影响与消极影响，进而制定能够弱化消极影响、彰显积极影响的措施，使高校思想政治教育环体的有效性得到增强。

## 一、高校思想政治教育环体的特点和作用

### （一）高校思想政治教育环体的概念

#### 1.高校思想政治教育环体的内涵

环境是客观存在的，开展实践活动时必然难以摆脱环境的影响，具体到

高校思想政治教育中，所遭遇的思想政治教育环境同样具有客观性，如果教育环境的某些方面达不到标准，必然会对思想政治教育的开展造成影响，甚至无法正常开展思想政治教育活动。此处探讨的教育环体不仅包括当下的环境现状，还包括对环境现状造成影响的内部与外部因素。

**2.高校思想政治教育环体的外延**

高校思想政治教育往往是复杂的，所处的环境也是复杂的，因此在研究环境因素时要拓宽视野，从多个方面进行探讨分析。具体来说，思想政治教育环境可以概括为以下三大类，分别是社会环境、校园环境、家庭环境。在这三个类型中，社会环境视野更大，囊括内容更多，并且影响其发展演进的因素也多，如经济、政治、文化、社会心理等均会在一定程度上展现其影响力。社会环境又包括国内社会环境和国际环境，而在多元文化的大趋势下，国际环境对我国高校思想政治教育社会环境的影响程度愈加深刻。校园环境主要是对校园内部诸多事物、局面等内容的概括总结，由于大学生大部分时间在校园中，因此他们会受到校园环境的深刻影响。家庭环境更为小型，参与者较少，但是学生自小生活在家庭中，家庭环境的点点滴滴会渗透到他们的思想深处，所产生的影响也是不可忽视的。这三种环境也会相互作用、相互影响，比如社会环境会对校园环境和家庭环境产生制约作用，而校园环境和家庭环境作为社会环境的组成分子，它们的发展趋向也会在一定程度上影响社会环境动态。在高校思想政治教育中，对这三种环境均应深入研究与重视，通过全部优化才能使其为思想政治教育获得更好的效果助力。

**（二）高校思想政治教育环体的特点**

**1.具体性**

具体性指教育环境是客观存在的，能够被人感知并体会其影响力。这要求开展思想政治教育时一定要切实从具体环境出发，基于其相关特质进行应对，如果泛泛而谈、不加重视，思想政治教育的针对性便会严重弱化。从这一点出发，思想政治教育的环境必须受到重视，否则将影响思想政治教育的效果。我国作为社会主义国家，马克思主义始终处于指导地位，但是在实际发展过程中不能盲目照搬，而是要基于本国国情具体分析与研究，如此才能制定出更加适合的发展策略。同样，思想政治教育也要做到这一点，其中研究思想政治教育环境是重中之重。

### 2.综合性

综合性是指思想政治教育环境在发挥影响力时不会单项驱动，而是从多个方面综合驱动。在这样的局面下，思想政治教育将变得丰富多样，而对于教育者来说，需要从中具体分析，找出综合性策略推动思想政治教育在各具特色的基础上满足不同受教育者的需求。当今社会，意识形态在多元文化影响下也向多元多样方面发展，这使以马克思主义为中心的思想政治教育受到很大挑战，尤其是当腐朽、不良思想渗入民众头脑时，会导致民众生成错误的价值观与思想理念，进而对我国思想政治教育建设造成巨大阻碍。永葆中国特色社会主义文化活力与中心地位是我国文化建设与思想政治教育建设的重要指导思想，当这一点被夯实后，思想政治教育环境再复杂多变，高校思想政治教育也能保持在正确轨道上向前发展。

### 3.开放性

当前，我国与其他国家建立了密切联系，相互之间开启了频繁的文化交流。在此局面下，思想政治教育环境也会更加开放，不会像过去那样追求"一元化"格局。闭门造车式的思想政治教育开展方式可能会在学生思想政治素质夯实方面作用明显，但从长远来看会使本国思想政治教育与国际形势脱轨，导致落后是必然结果，这样一来，陷入落后就要挨打的局面会再次重演。我国应适应时代要求，以开放的视角来开展思想政治教育建设，所形成的思想政治教育环境必然也会具有开放性特征。不同环境会相互影响，外界环境也能通过相关渠道产生作用，这些交互纠葛后的环境效果要求思想政治教育实践进行创新。在全球化进程中，不同环境的交互作用不会停止，所产生的驱动力也会源源不绝，这会为思想政治教育建设动态进行提供支撑，让思想政治教育始终保持旺盛的生命力与战斗力。开放性系统必须得到构建才能更好地应对多元文化背景下所带来的更为剧烈的环境冲突。

#### 4.历史性

历史性是指思想政治教育环境处于动态变化中，只要历史车轮不停止，其变化脚步便不停歇，从而驱动思想政治教育不断革新，永远以最新姿态呈现。思想政治教育不是当代的产物，而是在人类文明产生后便孕育而出，主要是通过教育途径保持社会成员具备合理的道德标准、行为模式等，使其为社会发展服务，而不是成为社会发展的阻碍。历史经验告诉我们，思想政治教育并不会在短期内起到作用，而是要不断坚持才能有所收获。在当今多元文化背景下，大学生所接触到的文化因素、价值观等是多样的，而想要引导他们接受正确与正向的内容、排斥负面与反向的内容需要时间保障，短时间取得较好的教育效果是不现实的。因此，当今时代我国高校思想政治教育面临巨大挑战，既不能违背时间规律与不顾大学生接受程度而源源不断地进行灌输，也不能听之任之，任由错误、负面思潮侵蚀浸染大学生。

#### （三）高校思想政治教育环体的作用

高校思想政治教育在开展时会经历由设计阶段向现实转化的过程，在这一过程中，教育环体的作用十分突出，甚至在一定程度上能起到决定作用，因此教育环体是思想政治教育不可忽视的重要元素，会对教育决策、实施、介体选择等产生极大影响。多元文化背景下教育环体发生了很大变化。面对这样的变化，思想政治教育开展者所要做的是因势利导，通过积极改造与引领塑造更有利的教育环境。具体来说，教育环体对思想政治教育的影响主要包括以下三个方面。

一是强化作用。强化的目的是深入人心，让人们加强对思想政治相关内容的认可程度。多元文化背景下，传统媒体信息传播模式早已成为过去式，新的媒体渠道不断被开发和应用，而对于受众来说，新媒体渠道能让他们高频率接触相关信息，进而在脑海深处留下更为深刻的印象。高校要利用这一点开展思想政治教育，目的是强化思想政治相关内容在学生脑海中的印象，进而指导学生的思维模式与行为方式。除此之外，新媒体还能强化宣传效果，使榜样力量更为凸显。对于思想政治教育这一过程来说，新媒体对教育环体的影响会不断深化，使教育环境更为复杂多变，这就要求高校更为谨慎，每走一步都要精心谋划，尽可能降低负面因子的影响力。

二是导向作用。人在环境中成长，人的思维模式、行为方式等会受到环境的深刻影响。每个大学生都拥有独特的成长环境，而这些环境会对他们造成影响，因此他们的世界观、人生观、价值观等必然存在差异。高校在开展思想政治教育时要注意这一点，通过教育环境的塑造来引领大学生逐步摒弃过去落后、错误的价值观念，并在新环境中对新的、正确的价值观念深入学习与领悟。教育环体能起到舆论导向、规范导向等作用，当教育环体的规模与范围扩大时，影响力就会进一步提升，实现引领大学生转变思想和行为的目标。新时代教育环境发生了诸多变化，价值取向也更为多元，这就要求高校在营造教育环境时不能盲目追求统一，而是要从多角度、多层次入手，在满足不同学生价值诉求的同时，也为思想政治教育深入人心打下基础。

三是感染作用。现代社会科学技术不断进步，原本抽象的思想元素在相应科学技术的支撑下能够得到形象化展现，同时在现代社会生活节奏加快、人们压力增大的局面下，人们对形象化内容表现出更强的认可度。教育环体在借助科学技术实现"形象化"目标时，其感染作用将大大提升，比如网络舆论能够主导人们的情绪，使某种社会风尚或价值观异军突起，受到人们的欢迎。在多元文化背景下，网络舆论所能作用的主体更为多样，能够让更多人受到感染。这一机制可应用于高校的思想政治教育中，比如高校可通过评选先进、奖励榜样等活动营造"向先进者学习"的良好氛围，进而引导学生在思想和行为层面有所变化。学生在家庭中会受到家庭环境的影响，父母的言行举止、做人做事的方式会对学生产生深刻影响，在多元文化背景下，大学生逐渐走出原生家庭并广泛接触各种各样的文化观念，此时摆在学校面前的难题便是营造如"家庭般"影响力的环境，引导学生自觉抵制不良内容并汲取优秀内容的营养。同时，学校与家庭之间可能会产生矛盾，如何引导学生摆脱家庭的负面影响，能够在学校环境中重新规划成长，这是至关重要的。

## 二、多元文化对高校思想政治教育环体的影响

多元文化背景下，人们的固有观念逐渐被消解，新的观念开始形成，这

一过程中人们的思想更加活跃，对新生事物产生强烈诉求，同时也更加关注精神层面的享受质量。具体到高校思想政治教育中，多元文化对高校思想政治教育环体的影响主要表现在以下三个方面。

### （一）多元文化影响下社会环境的改变

社会环境在多元文化影响下发展演进，内容更丰富、整体态势更活跃，而对于大学生来说，他们的视野能得到拓宽，见识更多，经验更多，进而对社会发展获得更深入的理解。当前，对思想道德的研究均处于不断深化的过程中，但思想政治教育始终不会与人脱离，因此思想政治教育一直向以学生为中心发展，目的是更全面、更深入地提升学生的思想政治素质。多元化格局引领变革趋向，高校应在诸多方面做出改变，思想政治教育内容便是其中之一，比如社会主义市场经济体制在多元文化影响下更强调"优胜劣汰"，甚至向个体层面过渡，使大学生的心理压力增大，开始依托"优胜劣汰"的思想思考未来发展。高校所要防止的是这种心理压力过度放大，进而让学生在压力之下产生难以克服的焦虑与压抑感，避免他们因此走上自杀或者自暴自弃的道路。

多元文化蕴含着丰富多样的价值观与思想理念，大学生在它们的滋养之下思想更为活跃，变得敢想敢干与热衷创新，并且在创新过程中注重个体的个性化表现。这从人类文明发展的角度来说无疑是巨大进步。但是负面影响也会接踵而至，大学生在多样思潮影响下出现了信仰冲突，部分大学生对原有信仰产生了怀疑，希望在新的信仰下开启新生活，可实际上腐蚀大学生原有信仰的多是具有享乐与诱惑性质的内容，一旦这些内容在大学生脑海中占据主导地位，大学生就会陷入腐化堕落之中。部分大学生处于纠结之中，不知道应该选择哪一种，如此状态下他们就会变得手足无措，无论是学习还是生活都不能用尽全力，导致难有作为。

### （二）多元文化影响下校园环境的改变

校园本是一方净土，发挥着培养高素质人才的重要作用，而在多元文化时代，由于网络媒体渗透、校园开放程度提升等因素影响，校园也开始被渗透进了很多新思潮、新观念，使得校园不再纯净。比如，西方世界的消极腐朽思想让校园环境充斥功利性，导致部分大学生在心态上产生变化，开始漠视人情道德，转而十分热衷功利性内容。同时，科学技术的发展促使网络教育成为现实，学生不必像在传统教育中那样进行学习，而是能享受新型教育模式带来的新鲜感。这些均对校园文化产生影响，进而潜移默化地影响学生。

校园不会与社会脱节，校园环境会受到社会环境或多或少的影响，而家庭环境的多种多样会在家庭与校园产生交集时发挥影响力。加之现代社会呼唤人权平等，校园中的传统道德不断消弭，这意味着传统单一的教育环境不断式微。在高校思想政治教育中，教育者仍然居于主导地位，但是其"主导性"开始由"管理本位"向"服务本位"转变，比如在规划教育目标、教育内容、教育方法时，必须建立在对受教育者充分调研的基础上。转变是必然的，可实际情况并非那么容易，很多教育者虽然认识到了这一点，但因为长期习惯使然难以快速转变，并在新旧交织中产生了一系列不良后果。思想政治教育工作者想要彻底转变将面临巨大挑战，他们需要主动作为与改变，不断在教育过程中融入新的内容，这样既能使自身有所发展，也会作用于校园环境，使其产生诸多变化。可以说在多元文化的影响下，校园环境的改变渠道是多种多样的。

在改变为主旋律的格局下，高校思想政治教育校园文化建设也面临两难困境：一方面是继续走维系主流文化之路，将外来内容予以剔除；另一方面是接受外来内容，使其与主流文化形成互为促进的关系，进而打造"一中心、多入手点"的局面。前者会对多元文化表现出抵制态度，对主流文化大力渲染，但由于多元文化已成必然趋势，这样的做法势必会导致思想政治教育与多元化形成冲突，不利于高校的思想政治教育建设与长远发展；后者倡导多元共存，但是交融并存、共同前进并不是易行之事，稍有不慎就会对主流文化形成巨大冲击。

### （三）多元文化影响下家庭环境的改变

家庭环境对子女的身心发展有着重要影响，而在分析家庭环境类型时，往往与家庭经济条件有着紧密关联，比如有的家庭比较富裕，家长往往会最大化满足子女的诉求，并且子女没有体验过"苦日子"，显得娇生惯养，同时会表现出以自我为中心；贫困家庭的子女更能养成吃苦耐劳、勤奋刻苦的好习惯，面对挫折时能够坦然面对。经济条件会在一定程度上影响家庭环境类型，而归根结底是家长的教育方式起到根本性作用。在多元文化的熏陶下，人们的思想观念不断改变，家长的育人理念也涌现出新内容，更多家长越来越关注子女的全面发展，不会只注重考试成绩，还会引导子女提升情商、德商、逆商等品格。另外，多元文化背景下的人们更注重自身感受，很多家庭出现问题时会选择离婚，进而造成单亲家庭不断增多。单亲家庭难免会面临亲情缺失的问题，使子女受到的教育不太健全。高校对于单亲家庭的子女更要予以关注，通过思想政治教育过程最大程度弥补教育缺失，避免他们进入社会后出现诸多问题。

## 三、多元文化背景下增强高校思想政治教育环体有效性的策略

文化环境发展源远流长，自人类文明产生起便已起步，文化环境中蕴含着人类的"不容易"，而当真正成形后便会成为人类文明不断向前发展的重要动力。对高校思想政治教育来说，汲取人类文化环境中的有益内容为自身助力是重要举措，但思想政治教育毕竟具有独特性，构建更为契合的环境势在必行。

### （一）创造与多元文化相适应并有利于优化高校思想政治教育效果的社会环境

社会环境要得到净化，就要将其中的负面因素全部剔除，而实现这一目标要依托文化建设，并在建设过程中紧密结合高校思想政治教育环境诉求，确保构建的社会环境能为高校思想政治教育良好开展提供支持。多元文化作为社会现实环境，也要在社会环境构建中得到充分考量，要对其中的负面内容坚决摒弃，积极正面的内容则要大力汲取。

#### 1.创建公平的经济环境

在马克思看来，生产活动是人类社会存在发展的基础，是人类最基本的

实践活动[1]。在生产活动中，人类一方面从中获取物质资源，在确保物质生活得到满足的前提下，精神生活的重要性与日俱增，思想政治教育也在这一基础上逐步衍生；另一方面人类在生产活动中会形成不同地位的生产关系，进而导致不同政治立场的出现。处于不同政治立场的人具有各自的价值取向与思想境界。归根结底，经济环境对思想政治教育的影响是最为基础的，会从初始阶段形成不同的思想观念差异。市场经济体制所产生的经济社会具有显著的功利性特征，使社会存在唯利是图、为金钱马首是瞻等思想观念。在这样的社会环境下，高校思想政治教育必然会受到不良影响。

经济环境作为思想政治教育的基础影响因子，必须得到重点建设，通过缓解社会经济领域中的矛盾冲突，使功利化追求有所弱化，逐渐形成"正当获利"的良好局面。首先，政府要对当前现状进行深入调研，了解社会矛盾的根源所在，并通过调整利益分配格局进行缓和；其次，政府要切实发挥宏观调控功能，针对市场经济下出现的不良现象可以通过立法方式予以治理，确保市场有序运行；最后，政府要积极转变职能，以"服务社会"为基本理念发挥职能，目的是使社会更加和谐，市场环境向公平公正、井然有序方面转变。对于高校大学生来说，市场良好运行能为他们各尽其能创造条件，只要他们有才华、有能力，并且肯付出努力，就能在市场中得到展现的机会。如此一来，思想政治教育也会更好地开展，不必因公平问题而引起矛盾。

### 2.建立有序的政治环境

思想政治教育是思想政治工作的重要组成，其教育效果受多种因素影响，而党建水平、领导干部工作成效等往往起决定性作用。反腐倡廉作为我党始终坚持的工作原则，充分反映出该工作的重要意义。从实践中可以看出，党员干部严于律己、奉公守法自然会得到人民群众的信任与爱戴，对其"说的话""做的事"会积极接受，这充分说明实践体验相较于口头说教更具说服力，如公正廉洁、作风正派实践体验能够深入人心，也能为口头说教

---

[1] 吴敏，严卿．论《德意志意识形态》社会分工与生产方式关系思想 [J]．惠州学院学报，2024，44(2): 117−122.

顺利、高效进行打下基础。随着社会的不断发展，文化市场的规模不断扩大，文化产品的种类也越来越丰富多样。文化市场的发展不仅给人们带来了更多的文化消费选择，还为经济发展注入了新的动力。然而，文化市场的管理面临着严峻的挑战。为了加强文化市场的管理，有必要从以下四个方面入手。一是加强文化产品的审核和管理。文化产品是文化市场的重要组成部分，文化产品的质量和内容直接影响文化市场的发展和文化消费者的体验。因此，加强对文化产品的审核和管理显得尤为重要。首先，应该建立严格的审核制度，对所有文化产品进行审查，确保其符合国家法律法规和道德规范。其次，应该加强对文化产品的监管，防止不良文化产品进入市场，危害公众利益。最后，应该注重对文化产品的品质管理，提高其质量和水平，满足消费者的需求。二是加强文化市场监管体系。文化市场的监管体系是文化市场管理的重要组成部分。应该建立健全法规和制度，加强对文化市场的监督和管理，遏制不法行为和违法犯罪，维护文化市场的正常秩序。此外，还应该加强对文化市场从业人员的管理和培训，提高其文化素质和职业道德水平。三是促进文化产业的发展。文化产业既是文化市场的核心，也是国民经济的重要组成部分。应该加强对文化产业的支持和引导，促进其健康发展。具体措施包括：扶持文化企业的发展，提供财政和税收优惠政策；加强对文化创意产业的培育和发展，激发文化创意的创新活力；加强文化产业的国际交流与合作，推动文化产品的国际化和品牌化。四是提高文化消费者的素质。文化消费者既是文化市场的重要组成部分，也是文化市场管理的重要对象。应该加强对文化消费者的教育和引导，提高其文化素质和消费意识。具体措施包括：加强文化教育，提高公众的文化素质；加强对文化产品的宣传和推广，引导消费者理性消费；加强对文化消费者的权益保护，维护消费者的合法权益。

**（二）加强多元文化背景下有利于增强高校思想政治教育时效性的校园文化建设**

**1.校园文化的含义**

校园文化是大学生学习、生活的重要组成部分，蕴藏着潜移默化的重要育人功能。文化会在某一区间内进行发展，校园文化则限定了"校园"区间。虽然区间上有所差异，但在文化建设整体大计中，每个区间文化都要各展风采，只有如此，人们才能获得更高层次的精神享受，而具体到校园文化建设中，大学生会从中受到良好教育，为全面和谐发展创造良好条件。校园文化是由师生共同创造的，他们的价值取向、行为规范、精神追求等会在校园文化中得到体现，也会通过校园文化不断传承，影响与感染更多师生。在良好的校园文化环境下，学生的各个方面都能得到提升。具体谈到校园文化的功能性质时，可以将其归入隐性功能范畴。在多元文化背景下，校园文化环境一方面要渲染主流文化，引导学生的价值观保持主流方向；另一方面要融入多样化文化内容，让学生在校园中体验不同的文化特色，与主流价值观交相辉映，进而丰富学生内心。校园文化环境的创设要由广大师生平等参与共同完成，如此不仅能丰富文化内容，还能为鉴别与筛选文化内容提供契机，避免负面内容渗入其中。

**2.多元文化背景下加强校园文化建设的策略**

（1）要重视隐性思想政治教育环境的建立

隐性教育在潜移默化中发挥作用。通过调研当前高校实际情况，发现思想政治教育隐性教育存在诸多问题，究其原因，当前社会现实因素是重要原因之一。学生并不是封闭在校园中，并且校园与社会有所关联，因此学生在社会现实因素的影响下对道德规范产生误解与认知不足也是普遍存在的。针对这些问题，高校想改变社会是不现实的，最有效的策略便是通过思想政治教育进行引导，帮助学生重新审视道德规范，摒弃错误认知。除了思想政治教育外，高校还能借助其他学科来进行强化，比如将社会责任感、爱国精神、民主观念等内容融入专业学科中，让学生在更广阔时空范围内受到熏陶。

显性教育往往具有灌输特征，容易让受教育者产生驱动心理，由此产生一些目的性与功利性。隐性教育强调"润物细无声"，通常存在于日常生活的诸多环节中，让学生在不经意间体验到教育内容，虽然不需要过分强调，却能在学生的内心留下更深的印象，并且持续时间更长、影响更久。具体到隐性教育环境建立中，用心规划日常生活是不二之选，这要求构建者深入生活之中进行体验，通过调研了解学生的内在诉求，进而在构建时不着笔墨却有千斤之势。

（2）注重传统文化的渗透

每个国家的思想政治教育都会将传统文化作为重要内容，尤其是设计隐性教育时更会着重使用。传统文化底蕴深厚，无须刻意营造就能释放魅力，并且传统文化往往蕴藏着民族长盛不衰的秘密，如果学生能够深入体会，在接受思想政治教育时更能抓住重点，使自身思想政治素质达到更高水平。

在当今时代，国家与民族发展要依靠强大的凝聚力，而文化则是凝聚力的重要来源，搞好文化建设才能获得更强的凝聚力。任何一种文化都需要在民族精神的基础上成长发育，失去民族精神，文化活力便会丧失，终将陷入无源之水的窘境。我国传统文化有着悠久历史，在中国特色社会主义建设的今天依旧发挥着重要作用，比如社会主义核心价值观中有很多传统价值观念，而这也可以成为高校思想政治教育的重要载体。随着时代的不断发展，传统文化逐渐淡出人们的视野，特别是年轻一代更加倾向于追求新潮的事物，忽视了传统文化的重要性。因此，为了保护和传承中华优秀传统文化，让青少年更好地接受和了解传统文化，许多学校开始将传统文化融入校园文化中。传统文化中以下内容可渗透进校园文化。一是书法艺术。书法是中华优秀传统文化的重要组成部分，它是中国传统文化艺术中的瑰宝。学校可以通过书法课程、书法比赛等形式推广和传承书法文化。通过书法艺术，学生可以了解传统文化的精髓和美学价值，同时培养学生的审美能力和艺术修养。二是传统民俗。传统民俗是中华优秀传统文化的重要组成部分。它是中国传统文化的精髓。学校可以通过传统节日、民俗文化展览等形式传播和推广民俗文化。通过参与传统民俗活动，学生可以了解传统文化的历史渊源和文化内涵，增强学生的文化自信心。三是戏曲艺术。戏曲是中国传统文化的重要组成部分，它是中国传统文化艺术中的瑰宝。学校可以通过戏曲课程、戏曲比赛等形式推广和传承戏曲文化。通过学习戏曲艺术，可以让学生了解传统文化的审美价值和思想内涵，同时也可以培养学生的审美能力，提升学生的艺术修养。四是传统文化知识。学校可以通过传统文化课程、传统文化讲座等形式传授传统文化知识，让学生了解传统文化的历史渊源和文化内涵。通过对传统文化知识的学习，可以让学生树立正确的价值观和文化观，增强学生的文化自信心。具体渗透方法包括：一是开设传统文化课程。学校可以开设传统文化课程，让学生在课堂上学习和了解传统文化知识，同时也可以通过传统文化教育增强学生的文化自信心和文化认同感。二是举办传统文化活动。学校可以举办传统文化活动，如传统节日庆祝活动、传统文化展览等，让学生参与其中，了解传统文化的历史渊源和文化内涵。通过对传统文化活动的参与，可以增强学生的文化自信心和文化认同感。三是邀请传统文化专家授课。学校可以邀请传统文化专家授课，让学生在专家的指导下学习和了解传统文化知识，同时也可以通过专家的讲解，让学生更加深入地了解传统文化的历史渊源和文化内涵。四是促进传统文化教育与现代科技相结合。学校可以将传统文化教育与现代科技结合，如通过网络、多媒体等方式进行传统文化教育，让学生更加直观地了解传统文化知识，提高学生的学习兴趣和积极性。

（3）优化校风、学风

广大师生在校园中学习与生活，如果校风、学风更加优良，就能够有效提升学习与生活质量，广大师生也能在潜移默化中得到思想培育。对于大学生来说，他们对环境的反应更为激烈，当他们出现在新的环境中后，环境质量水平会直接关系到他们的外在表现与内在塑造。高校应该为大学生提供良好的学习与生活环境，将团结、勤奋、求实、创新等元素融入其中，并通过举办丰富多彩的校园文化活动为校园环境达到更高质量提供助力。大学生受到感染，不仅能陶冶自身情操与提升审美情趣，还能为提升实践能力提供平台，进而让他们从内至外均受到良好教育。

多元文化时代充满变数，出台相关制度进行规范与引导能够确保思想政治教育始终处于正轨之上，让思想政治教育成为学生强大的精神力量与接受深刻文化教育的保障。从环境塑造层面分析，制度完善有利于营造民主和谐的环境，一切不公正现象都能从校园环境中剔除。与此同时，高校改革也要将教育者作为重要切入点，因为教育者在学生眼中是行走的"行为典范"，他们的言行举止是否合乎标准关系到校风、学风的营造质量。北京大学作为我国顶尖学府，在营造良好校风、学风方面取得了突出成绩，而这与良好传承密切相关。在民国时期，蔡元培出任北京大学校长后便开始大力整顿校风、学风，除了引导学生端正学习态度，摒弃"学习是为了升官发财"的思想观念外，还对教师队伍进行了大力整改，开除了混在教师队伍中的不良分子，并通过广开渠道吸引社会上更多名士、学者前往北京大学任教。在教学过程中，蔡元培认为师生关系融洽、和谐更有利于教学推进，于是在他的支持下北京大学积极举办相关活动为师生交流互动创造条件，通过一系列相关活动，教师对学生有了更加深入的了解，而学生也在教师身上学到了很多优良品德。北京大学的这些做法值得当今高校效仿与借鉴，将塑造人文气息更为浓厚的教学环境作为重要目标，但当今时代也有特殊性，即自然环境在人类工业文明发展过程中遭到了严重破坏，使得人文景观缺失了自然元素的加成，因此当今高校要将创造良好的自然环境作为重点目标，进而为营造人文氛围与自然氛围和谐共存的良好校园环境提供助力。

### （三）营造多元文化背景下有利于高校思想政治教育的网络环境

多元文化已成定局并且处于高速发展阶段，在这一局面的背后，网络媒体发挥了巨大推动作用；同时，多元文化影响深远的格局也助力网络媒体在我们生活中产生深刻影响。对于高校来说，将互联网作为思想政治教育重要阵地是必需的，也是与时俱进的。大学生与网络有着紧密接触，他们会通过网络来获取信息，也会利用网络进行社交，可以说网络已经深入大学生学习、生活的诸多环节中，产生了广泛且深刻的影响。网络能帮助大学生快速获得所需信息，而在获取过程中，大学生往往处于主动姿态，这不同于传统教育中学生被动地接受知识，因此大学生在网络的助力下逐渐改变了被动接受地位，成为信息主动获取者，并且能在信息传播中充当传播者角色。从目前情况来看，我国各大高校在网络环境营造中普遍采取建立红色资源网站的方式，希望通过大力宣传与弘扬红色资源主导网络文化基调。这种做法是可取的，并且实际效果也很显著。但是高校如果停滞不前或不能及时创新，这一做法也会因为滞后于时代发展而难以发挥应有效果。打造集思想性、知识性、趣味性、服务性等于一体的网站势在必行，学生通过这样的网站能够更为便捷地获取思想政治信息，还能与他人进行互动交流，不仅有利于营造更加良好的网络思想政治教育氛围，还能突出展现主动性，将自身观点充分彰显于人，进而为学生后续得到针对性引导提供依据。

目前，各种社交媒体已经充斥在大学生的学习生活与人际交往中。这些社交媒体受到了大学生的欢迎，这与它们能够让大学生自由发表言论与便捷交流沟通有着很大关联。很多大学生会在互联网上表露心声，并希望与其他网民交流互动，他们在这一过程中会收获尊重，也体验到与他人平等对话的感受。这一趋势是无法阻挡的，所以高校应该做好网络引导工作，通过打造优质网站为大学生获取思想政治资源与交流互动搭建平台，也应时刻关注大学生的网络动态，对出现问题或存在问题苗头的学生及时进行引导。这样才能获得大学生的认可，并使之更为积极主动地参与高校网络思想政治教育。

# 第五章　多元文化对大学生思想政治教育实效性的影响

## 第一节　多元文化对大学生思想政治教育环境、内容与方法的影响

### 一、多元文化对大学生思想政治教育环境的影响

#### （一）多元文化对大学生思想政治教育宏观环境的影响

大学生思想政治教育宏观环境包括多种内容，有经济环境、政治环境、文化环境、社会心理环境等。想要搞好思想政治教育，不能忽视环境因素的影响，虽然有些环境因素不会直接发生作用，但如果不够重视，终将因此而付出代价。经济全球化和多元文化已成主流趋势，这意味着我国大学生思想政治教育所面临的宏观环境会进一步发生变化，保持动态视角随机应变应是高校的基本态度。

在国际环境中，当今世界每个领域都在深刻变革，这与经济全球化趋势愈演愈烈有着紧密关联，使得国际政治多极化趋势凸显，文化互动更为活跃，这对于思想政治教育来说将会带来前所未有的挑战。国际形势的变化是多种因素共同作用的结果，比如经济环境在稳定与不稳定中交替进行，政治环境随着政治格局的变化而变化，文化环境则在各种思潮、理论、主义的不断涌现下暗流涌动。对具体国家来说，所要面对的是多种文化、价值观等相互交错与冲突的局面，由此也会产生新的应对策略，但与此同时新的问题也会接踵而至。当前文化广泛传播有着更为坚实的载体与土壤，比如信息技术就是其中翘楚，各民族在这一局面下开启了相互交流与学习的历程，但别有用心者使这一历程步步惊心。我国作为社会主义国家的代表，不断经受着西

方资本主义国家所采取的文化渗透与侵略策略，这些策略在相关手段的支撑下更为隐蔽，悄无声息下产生了难以想象的后果。西方资本主义国家在经济与技术层面拥有强大优势，它们利用互联网、电视、广播等传播方式在全球范围内发布政治思想内容，意图对其他国家民众的价值观念、生活方式等进行改变。中西方文化价值观进行激烈碰撞是必然结果，而在碰撞过程中，攻击与诽谤、欺骗与煽动是西方国家的常用手段，意图搅乱我国民众的爱国情感，进而站在国家发展的对立面。除此之外，输出文化产品也是西方国家实现文化侵蚀的重要途径。在市场经济主导全世界的格局下，文化产业输出具有显著正当性，而在正当运行的背后，文化产品中的电影、流行歌曲、艺术作品等却充当了文化侵蚀的载体，它们将享乐主义、暴力、黄赌毒等有害文化内容悄无声息地植入我国民众思想中，妄图使我国民众腐化堕落。青少年作为国家未来发展的主导力量，由于他们在各个方面尚不成熟，容易受到不良价值观念的影响与熏染。当青少年思想堕落难以承担国家建设大业后，国家与民族发展将会陷入停滞。

在国内环境中，我国自改革开放后一直在寻求转型之路。改革开放解放了人们的思想，与此同时国外的各种思潮也大量涌入，进一步加快了人们思想解放的进程，但是负面影响也随之而来。进入21世纪后，我国加入世界贸易组织，开始与其他国家建立密切的交流合作关系。这为西方文化与思潮进一步渗入我国创造了条件，其影响力更为深入，进而使得我国高校思想政治教育环境发生了巨大变化。一是市场经济体制下经济发展更为活跃，人们能够通过更多渠道来获得经济利益。很多人在生活和工作过程中逐渐感受到竞争压力，开始变得焦躁不安，这使得他们的价值观、利益观等融入了新的内容。社会组织不稳定且向多样化方向发展，人员流动成为常态，这使得思想政治教育工作管控难度提升，造成很多人员思想素质得不到有效提高。就业岗位多种多样，工作形式不断推陈出新，一方面为人们自由选择职业创造了条件，另一方面也在潜移默化中改变了人们的择业观，曾经引以为傲的敬业精神黯然失色，取而代之的是为了追求高利益而不惜放弃本职岗位、内心诉求的功利化心态。二是西方敌对势力亡我之心不死，试图通过文化侵蚀手段达到目标。相较于战争手段，文化侵蚀手段虽然没有血肉横飞的悲惨场景，但是所产生的后果也异常严重。这种手段往往十分隐蔽，能在悄无声息中改变人们的价值观念，而当民众思想腐化堕落之后，民族精神就会逐渐消亡，距离民族灭亡便是咫尺之遥。我国的改革开放是一种开启新局面的重大举措，其中出现问题与失误是难以避免的，而这些问题与失误就成了西方敌对势力对我国进行攻击诽谤的依据，敌对势力企图动摇我国的意识形态，摧毁社会主义制度。在这样的环境下，一些民众甚至是党员干部产生了负面情绪，对改革开放政策不抱乐观态度，甚至认为社会主义道路是错误的。当今时代，改革开放的弯路已经基本走完，我国没有倒下反而越战越勇。但是在新的时代下会出现新的弯路，如何通过思想政治教育引领大学生走好弯路是高校所要面对的巨大挑战。三是多元文化背景下，多种多样的意识形态以各种面貌与形式渗透进来，对马克思主义信仰形成了巨大冲击。加之当下中国共产党建设与发展过程中出现了腐败现象，破坏了中国共产党形象，让大学生在接受思想政治教育时信念不够坚定。四是我国传统文化中的优秀内容在社会主义事业发展中贡献了巨大力量，但传统文化中的负面内容也在不断"行凶作恶"，比如官僚主义、家长制等落后思想观念依然在当今社会支配人们的思想和行为，造成民主与法治建设遇到诸多困境与阻碍，也使社会主义文化建设深受影响。同时，改革开放将解放思想作为重点，这为人们敢想敢做创造了条件，但是封建思想观念也趁机兴风作浪，如封建迷信、小农意识等在某些角落死灰复燃。五是时代发展中曾经产生积极作用的思想观念在新的时代表现出显著的不适应性，可是新的思想观念尚未形成，这会造成新旧交替空当，容易使不良思想观念乘虚而入。

**（二）多元文化对大学生思想政治教育中观环境的影响**

中观环境更为具体，如家庭、社区、组织、企业等会成为中观环境的载体。高校思想政治教育也会受到中观环境的影响，而中观环境变化既有宏观环境因素的影响，也会受到自身需求引导。苏联教育家苏霍姆林斯基在谈到人的全面发展时强调家庭教育与学校教育缺一不可。家庭作为人们成长的第一站，会通过吸收家庭氛围、家长表现等元素实现思想、道德等层面的提升。从时间长度上看，学生待在家中的活动时间较之学校更短，但是家庭的作用却是无可取代的，它会在人的内心占据重要地位，当遇到挫折与困境时，回家寻求庇护是人们心理层面做出的第一反应。多元文化使得家庭问题增多，比如婚恋观念的开放与自主让很多家庭走向破碎，使得高校思想政治教育在面对这类家庭的学生时要更加谨慎。父母作为孩子的第一任老师，他们的竞争观、价值观、利益观等会对子女产生深刻影响，如果家长十分拜金，子女也会进行效仿，从而使子女的思想行为进入误区。家庭教育的失败会给学校教育增加更多负担，如果学校教育"接不住"，那么这样的学生在进入社会后就很难得到良好发展，甚至会成为社会的不稳定因素。在道德层面，部分家长为了追求利益而道德败坏，做出很多损人利己的行为。学生的道德素质在这样的环境下就很难向好的方向发展。自身道德素质不足，道德责任感也会受到不良影响。一些家长"只生不养"，对子女放任自流，造成子女难以健康成长，有的家长则走向另一个极端，即过分宠溺子女使他们养成蛮横无理、任性骄纵的坏习惯。家庭环境的影响主要表现在人的青少年时期，而对于大学生来说，他们大部分已然成年，开始具备更强的认知能力与抗挫折能力，但即便如此，原生家庭的问题仍然继续存在于大学生身上，如离异家庭的学生性格往往更为孤僻，在遇到挫折后容易产生恐惧焦虑等不良情感。以社区、企业等为载体的环境也会对大学生思想政治教育产生较大影响。有学者将高校比作一个庞大的消费市场。的确，在高校中和周边会有各行各业齐聚，既有书店报刊亭，也有提供娱乐设施的游戏厅。一些人为了谋得更多利益，会在经营内容上做文章，只为吸引大学生前往购买。某些不良内容能够进入经营场所中，与市场监管不严有着紧密关联，而在这些内容中很多生产于海外。高校要及时对周边环境进行摸排，发现问题及时整改，净化学校周边环境。

### （三）多元文化对大学生思想政治教育微观环境的影响

在高校思想政治教育中，校园环境发挥着重要的载体作用，学生如果能从校园环境中汲取营养，不仅能推动高校思想政治教育实现隐性教育与显性教育的结合，还可提升思想政治教育的效率，为获得更好的教育效果打下基础。具体来说，高校校园环境包括物质环境、文化环境、制度环境、人际环境、虚拟环境等内容。高校在对外交流中发挥着重要的作用，外来文化理念、思想等会集聚在高校之中交汇融合。因此。多元文化背景下，高校中充斥着多种多样的思想文化、价值观、生活方式等，进而对高校校园环境产生重要影响。

多元文化指的是文化多种多样，形成这一局面的根本原因是世界民族丰富多样。不同民族在文化上会有相通之处，也存在诸多差异。相通之处更容易融合交流，而差异内容往往会剧烈碰撞。高校开放性的提升使很多"剧烈碰撞"发生在高校校园内。一方面有碰撞才会有激情，高校能在剧烈碰撞的激发下形成更宽松的氛围，以及有利于更具人性化制度的出台；另一方面剧烈碰撞会产生负面影响，使高校校园环境出现新问题。高校物质环境包括由物质条件形成的各类设备设施、校容校貌等内容，这些内容往往是直观可见的，能够直接作用于大学生的思维，引领大学生在精神层面获得熏陶，比如高校校门雄伟能够给予学生积极向上的感觉，校园内的人文与自然景观能让学生体验学校的人文底蕴。多元文化使不同文化价值观、艺术审美等内容进入高校之中，使校园物质环境在风格上呈现多元化特征。校园景观具有多种文化特色，如同引领学生进入文化博物馆，学生除了大饱眼福之外，其思想观念、审美情趣、思维方式等也会在潜移默化中受到影响。高校文化环境与物质环境存在紧密关联，往往物质环境是文化环境的载体。一些高校在引入他国建筑风格时没有对背后的文化含义充分了解，便会使外来文化内容大张旗鼓地扩散在高校之中，如果是享乐主义、拜金主义、消费主义等负面思潮，则会破坏长期以来积淀而成的良好文化氛围，让尚不成熟的大学生受到不良影响。高校制度环境指的是以制度为载体形成的环境要素。制度是用来规范人的行为的，当人违反制度后就应该受到公正公开的处罚，而在多元文化背景下，一些不利于制度严格公正实行的内容融入校园之中，如官僚主义、人治思想等，容易导致制度成为一纸空文，出现以权谋私、独断专行等现象。对于高校思想政治教育来说，当制度的地位得不到保障后，相关教育活动也难以正常开展。

## 二、多元文化对大学生思想政治教育内容和方法的影响

### （一）多元文化对大学生思想政治教育内容的影响

#### 1.多元文化要求大学生思想政治教育内容结构不断调整

大学生思想政治教育内容不会随意确定，而是要经过严格筛选与评价才能最终实施，主要内容包括思想观念、政治观念、道德规范等。教育内容符合高校实际情况则能为高校思想政治教育顺利开展打下基础。笔者认为思想政治教育内容在确定时要考虑社会因素与教育对象因素。在多元文化背景下，大学生的思想观念、价值取向、生活方式、心理状态等均发生很大变化，如果教育内容仍旧延续传统，会因为与大学生诉求不相符而难以得到大学生的认可，但教育内容一味迎合多元文化背景，尽管能满足大学生的诉求，却会因为缺少筛选而使很多负面因素继续兴风作浪。考虑到以上两点，高校思想政治教育内容结构必须做出针对性调整并保持调整的动态性，比如马克思主义人权观、社会公德、职业道德、家庭美德等要在教育内容中占据主导地位，确保学生接受科学合理且积极向上的价值观引领。但实际上，想要这些教育内容切实发挥应有的作用，还要改变思想政治教育长期积淀下来的弊端，即一直固守"思政为国"的理念。这一理念并没有错，但是此一时彼一时，随着当今时代大学生个性化、个人化追求愈加显著，如果单纯强调"思政为国"，就很容易激发他们的抵触心理，针对这种现象，在"思政为

国"的基础上加入"思政为人"的内容则可以有效缓解大学生的抵触心理。除了理念层面的转变外，具体内容可以通过引入多元化因素来让学生切实体验"思政为人"的效果。

**2. 多元文化要求大学生思想政治教育内容与时代同行**

思想政治教育具有时代性，不同时代其内容会有差异。因为在不同时代，人们的思想状况会表现出差异，因此要求思想政治教育内容不断推陈出新以满足人们的需求。在经济全球化和多元文化背景下，世界形势更是风云突变，今天的一切到了明天可能会变成另一番模样。我国想要立足其中并获得良好发展，必然要不断做出调整。思想政治教育作为培养社会主义接班人的重要支撑，其内容革新时要充分考虑大学生的思想政治状况，一方面要符合大学生精神层面的诉求，帮助他们在精神层面获得更高的质量提升；另一方面要帮助大学生解答所遇到的新问题，引导他们走出迷茫，能以更好的精神状态面对未来的生活。

**3. 多元文化要求大学生思想政治教育内容与学生思想变化同步**

大学生思想政治教育长期以来以"高高在上"的形象示人，学生在接受思想政治教育时会在心理层面表现出明显的卑微感。在多元文化背景下，大学生有机会接受更多思想观念、价值观内容的影响与熏陶，其中西方文化中以个人为本位的价值观更容易得到大学生的认可，因为每个人都会潜藏"自私性"，当个人被重视时，积极响应是本能反应。这对大学生思想政治教育提出了挑战，如果仍然延续"高高在上"的形象，则会与大学生注重个人追求的思想理念产生冲突，进而不利于思想政治教育的正常开展。思想政治教育的内容与学生思想变化同步是多元文化背景下的必然要求，有利于学生积极接受思想政治教育，使自身思想政治素养不断提升，与此同时，教师也能通过教学过程及时了解学生的思想动态，进而为思想政治教育内容调整与思想政治教育方式革新提供依据。

### （二）多元文化对大学生思想政治教育方法的影响

#### 1.多元文化使大学生思想政治教育方法趋向个性化

长期以来，我国思想政治教育中的教育方法相对单一，主要以讲授法为主。多元文化带来了丰富多样的价值观念，大学生可以基于自身诉求进行灵活选择，而从实际情况来看，大学生热衷于能够凸显个人价值的价值观念。这并没有任何错误，因为个人追求个体化发展是完全正当的。高校思想政治教育工作者要根据学生的变化革新教育方法，过去的讲授法会因为枯燥无味而被学生抵触，因此引入满足学生个性化追求的教育方法势在必行。"牛不喝水强按头"的教育方式已然过时，教育者必须尊重学生，并通过与学生的良好交流动态调整教育方式，这样能够获得更好的教育效果，更为重要的是能够拉近学生与思想政治教育的距离，避免他们产生抵触心理。

#### 2.多元文化使大学生思想政治教育方法趋向互动交流

随着多元文化的不断发展，大学生思想政治教育方法也逐渐趋向互动交流。传统的思想政治教育方式已经不能满足现代高校学生的需求，因此高校开始探索新的教育方式。在传统的思想政治教育中，教师往往采用单向教学方式，学生只是被动地接受知识。而在多元文化背景下，学生具有不同的文化背景和价值理念，因此教师需要根据不同的学生需求采用不同的教学方式。例如，在多元文化的环境下，教师可以采用小组讨论、互动交流等方式让学生更加积极主动地参与教学，从而提高教学效果。学生也能了解不同的文化背景和价值观念，从而形成自己的观点。因此，教师需要积极与学生进行互动交流，了解学生的观点和想法，从而更好地引导学生。例如，在课堂上，教师可以让学生进行小组讨论，让学生积极参与教学。

#### 3.多元文化使大学生思想政治教育方法趋向生活化

美国实用主义教育家杜威曾说教育即生活[1]。指出教育与生活存在紧密关联，脱离生活的教育会丧失活力，让人产生机械枯燥的印象。人们在生活中会逐步形成价值观，而这些价值观往往与衣食住行分不开。具体到大学生

---

[1] 吴昌磊. 生活面向与实践路向：试论杜威探究型教育哲学及其旨归 [J]. 生活教育，2024(6): 25-31.

的思想政治教育中，教育者从生活中汲取灵感来形成教学方法是可行的，也是具有重要意义的。而当脱胎于生活的教学方法形成后，接下来便要进行应用，如果不能结合学生的实际生活针对性地开展，其教育价值便会大打折扣。在多元文化背景下，大学生所处的环境充斥着各种各样的思想观念，其中很多观念在他们看来极不熟悉，只能从表面描述上略知皮毛。但如果教育者能够将思想观念融入生活然后引导学生去认知感悟，就能让学生更清晰地了解思想观念的优势和劣势，进而完成有选择的接受或剔除。

**4.多元文化使高校思想政治教育方法趋向隐性渗透**

所谓隐性教育，指的是教育者在受教育者无意识状态下对其进行引导和培养，让他们在潜移默化中主动接受。在多元文化背景下，大学生的视野更加开阔，主体意识得到加强，这在一定程度上增加了思想政治教育的难度。从心理学层面分析，当一个人的主体意识太过强烈时，会对外来所有融入内容抱有"警惕心理"，使得融入效率受到不良影响，甚至会产生严重抗拒心理。这对教育者提出了挑战，传统的显性教育方法显然难以应对，并且十分容易激起学生的抵触心理，隐性教育法能够避免这些情况发生，但是在实际实行中需要精心布局，并且由于隐性教育法实行周期较长，需要教育者具有足够耐心。

# 第二节　多元文化对大学生思想政治教育理念、目标及教育者的影响

## 一、多元文化对大学生思想政治教育理念的影响

### （一）"以社会为本"的教育理念受到"以人为本"的理念的挑战

思想政治教育是关于人的教育，如果不能从人的角度出发，便难以获得

理想的教育成果。出于这一考量，"以人为本"应在高校思想政治教育中成为主导理念。但是多年以来，我国的高校思想政治教育受到了"以社会为本"理念的深刻影响，使思想政治教育的社会意义与功能得到凸显。具体到教育过程中，过分重视思想政治教育社会服务功能会使所培养的人才具有更强的工具性，这与人的全面发展是相背离的。高校思想政治教育工作者往往处于支配地位，而学生处于被动地位。这种思想政治教育模式难以在多元文化背景下持续运行，原因在于这种模式会抹杀学生的主体性，造成他们难以积极主动参与教学过程中，进而产生被动低效的不良后果。"以人为本"的理念亟待觉醒与应用，这种理念顺应潮流，能够支撑高校思想政治教育向高层次发展，并且与多元文化背景相契合，既能够让学生广泛吸收多元文化营养，也能为其在多元文化背景下获得更好的思想教育打下基础。

**（二）"以教师为本"的教育理念受到"以学生为本"的理念的挑战**

"以人为本"的理念已经在教育领域得到广泛认同。而在具体分析中发现，思想政治教育中的"人"并非只有学生，教师同样是"人"。如果不加以区分，传统教育以教师为主导的模式在一定意义上也符合"以人为本"的理念。但高校进行思想政治教育的目的是培养学生，因此"以学生为本"才是真正正确的方向。当学生成为思想政治教育主体后，思想政治教育的效果便能得到很大改观。长期以来，我国高校的思想政治教育是"以教师为本"来开展的。教师的重要地位毋庸置疑，没有教师支撑教育活动就难以有效开展思想政治教育，但如果片面强调教师的作用与地位而将学生放在客体上，就会对学生的积极性形成打击，使其自我意识与自主能力得不到良性唤醒与提高。在"以教师为本"的理念下，教师是绝对的权威者，他们可以基于自身要求向学生发号施令，并要求学生按照既定计划进行学习。可以说整个过程充满强制性，学生成为被动接收的容器，只能被动灌输，而不能主动有所作为。这种做法严重背离了"以人为本"的教育理念，也与多元文化背景下大学生主体意识凸显存在冲突，必然会削弱高校思想政治教育效果。

### （三）强调"共性"的教育理念受到注重"个性"培养理念的挑战

高校的思想政治教育要深入贯彻以学生为本的理念，尊重学生的诉求与个性发展要求。在这一过程中，扭转"共性"是重要环节。但是在我国传统的思想政治教育中，要求统一、整齐划一是重要规划理念，表面看来，统一行动、统一行为、统一形象会带给人们良好的观感，但大学生是具有差异的，强制追求统一会弱化个性空间。这与因材施教教育理念相违背。大学生正处于成长关键时期，用统一标准去引领大学生的成长会产生诸多不利影响。在实际情况下，统一性现象主要表现在以下三个方面。一是教材统一。统一的教材难以满足大学生的多种需要和兴趣，必然会阻碍大学生进取意识的培养，使其创造力与各项发展受到不良影响。二是教育目标统一。在高校的思想政治教育中，教育目标会呈现出显著的政治色彩，用以满足国家与社会发展的政治要求。这样一来，大学生便会沦为工具人，凡是与国家与社会发展相关的内容都能得到培养，不相关内容就会被剔除，进而造成学生个人发展与全面发展受到阻碍。三是教师作用统一。教育者要基于学生的兴趣、需求等采取针对性引导方式，进而调动他们的能动性与主动性，让他们在思想政治教育中与教师互动交流。但在实际情况下，很多教育者在上课之前已经确定了自身的作用空间，但往往与受教育者的实际需求是不相符的，因此这种教育方式必然会受到严峻挑战，只有积极调整自身作用空间，对学生表现出足够尊重才能让学生获得更大益处。

## 二、多元文化对大学生思想政治教育目标的影响

思想政治教育目标由教育者制定，在制定过程中，社会需求、受教育者思想实际均是重要参考对象，而当教育目标实现后，思想政治教育活动会在其引导下顺利开展。目标既是出发点也是最终归宿，对于思想政治教育来说这一点十分关键。目标定位正确既能为思想政治教育方向评估提供依据，也能为学生选择行之有效的发展途径进行指导。从目前情况来看，我国高校的思想政治教育目标主要包括六个方面的内容，分别是政治方向、理论素养、

为人民服务思想、道德品质、健康心理、高尚审美。这些目标符合社会主义事业的建设要求，只要通过行之有效的培养体系来贯彻落实，便能培养出大量高质量的优秀人才。但是实际情况却不尽如人意，在诸多因素共同作用下，大学生思想政治教育功能得不到良好发挥，对其实效性也是影响甚大。

这并不是否定我国大学生思想政治教育的功绩。从实际情况来看，我国大学生思想政治教育的确在人才培养方面作出了重大贡献，并且所形成的教育目标也在指导人才培养模式进行革新。但是在经济全球化和多元文化背景下，高校的思想政治教育大环境变得错综复杂，使大学生的思想观念、心理状态等均发生了很多变化。在当前教育目标中，很多内容仍是延续计划经济时代所提出的内容，虽然其中有些内容依旧具有参考价值，但也不能直接照搬应用，否则会造成教育目标脱离实际，难以符合时代发展要求。主要表现在以下四点。

一是目标定位过于抽象化。思想政治教育既是动态的也是具体的，相应目标在进行定位时也要动态进行。宏观层面的目标提供宏观引导，确保思想政治教育大方向不出现错误，比如"又红又专""社会主义事业的建设者和接班人"便是典型的宏观目标。只有宏观目标尚不够，还要融入具体目标进行具体与针对性指导。具体目标制定也要经过多个程序，比如基于时代变化找寻存在问题是重要程序之一，当找出问题后，目标制定便会拥有足够依据。在多元文化背景下，西方思潮大肆袭来，大学生的自我关注意识不断提升，越来越热衷于个性发展与追求个人利益。以这些内容为依据制定教育目标主要起到正向服务作用，除此之外还要从负面影响层面进行分析探讨。传统的高校思想政治教育目标定位在很多方面存在问题，表现在不够具体、不够实际、不够与时俱进，如果这些问题得不到解决，高校在面临多元文化所造成的负面影响时便难以有效应对。大学生的实际需要、问题困惑等也难以得到满足和解决，大学生在思想政治教育课堂上所接受的往往是过分抽象的思想政治理论内容，不仅引导效果不佳，而且难以发挥思想政治教育应有的激励作用。

二是目标定位过分政治化。高校是我国开展创新事业、培养创新人才的重要基地，在推动社会进步与人的全面发展方面承担着重要使命。因此，高校的思想政治教育要把正确方向作为重要入手点，确保所培养的人才能够忠实地为祖国服务，并成为坚持人民利益高于一切的高尚人才。这样的目标无论在什么时候都不会过时。但是高校的思想政治教育会涵盖多层次多角度内容，如果只突出政治素质要求，就会对内容价值有所削弱，更重要的是必然制约人的全面发展，造成培养出的人才存在畸形现象，为社会发展埋下隐患。另外，传统的思想政治教育会突出强调社会价值，认为社会价值高于一切。这样的观点与目标体系在改革开放之前或许可行，但是在改革开放之后的当今多元文化时代则已过时，因为当代大学生所接收的信息是多种多样的，其中注重主体意识的内容更容易受到他们欢迎，并逐步以价值观形式在大脑中夯实。如果高校的思想政治教育对于大学生本身缺乏关注，而只是一味突出强调政治化目标，必然会引起当代大学生的不满与排斥，进而难以积极主动地参与思想政治教育过程，影响思想政治教育实效性是必然的。

三是目标定位过于单一化。高校思想政治教育所教育和培养的是"人"，而纵观整个世界，根本不存在一模一样完全相同的"人"。因此，高校思想政治教育所面对的教育对象是多种多样的，在这些教育对象中，不同的人在思想政治状况方面会表现出差异，因此必须依托差异规划教育途径。多元文化背景下，大学生的思想观念在得到丰富的同时也会受到冲击，这使得多样化价值观并不稳定，而是会呈现层次性与差异性。这就要求高校思想政治教育在制定目标时不能太过单一，而是要展现层次性，用于满足不同层次大学生的需求。然而，传统的高校思想政治教育在目标制定上视野较窄，往往只调研大学生的共性需求，而对于大学生的个性需求不够重视，尤其是大学生思想层次不同，如果简单以统一目标进行引导，必然难以满足大学生的需求。大学生的创造性就会在这一过程中被扼杀，那些听起来"高大上"的目标会因为脱离大学生的实际需求而缩水。从更高层次分析，目标定位单一会与高校思想政治教育培养全面发展的人的宗旨相背离，自身价值与作用会大打折扣。

四是目标定位的超现实性。从目前来看，高校思想政治教育的目标一经提出便已经确定，虽然随着时代发展也有所变动，但总体来看没有太大变化。这样的培养目标可以归入传统目标范畴，主要为传统的思想政治教育服务。传统的思想政治教育将注重集体利益、甘于为集体奉献的大公无私人才作为培养重点，这样的目标与现实生活结合后具有超现实性特征，根本不能实现。对于大学生来说，他们应该向那些方向努力，但如果要求他们必须达到则是不现实的。大学生是国家的未来，担负着民族振兴的重要使命，因此高校的思想政治教育在制定教育目标时可以在合理空间内提升层次，比如将"合格好公民"上升为"具有创新性思维的好公民"，所产生的层次变化不仅明晰，而且实现空间很大。但是有些词不适宜使用，比如"大公无私""公而忘私"等词主要用于形容品质极高的人，若应用于高校的思想政治教育目标之中，就会因为要求太高而使目标失去指导价值。

以上所存在的问题对我国高校思想政治教育的实效性造成了诸多不良影响，而在多元文化背景下，高校的思想政治教育目标需要在解决既有问题的基础上制定新的目标以满足当下需求，否则目标定位挑战会持续存在。

### 三、多元文化对高校教育者素质的影响

教师承担着传道、授业、解惑的职责，而想要切实承担这些职责就必须有与之匹配的渊博知识与能力素质。此处谈到的高校教育者是指高校中的全体教师，这与研究高校思想政治教育工作者素质的影响并不冲突，因为思想政治教育责任应该由全体教师共同担起，其中任何一个教师素质出现不到位现象都会对大学生思想政治教育的实效性产生诸多影响。秉承全员育人理念，高校教师要认真对待教育活动，并对学生思想、知识、心理等相关情况进行调研，而后采取针对性应对举措。在多元文化背景下，高校思想政治教

育的外部环境和大学生的相关情况均发生了很大变化，要求高校教师向更高的综合素质水平进发，以更好地应对变化，为取得良好的思想政治教育效果作出贡献。

### （一）高校教师知识结构不完善

高校教师的知识结构包括专业知识、人文知识、自然科学知识、教育科学知识等，这些知识都应掌握，才能使高校教师具有更高素质。在当代知识经济社会中处处是知识，人人都能从中学习，而对于教师来说，他们更应该通过学习达到更高的知识水平，这样才能在教育过程中充分发挥自身价值。比如，当下大学生的知识储备更加丰富，并且由于跨学科交叉现象突出，又会不断产生新的知识内容，这就要求教师不能自满自足，而是要不断地学习充实自己。对于学生来说，他们对更有知识的教师会表现出敬重，除了知识素养外，教学过程是否生动、教学态度是否平易近人等也会产生诸多影响。在知识层面，教师所要掌握的除了专业知识外，其他相关学科知识也要广泛涉猎，尤其对其中有利于专业发展的知识要着重对待。除了知识外，教育技术、技能也要引入，支撑教师开展高质量现代媒体教学。教师知识结构得到优化后，传达专业理论知识便有了更多底气，能够通过灵活应用、举一反三等方式向学生传达。当前，我国高校教师队伍在知识结构上存在很多问题，主要表现在以下三个方面。

一是专业知识不够精深。高等教育表现出更强的专业性，因此教师需要具有专业知识，并且具有较深的掌握程度，能够向学生准确、高质量地传达。专业知识的"深"主要体现为教师对相关知识内容的发展状况、应用状况等深入探究，达到更高水平；专业知识的"广"体现为教师对专业内具有相关性知识的全盘了解。随着时代发展与时间的推移，教师的专业知识也要相应更新，这样才能始终承担育人者角色。由于多种因素影响，我国高校教师队伍存在专业素质参差不齐的现象，比如有的教师理论水平较低、有的教师业务能力不足等。在传统教育中，由于学生获取知识的渠道较为单一，加之教育环境相对封闭，学生所能获得的知识总量是有限的，因此教师往往具有权威性。随着多元文化形势演变及信息技术高速发展，学生获取知识的渠道更加丰富，尤其是通过网络渠道学生几乎可以获取自己想知道的任何知识内容。这样一来，大学生的知识水平与高校教师的差距会缩小，教师曾经的知识权威性会受到挑战，如果教师不思进取，学生超过教师指日可待。另外，当今社会知识更新速度加快，今日之知识可能到明日便会过时，因此要求教师了解知识发展动态，及时根据知识过时情况进行补足。

二是其他领域知识不够广博。教师的知识结构要完善，各类知识都要融入其中，总体而言，人文科学知识与自然科学知识能够对所有知识内容进行概括，这两种知识具有对立关系，但也能同时获得，并通过互补互助发挥更大的价值。由此可知，知识之间是具有关联的。高校教师除了要掌握本专业的知识外，还要学习其他领域的知识。这一学习过程是教师全面发展的过程。在多元文化背景下，大学生不仅视野开阔，知识面也大幅扩展，因此要求教师在知识修养上必须达到更高水平，才能与学生良好沟通交流。但实际情况却是部分教师对本专业之外的知识知之甚少，甚至完全不懂，这必然会影响知识传授的效果，进而对人才培养质量造成影响。

三是教育科学理论知识贫乏。高等教育以培养高素质人才为目标，而在诸多素质中，思想政治素质是重要组成部分。思想政治素质提升需要过程，并且要遵循相应的教育规律。对于教师来说，他们要掌握教育规律，而后在这些规律的基础上指导与引导学生。在多元文化背景下，大学生主体性增强，对个性发展更为重视，并且拥有多种价值观念。这就要求教师对大学生的身心发展规律进行深入了解，而后在科学合理的教育理念下运用相应教育方法，助力学生全面健康发展。当前部分教师知识结构不完善，教育实践方面也没有遵循教育规律，因此想要在教学中作出贡献是不现实的。

**（二）高校教师的能力水平不高**

在多元文化背景下，大学生所能接触到的知识更加广泛，因此知识储备更丰富，加之个性发展势头强劲，形成了更为出众的自我意识。在这一情况下，高校思想政治教育想要获得良好效果，不仅需要教师具备完善的知识结构，还要能力达标，将能力与知识结合从而完成教学。具体来说，能力方面包括教学能力、组织能力、创新能力、思想政治知识转化能力等。高校教师作为育人者，向学生传达知识是他们的基本工作，而想要引导学生将知识转化为能力，就要在教学方法上进行创新。以上提到的几种能力通常是互相交融的，比如教学能力的发挥要得到组织能力、实际操作能力等能力素质的支持。但是当前很多教师的能力水平不尽如人意，难以满足高校思想政治教育的新要求，主要表现在以下四个方面。

一是教学能力水平不高。教学能力是指教师将创意等付诸教学过程中并让学生在实践中应用知识的能力，在具体实施时，教师要善于灵活应用，并且要以学生接受效果为入手点，尽最大努力将知识传达给学生，而后帮助学生消化知识，使之融入学生的知识结构中，进而为帮助学生分析问题、解决问题等提供支撑。教学能力不一而足，只要能够对教学效果起到正面作用的能力均能归入其中，如语言表达能力、信息技术使用能力等是典型例子。在现实情况下，部分教师存在能力不对等现象，表现为有的能力较强，有的能力很弱。不同能力之间应该通过相互支撑来发挥作用，如果某种能力不足，即便其他能力十分出色，也难以获得良好的教学效果，比如有的教师知识渊博、知识结构完善，但由于口头表达能力不足而造成知识传达受阻。

二是组织能力水平不高。组织能力是一种重要能力，因为教师所要面对的是所有学生，如果不能良好组织，就会造成混乱。教学过程十分复杂，最为基本的是教学内容、教学形式与教学步骤，只有将这些环节联动起来才能发挥更大的作用。由此可知，组织能力并非全部作用于学生，教学环节也可以作为组织对象。在多元文化背景下，由于教育环境与大学生思想状况不断变化，高校教师的组织能力也要向更高层次进发。但是部分高校教师并不具备足够的组织能力，通常是空有知识，却因为组织能力不够而难以充分传达。

三是创新能力水平较低。创新能力也会发生在教学过程中，它的作用更为灵活，并且在多个维度上存在和发展。创新能力考验教师的观察能力、信息捕捉能力等，比如在思想政治教育中，教师要指出不合理内容，并要求学生在这一基础上进行创新，即便没有具体直观的创新内容，只要提出推测与设想也能起到锻炼人的作用。外来文化思想的融入为创新能力提升创造了良好环境，但与此同时教育环境也变得错综复杂，这使得创新难度大幅增加，需要综合考量才能在创新层面获得一定效果。教育观念、教育方法、教育内容等均与创新能力密切相关，但在实际情况中很多教师虽然观念上能认识到创新的重要性，但实际创新能力不足，导致教学方法单一，难以满足学生新的需求。

四是思想政治知识转化的能力较差。有学者曾对人的发展进行过论述，认为人的发展不能只依靠专业知识，还要从内在进行优化，如此才能内外互补，向更和谐的方向进发。当代大学生即将走入社会并参与国家建设过程，他们所要成为的应是完整的人，而不是为建设服务的机器。这就要求教师在传达思想政治知识时不能只告知知识，还应循循善诱，将知识转化为学生的内在素质，引导他们树立正确的价值观，进而在国家建设中保持正确的政治立场，并依托自身聪明才智为国家建设贡献力量。

在新的形势下，高校教师的素质水平如何直接关系其能否在教育领域发挥应有作用。素质培养更重内在，如思想品德、心理承受能力等是重要基本素质，当这些素质得到夯实后，其他素质如科学文化素质、专业技术素质等才能得到良好培养。高校教师所要具备的能力与素质多种多样，完善的知识结构、较强的工作能力、高尚品德、健康心理、强烈的事业心、高度责任感等缺一不可。总而言之，在多元文化背景下，教育环境和大学生的实际状况必然会发生复杂变化，进而给高校思想政治教育带来新的挑战，高校教师必须从教育内容、教育方法、教育理念、培养目标等方面充分着力才能应对挑战。

# 第三节　多元文化对大学生的影响

多元文化不断发展，社会各个领域在其带动下不断发生变化，有的领域的变化较为浅显，有的领域的变化则十分深刻。生活或工作于其中的人都会受到影响，尤其是思想层面的影响更加深刻。当代大学生作为思维活跃、智商高的群体，能够更为敏感地感知到社会变化与思想变革，进而使他们也有所转变。从角色作用上分析，当代大学生既是多元文化形势的积极响应者，同时也是有力推动者。他们的思想观念在不断演变，演变速度快，并且表现出敏锐性与直接性。但需要注意的是，大学生身心各方面尚不成熟，需要经过千磨万击才能成为合格的大学生。很多大学生忧国忧民，不断激励自己自强不息，对国家建设与发展表现出极强的责任感。但是在面对多元文化冲击时，部分大学生难以坚守底线，出现了理想信念、价值取向、道德观念、行为方式、社会心理等方面的巨大变化，并由此引发了不同程度的政治信仰迷茫、理想信念模糊、价值取向扭曲、诚信意识淡薄、社会责任感缺乏、艰苦奋斗精神淡化、团结协作观念较差、心理素质欠佳等问题。

## 一、多元文化对当代大学生理想信念的影响

人不能没有理想信念，有了它才能有行动的动力，才能在困难之时坚定向前，顺利之时守住初心，同样，一个民族有理想信念才能走向繁荣昌盛。理想信念需要通过教育渠道来强化，使之变成人们的内在信仰与行为准则，进而遵照执行。我国作为社会主义国家，勇往直前，取得了举世瞩目的发展成就。这与理想信念坚定有着密切关系。未来的路还很长，国家建设需要人才支撑，理想信念教育必须融入人才培养过程中，让人才在国家建设中能够方向明确、脚步坚定。在多元文化背景下，高校对思想政治教育进行了改革

创新，不仅进一步坚定了党在高校思想政治教育中的指导地位，而且教育内容融入了理想信念内容，在夯实大学生理想信念方面取得了一定成绩，但是多元文化的消极影响却难以在短期内消除，比如大学生由于思想更为独立、个性选择更为坚定，会对自身想法与观点抱以较高程度的认可，使得理想信念在主观融入过程中遇到阻碍，进而造成部分学生理想信念不够坚定，对社会主义事业不够笃定，表现出明显的政治信仰迷茫、理想信念模糊等状态。

一是多元文化弱化了大学生的政治观念。在多元文化背景下，西方文化中的腐朽思潮不断渗入我国大学校园，对思想活跃、好奇心强的大学生形成了思想上的冲击，进而使其人生态度、价值观念等发生转变，开始更为关注个人价值，并将物质享受作为实现个人价值的重要标准。在这样的状态下，大学生的政治鉴别力会模糊弱化，进而使得政治观念淡化、政治立场动摇。西方发达资本主义国家通过多元文化渠道向我国渗透价值观，企图将我国"西化"和"分化"。在对大学生的调查中发现，能够清晰懂得社会主义与资本主义关系并预测走向的学生占比较少，这在一定程度上说明部分大学生政治素质较差，难以对与政治存在关联的相关事务获得透彻认知与了解。这些均成为大学生政治素质和意识较为淡薄的背后原因，在这种状态下，学生对待政治利益时会存在逃避性心理，不想承担与政治利益相关的社会责任。这就要求高校对学生进行引导，使每个学生均得到正常发展。

二是多元文化使大学生的社会理想信念模糊。当前，多数大学生树立了坚定的社会主义和共产主义理想理念，并且在规划人生前途时会与国家前途联系起来。但是由于多元文化的影响，大学生的社会理想信念面临诸多冲击。西方国家妄图推翻社会主义制度与灭亡我国，为了达到这些目标会通过互联网、广播、电影等渠道进行文化宣传，并且十分关注我国在建设发展过程中出现的问题，一旦发现问题西方国家便会进行大肆攻击与抹黑。腐蚀作用客观存在，在调查中发现一些大学生对马列主义、毛泽东思想等思想政治理论表现出质疑，甚至对中国特色社会主义道路表示怀疑。一旦大学生的理想信念出现问题，就意味着高校的思想政治教育没有做到位。

三是多元文化动摇了部分大学生的理想信念。绝大部分大学生已经建立起坚定的社会理想信念，并且通过不断努力来为社会主义国家发展提供支持。其中有一小部分大学生被西方文化中的拜金主义、实用主义、享乐主义、消费主义等腐朽思潮影响，使他们改变了生活、学习方式。这便是西方敌对势力想要达到的目标。而且西方敌对势力要的不是这样简单的暂时扭转，而是将"腐化堕落"作为重要途径，目的是消磨我国民众的意志，进而使他们在国家建设中变得颓废，难以作出应有贡献。比如，有的大学生将集体主义、社会责任等置之脑后，一心只为自身利益而采取多种行动，使自身理想信念不清晰、不坚定。

## 二、多元文化对当代大学生价值观念的影响

大学时期是大学生逐步走向成熟的时期，学生们不再依赖家长与教师，而是向往独立，希望自己能闯出一片天地。这一时期的大学生更加需要价值观的引领，因为一旦被错误价值观侵蚀，学生就会产生浓厚的兴趣。这一过程必须有教师的引导，但是引导方式需科学规划，如此才能引导大学生树立正确的世界观、人生观和价值观。在多元文化背景下，大学生有足够时间来吸收各类文化精华充实自我，尤其是其中的个人平等、个人权利、个人奋斗等内容能够激发大学生对个性发展的关注，在一定程度上弥补了我国思想政治教育过度强调集体主义的不足。另外，多元文化会造成大学生价值观多样化，一方面能够为大学生丰富价值取向提供素材，让大学生在更加精彩的精神世界中遨游；另一方面如果价值观中存在负面内容，就会导致大学生的思想和行为出现差错。对多元文化在大学生价值观发展中的双重作用进行研究能够帮助高校在思想政治教育中采取更适宜的举措，以彰显多元文化优势与改进多元文化不足。

一是多元文化会消解社会主导价值。多元文化不断向前发展，大学生能够看到更加精彩的世界，心态会更加开放，自由性也会得到提升，这为外来

价值理念大规模涌入创造了条件，使学生的价值观念变得更加多元。不同价值观念具有差异，但是当它们作用于不同领域并得到大学生的认可后，大学生的价值观便会丰富多样，不同价值理念之间会因为领域不同而产生冲突。大学生的价值观形成时，多元价值理念或被动或主动与学生形成关联，有的会产生冲击，有的只是提供营养。以美国为首的西方发达资本主义国家国际霸权之心不死，凭借经济、科技等方面的优势对其他国家施加压力，文化思潮、文化产品等顺着经济与科技渠道进入他国，而后开始文化渗透和侵略。腐蚀与消解他国民众的坚强信念是他们的重要目标，因为实现这一目标意味着目的国的国民已经变得颓废无比、萎靡不振，难以支撑国家与民族发展。在腐朽思想的冲击下，原本倡导积极向上并且守正笃实的主流价值观被不断消解，而那些看似上不得台面、充斥强烈扭曲腐朽气息的思想观念却开始粉墨登场，如一些红色影片被恶意改编、英雄人物被抹黑诋毁等。这些都会对大学生的思想观念产生强烈冲击，然后逐步转化成行为。

二是多元文化带给大学生多种价值观念，他们在进行选择与判断时会产生困惑心理。多元价值观中往往存在同一事件不同评判视角的现象，比如对于"人生意义"的评价，有的价值观念认为"人生短暂，人活着应该尽力为国家和社会作贡献，这样才能体现人生意义"，而有的价值观念则认为"人生应想方设法多赚点钱，确保自身生活质量才是人生意义所在"，两种观点其实都有一定道理，只是角度不同，因此在判断价值观念正确与否时往往没有最佳答案。

三是多元文化导致大学生价值选择的迷茫。在计划经济时期，人们会在一定的价值体系中规范自身行为，并且人们对单位和集体十分尊重，因为一旦离开集体便难以生存下去。这样一来，集体主义价值观就在人们心目中占据了重要地位，并且不会被质疑。但在文化多元背景下，过去的价值观体系逐步被多元多样的社会潮流瓦解，而后形成多种多样新的价值体系与内容。这能为大学生提供选择空间，为他们获得更好的个性发展提供助力，但是由于大学生的甄别能力有限，加之价值观念多样且摧毁了原有的价值体系标准，造成大学生在面对多种多样价值观念时表现出困惑与迷茫，不知道应该怎么选。另外，大学生内部道德会产生约束作用，如内部道德品质与诉求、价值观念存在冲突与矛盾时，大学生会表现出一定的迟疑态度，不清楚应该向哪一方靠拢。比如，集体主义价值观在遭到批判与消解后，个人主义价值观走上舞台，对于大学生来说，他们一方面会对有利于个人利益追求的个人主义价值观有所趋向，但是过往的教育又告诉他们为集体作贡献是品德高尚的行为，如此对抗之下，大学生往往不知道应该怎么选。

四是多元文化造成价值标准多样化。在文化发展过程中，价值观处于核心地位，也是文化生命力是否旺盛的重要决定因素。不同文化对应于不同的价值观与价值标准，因此在多元文化背景下，文化价值取向会变得丰富多样，不再局限于人们过去所能理解与接受的范围，所形成的新的价值观与价值标准会更加多样。对于大学生来说，他们能够基于自身个性与兴趣选择某种文化及文化所对应的价值观，但在使用价值观对自身的思想行为评价时，会因为价值标准多样化而难以获得准确结果，而正是这一不确定性，造成看似相对立的行为可以同时共存，比如奉献与索取、大方与自私、享乐与磨砺等。

### 三、多元文化对当代大学生思想道德的影响

大学生是国家未来建设的主力军，是中华民族复兴与向更高层次发展的支撑力量。大学生的思想政治水平、道德品质等会对国家与民族建设价值产生重要影响，甚至会直接决定国家和民族的前途命运。党中央针对大学生的思想政治教育提出了更为具体的教育准则，从价值宗旨到行为原则再到具体道德品质明确阐释。在这一内容指导下，我国大学生的思想道德水平处于较高层次，但是随着多元文化的持续影响，一些腐朽堕落的价值观不断融入其中，造成部分学生思想道德水平出现下滑。

一是多元文化使大学生道德认知趋向模糊。道德认知的主要作用是判断道德品质高尚与否，道德认知足够正确，判断结果也会正确，进而所产生

的善与恶、对与错、爱与恨等情感会极为分明，然后对自身行为产生正确指导。而在多元文化背景下，社会生活各个领域充斥了大量新的价值观念和道德标准，由于大学生的判断能力尚不成熟，在道德认知方面，学生也会感觉迷茫，难以清晰辨别善恶、对错、爱恨等，进而使价值取向紊乱，内心充满困惑，如果不能及时进行指导，大学生必然会迷失其中。在调查中发现，很多大学生在回答如何判断道德行为时选择"个人的良心"，说明这部分大学生在道德判断上相信自己，迷失症状不明显；除了这一选择外，也有一些大学生选择参考外部意见，如同学的意见、权威人士的意见、父母的意见、书本上的意见等，说明这部分学生的道德认知受外界因素影响较大，在遇到实际问题时四处征求意见，而外部意见如果多重交叉，就会使学生更加难以作出判断，表现出是非不明的道德模糊状态。

二是多元文化会造成大学生道德情感冷漠。道德情感的强弱程度是由道德意志决定的，并通过道德行为予以落实。因此，想要提升一个人的道德素质，增强其道德情感是重要途径之一。从目前情况来看，几乎所有大学生会在他人需要帮助时产生"伸出援助之手"的想法，只是其中有一部分没有转化为实际行动。以2008年汶川大地震为例，当时希望参与抗震救灾的大学生踊跃报名，参与形式各有不同，这说明大学生对国家是热爱的，对身处灾难中的同胞是同情的。同时我们也要承认，西方实用主义、功利主义、极端个人主义的思潮在无形中影响了大学生的心理认知，当这类影响不断扩大后，就会逐步演化为自私自利的思维模式，进而对他人或社会表现出淡漠的道德情感。

三是多元文化使大学生道德实践效果较差。道德实践是道德表现的最终阶段，也是衡量道德表现的重要指标。道德实践会受到个体意识支配，而后将具有道德意义的行为落实为真正行为。道德品质在没有经过实践之前往往难以准确评判，同时道德实践也会受到道德品质的制约。比如，一个人的思想道德品质较高，他会更准确地判断一件事情的对与错，然后依托产生的道德情感与道德意志转化为能够趋善避恶的道德实践。在多元文化背景下，大学生注重自我甚至以自我为中心的思维模式会降低道德认知水平，在判断某件事情对与错时容易将自身代入其中，使自身利益与该件事产生关联，如此一来，道德判断便会受到主观影响，之后的道德情感、道德意志、道德实践也会在主观影响下效果不佳。从实际情况来看，很多大学生将绝大部分精力放在了个人价值实现上，而对于他人、社会等则没有表现出足够的责任意识，虽然在遇到不道德行为时也能作出正确判断，但会因为自私自利思想而弱化道德实践效果。

### 四、多元文化对当代大学生行为方式的影响

在心理学中，一个人行为动机的产生来源于心理反应，心理反应则是思想认知的变形，当行为动机越来越强后，具体行为便会产生，之后，具体行为又会反过来继续强化行为动机，并作用于思想观念，使思想认知得到加强。这能揭示人的思想与行为作用原理，即思想是动机的源头，动机是行为的推动力；反过来，行为是动机的强化剂，动机又是思想深化的助力元素。因此，行为方式的形成会受到多种因素影响，思想、价值观、动机等是重要影响因素。在多元文化背景下，当代大学生的行为方式出现了诸多变化，总体来看并没有脱离社会发展趋势，但从个体来看，一些大学生会因为受到西方功利主义、消费主义、极端个人主义等思潮影响而产生行为方式的较大偏离，比如有的大学生为了增加自身收益而在行为方式中融入更多"实用主义"色彩。另外，有的大学生出现思想和行为不统一的现象，比如有的大学生在谈到社会上的丑恶现象、不良行时为大加斥责，展现出非常正面的形象，但是当自身真正遇到后却软了起来，甚至会加入其中。

一是政治参与意识淡化。西方享乐主义、功利主义、极端个人主义的思潮极具腐化效果，能够让人产生只重自己而忽视周遭一切的思想观念，甚至有时候会展现出目空一切、不关心任何事物的姿态。对于大学生来说，近年来由于就业压力非常大，造成大学生思想压力不断增大，对于自身发展会不

断去思考与探索，而对他人则较为冷漠，甚至因为"内卷"严重而做出伤害他人的行为。总之，处处以自我为中心是这类人的思想行为风格，社会、政治和他人只是周遭陪衬，不会给予太多关注。这种思想行为风格在大学生中逐步扩大后，驱动"去政治化"和"去道德化"成为流行风尚，如果某大学生对政治或道德表现出较多热情，便会成为其他学生眼中的"异类"，继而遭到他们的嘲笑和讥讽。

二是道德实践意识减弱。道德实践对于提升道德判断能力、形成良好道德规范具有重要促进作用，大学生应该重视这一点，使自身道德品质达到更高水平。但是在西方腐朽思潮的冲击之下，当代大学生将更多注意力放在个人价值实现上，对于周遭事物往往十分冷漠，比如有的大学生在参与集体活动时，往往很少考虑他人的感受与利益，以图书馆场景为例，有大学生在图书馆使用笔记本电脑时为了保持电源线清洁，便在下面垫上一层纸进行保护，但是他在活动过程中却对他人的笔记本电源线肆意踩踏，当他人指出他行为不当时，非但不道歉，还表现出一副能奈我何的姿态。虽然这只是一件小事，但也能以小见大，看出这名学生道德品行不佳。道德品质能判定一个人是否值得交往。在道德品质中，诚信是重要内容。一个人足够诚信，周边人便愿意与他交往，当他进入社会后也容易获得社会信赖。无论是本土文化还是国外文化中，都有强调诚信重要性的内容，但是在市场经济背景下，不诚信的行为不断增多，比如商场上的尔虞我诈便是不诚信行为的典型例子，还有的人为了追求私利欺骗他人，大学生中也有一些不诚信行为，如作业抄袭、考场作弊、伪造证书等，这样的学生进入社会后，其诚信问题会成为他们发展道路上的绊脚石。

三是追求物质利益和享受。改革开放后，我国逐渐建立起社会主义市场经济体制，人民的物质生活水平得到了快速发展与提升，极大地满足了人们的物质利益追求。但是在西方消极腐朽思想的影响下，人们对于物质利益的追求和享受愈演愈烈，表现为注重经济利益和实惠，做任何事都将经济利益放在第一位置，而在享受层面，消费乱象是重要表现，比如有的学生超前消费、过度消费，还会将名牌服装等高价格商品作为主要消费内容。由于大学生没有收入，消费开支主要是由父母承担，而很多学生在大手大脚花钱时丝毫没有愧疚之意，认为这是父母应该做的。常言道，"由俭入奢易，由奢入俭难"，大学生养成不良消费习惯后，会对未来生活造成诸多负面影响，使未来的生活压力增加。西方社会中的消费主义思潮影响很大，因此高校必须在大学生思想政治教育中采取行之有效的措施，避免学生深受其害。

### 五、多元文化对当代大学生心理状态的影响

心理素质是人的重要素质之一，是衡量学生心理健康状况的重要指标。心理素质越强，越能够抵抗外界的不良影响，进而保持心理健康。心理越健康，大学生在未来发展中越不容易步入歧途。加强大学生心理引导，对于塑造大学生心理健康意义重大，并且也能为大学生全面发展与综合素质提升作出贡献。目前，各大高校均开设了心理教育相关课程，在心理引导与调节方面起到了一定作用，但是在多元文化背景下，大学生的心理不断产生变化，对此，对大学生进行思想政治教育必须予以认真应对。

一是多元文化导致大学生的择业心理更加现实。在市场经济形势下，追求更大利益与收益是个人与企业发展的重要目标，而在西方文化实用主义、拜金主义等思潮影响下，这一趋势更为明显。人们逐渐将经济利益放在重要地位，并且与个人利益、个性发展等建立紧密关联。在这种情况下，大学生的择业心理发生了变化，他们在选择职业时，更多的是考虑自身发展前景与获益空间，而很少从国家和社会层面进行考量。

二是多元文化导致大学生政治心理淡漠。在多元文化背景下，人生价值评价向多维度发展，政治价值只是其中一种。大学生对于人生价值的考量更多是从功利性层面进行，如果收入高、工作环境好、工作比较有前途等成为现实，往往意味着这份工作在实现人生价值方面作出了贡献。"去政治化"是当前大学生在选择工作、参与相关活动等行为中的重要理念，充分说明大

学生政治心理趋向淡漠。

三是多元文化导致大学生产生追求物质消费的心理。大学生在消费主义、实用主义、拜金主义等思潮影响下，消费观念和消费心理均产生变化，比如在消费过程中，原先会将商品使用价值作为重点关注对象，而在如今的消费场域中，使用价值依然会被关注，但不再是主导，人们更为关注商品内涵与消费行为背后的象征意义，目的是通过消费来彰显财富、地位与身份。这样就会让大学生产生攀比心理，而当大部分精力花在这些方面后，思想塑造、价值观学习与学业必然受到不良影响。

四是多元文化导致大学生产生更实际的婚恋心理。从爱情到婚姻是人生步入成熟阶段的重要表征，人们能在这一过程中得到锻炼。由于受到西方不良文化思潮的影响，当代大学生的婚恋心理发生了很大变化，爱情由"无价"变为"有价"。有的学生在金钱驱使下开启不道德爱情，还美其名曰"真爱"，实际上伤害了更多人也包括自己；有的学生在步入婚姻后以金钱付出多少来评判家庭地位，形成了充满铜臭气味的家庭氛围，对下一代成长会产生恶劣影响。

# 第六章　对当前我国大学生思想政治教育存在问题的审视

## 第一节　对大学生思想政治教育工作者的审视

### 一、对教师队伍的审视

#### （一）部分非思想政治理论课教师对思想政治教育认识存在偏差

大学生思想政治教育不是某一部分教师的责任，而是要全体教师共同承担，其中非思想政治理论课教师也要认识到这份责任与义务。但是从实际情况来看，部分教师并没有在思想政治教育方面取得良好成绩，究其原因，与他们对思想政治教育的重要性认识不足存在紧密关联。一方面，专业课教师有着自身本职工作，会将大部分精力放在对本职工作的研究与发展上，这会在下意识中形成排斥作用，比如对非本职课程之外的课程往往不涉及、不谈论、不研究。从学生层面分析，由于学生对专业课程产生浓厚兴趣，会对专业课程教师更加欢迎与喜爱，这会进一步加剧专业课教师重视本专业课程而忽视其他课程的动机。如此一来，专业课教师必然产生强大影响力，如果他们在教学过程中对思想政治教育表现出不重视甚至对立的情绪，就会造成学生跟风效仿，进而对思想政治教育更加抵触与排斥。另一方面，专业课教师会受到外在功利性的影响。从目前情况来看，大学生在就业时用人单位往往会对大学生的专业水平提出更高要求，而对思想政治水平却没有严格标准，这会使学生更加重视专业水平提升，而当这一需求反馈给高校和教师后，专业课教师会在专业培养方面付出更多精力，而将思想政治教育抛掷一边。在实际工作中，一些高校在办学理念中将"就业"作为核心要素，这种功利性较强的追求会对广大师生造成潜移默化的影响，使他们更重视能够满足他们功利性追求的专业课，而对思想政治教育不够重视。

## （二）部分思想政治理论课教师教学水平亟待提高

思想政治理论课教师是大学生思想政治教育的主力军，他们的教学水平会对思想政治教育效果产生重要影响。当前时代国内外环境复杂多变，大学生思想状况错综多样，要求思想政治理论课教师具备更高教学水平，能够通过行之有效的教学方式调动大学生的学习兴趣，让他们更好地接受思想政治教育熏陶。但实际情况是部分思想政治理论课教师的教学水平存在不足，主要表现在以下四个方面。一是专业知识深度不够。在调查中发现，很多高校的思想政治理论课教师存在学历偏低、年龄偏大等现象，其中学历偏低会制约教师的学术研究能力，也会影响教师对专业理论知识的掌握程度；年龄偏大会弱化教师队伍的活力，冲劲不足，往往会满足于现状而不思进取。目前，国内外形势风起云涌，思想政治教育知识也要随之调整革新，如果教师不能积极创新，必然造成教师的专业知识深度不够，难以承担起新形势下的思想政治教育任务。另外，当前环境下"重理工轻社科"现象十分显著，造成思想政治教育类专业招生困难，严重制约了思想政治教育队伍规模，也会因为高校重视程度不足使培养的教学人员素质良莠不齐。二是学科背景单一。在教学实践中，思想政治教育开展难度相对更高，原因在于这一教育要深入人心、直抵灵魂，仅仅传达思想政治知识是远远不够的。比如，有的学生"懂"思想政治知识，但未必代表他的思想政治水平很高。为了应对教学难度大的情况，思想政治教师要学习更多学科知识来重塑自身知识结构，而后转化为各种教学能力来优化思想政治教育效果。比如，思想政治教师除了要对教育学、哲学、政治学等与思想政治教育直接相关的学科知识进行掌握，还要学习经济学、心理学、逻辑学等学科知识，才能在思想政治教育中做得更好。三是"三贴近"能力不强。思想政治教育要随着时代发展不断革新，如此才能符合时代要求，培养出能为社会作出贡献的优秀人才。思想政治教育"三贴近"指的是贴近世情、贴近国情、贴近学情。只有充分贯彻"三贴近"，思想政治教育才会更具针对性并展现现实性，对学生产生更强的吸引力与说服力。"三贴近"能力不强与多种因素有关，比如一些教师对世界的认知往往有自身的局限，难以对世界形势与可能产生的影响力作出科学准确的判断；一些教师不主动了解社会发展情况，往往只是偶尔看看新闻、听听报道，而很少亲身参与，如参加下乡活动来了解乡村发展状况、参加社区实践了解社区具体动态等；很多教师与学生的关系十分疏远，课堂教学活动结束后，师生便各忙各的，不再联系，不利于教师了解学情，使教育过程没有针对性。四是教学成就感缺失。人们在完成一件事情后会获得成就感，而这份成就感除了让人感觉愉悦之外，还能发挥激励作用，让人们产生更大的激情。教师作为育人者，所获得的育人成就感会推动其不断向前，不仅产生更强的教学积极性，还能不断提升与完善自我。如果课堂之上学生精神不振，会带给教师深深的挫败感，使教学激情不再，也难有动力进行教学研究。教师的心态会反作用于课堂教学，使课堂教学不良现象继续存在并愈演愈烈，如此恶性循环，教学效果自然大打折扣。这一现象在大学生思想政治教育中普遍存在，因为思想政治教育往往枯燥无味，会让学生产生抵触与排斥心理。改变这种状况的关键在于教师，教师不能因为难以从学生处获得成就感而自暴自弃、停滞不前，那样便有违教师职业的神圣性。

**（三）思想政治理论课教师队伍外显和内隐的稳定性不强**

首先，兼职教师存在较强的流动性。目前，高校思想政治教育教师队伍由专职教师和兼职教师两部分组成，这种搭配能够扩大思想政治教育影响范围和优化教育效果，比如学生的思想动态可被及时了解与掌控，进而帮助教师采取针对性教育策略，但是这也埋下了思想政治教育队伍不稳定的隐患，一旦兼职教师离职，必然会影响大学生思想政治教育工作的正常开展。其次，在新的人事分配制度下，教师的"想法"多了起来，会为了追求自己想要的内容而不断做出选择，其中频繁转岗是重要表现。这会加剧思想政治教师队伍的流动性，使教师队伍结构不稳定。思想政治教育作为一项系统教育工程，需要教师队伍通力合作才能推动其良好运行，如果教师队伍成员不断变化，便会陷入合作关系不断重新构建与开启的循环中，必然不利于思想政治教育工作的开展。另外，教师频繁流动也会导致其他教师产生思想波动，内心容易产生转岗意愿。

### （四）思想政治理论课教师工作压力大

近年来，高校招生规模不断扩大，大学生总量不断提升，但是思想政治理论课教师总量却没有太大变化，造成师生比不断降低，意味着一名教师要面对更多学生。对于教师来说，这会增加他们的教学任务总量，但教师的精力是有限的，因而教学质量必然会出现下降。而且高校对教师考核更加严格，本意是希望通过严格考核来调动教师的主观能动性，但对于思想政治教师来说，严格考核会增加他们的工作压力，对于思想政治教育实效性产生不利影响。

## 二、对高校共青团组织的审视

中国共青团作为中国共产党的后备军，决定了其要在大学生思想政治教育中承担重要责任。高校十分重视共青团建设，多年来通过共青团举办、完成了很多思想政治活动，并且共青团是以青年人为主体，他们与大学生能够更好地沟通，有利于在思想政治教育中更好地引导大学生。但是共青团组织随着高等教育大众化推进其质量出现下降，使其在思想政治教育中出现了诸多问题。

### （一）高校共青团组织控制能力减弱

共青团的工作主要是开展各种思想政治教育活动，利用自身政治属性发挥思想政治引领功能。但是在实际工作中，由于共青团对自身定位越来越不准确，造成其在开展教育活动时陷入误区，比如有时过于重视活动的娱乐性而弱化政治引领性，有时又过于重视政治性而忽视大学生的接受程度。如何寻找平衡点是共青团所要解决的重要问题。既不能为了吸引大学生主动参与而融入太多娱乐化元素，也不能为了保证政治正确性而融入太多政治性元素。目前，共青团表现出的"两极分化"说明高校共青团组织控制能力有所减弱。共青团发展速度之快，这与共青团发展团员时审核门槛较低有密切关系，高校共青团组织虽然成员众多，但是共青团组织对他们的组织控制能力却不尽如人意，很多活动是由共青团本部人员全权负责，学生团员参与数量十分有限。

### （二）思想政治教育活动缺少系统性和连续性

系统形成需要建立在多种条件的基础上，比如预设规则，而后将具体要素融入其中，运行后便实现系统目标。在系统内部，相关元素之间存在相互联系与制约的关系，想要通过有效运行实现系统整体目标必须处理与应用好这些关系。从系统论视角分析，高校共青团要围绕思想政治教育目标对内部各种元素进行针对性处理，以实现呈现完整工作体系与工作载体的目标，进而为后续实际工作高效进行提供有力支撑。但是由于受到多种因素的影响，共青团组织往往会在走系统性道路过程中出现问题。比如，高校共青团要在学校的领导下开展工作，而学校领导并不唯一，如果领导之间没有达成共识，就会造成高校共青团组织在执行领导命令时无所适从，使工作效果大打折扣。另外，高校共青团在开展思想政治教育活动时存在自发性和强制性反差，导致内部工作人员难以获得成就感与满足感，如政治性薄弱、娱乐性较强的活动会让大学生自发参加，工作人员不用付出太多心血和努力，而政治性较强、娱乐性薄弱的活动往往依托强制性程序要求学生参加，工作人员同样不需要做很多工作。这样一来，高校共青团组织工作人员开展思想政治教育活动的积极性便会不断下降。

### （三）思想政治教育活动针对性不强

大学生思想政治教育不能"散弹打鸟，全凭运气"，而要展现针对性，通过有的放矢来使思想政治教育活动发挥更大作用。高校共青团组织在开展思想政治教育活动时往往只在宏观上进行针对性指导，具体到微观层面则针对性不足，如思想政治教育活动为哪部分学生服务、如何服务等问题往往得不到清晰阐释。从目前情况来看，高校共青团组织主要通过开展社会实践活动、志愿者服务活动、主题教育活动等发挥思想政治教育作用，这些活动对于大部分大学生是适宜的，大学生参与其中能够获得一定教育。但是在具体实行中，这些活动想要贯彻落实必须依托更为具体和细致的开展方案，而共青团组织往往不负责这一部分内容，而是将这一任务交给具体年级、班级等来做。这样一来，共青团组织对思想政治教育活动具体开展状况往往一无所知，只是一味按照年级、班级等提供的活动信息进行总结，因此很多思想政治教育活动虽然冠名"高校共青团组织"，但实际上却与共青团组织没有太大关系。如此发展下去，高校共青团组织会形成务虚重于务实的不良风气。

### （四）团干部业务能力和学术水平落差较大

团干部作为高校共青团组织开展思想政治教育活动时的重要组织者，其业务能力会对活动质量产生重要影响，其中组织能力、表达能力等最为突出。但仅有业务能力是不够的，还要具备足够的学术水平。通过学术研究不仅可以提升业务能力，还能对思想政治教育获得更深刻的认知。在实际工作中，很多团干部对学术研究不感兴趣，导致其学术水平与大学生相差无几。因此，想要设计出更具实效、更能对大学生产生作用的思想政治教育活动是困难的。通过调查发现，大部分团干部很少发表论文，申报科研项目者更是凤毛麟角。从原因上分析，团干部较为年轻，在学术研究上尚无作为；团组织内部没有形成良好的学术研究氛围，削弱了团干部参与学术研究的积极性；团干部对思想政治教育学术研究存在认知误区，比如一些团干部认为学术研究是一种"务虚"举动，不会对思想政治教育活动产生积极影响。

### 三、对辅导员队伍的审视

高校辅导员在大学生思想政治教育活动中发挥重要作用，由于他们经常与大学生接触，并且多是在生活场景中，因此会对学生提供更多生活辅导，并在这一基础上融入就业指导、心理辅导等内容。近年来，由于高校大幅扩招，辅导员队伍不断壮大，但是问题也在不断出现。

### （一）角色双重性导致职责冲突

辅导员在高校中具有双重身份：一种身份是教师，负责向学生传达思想政治知识；另一种身份是干部，负责管理与学生相关的事务。高校对辅导员给予了足够重视，并采取行之有效的措施为其发挥应有功能提供支撑。身份的双重性决定了职责的双重性，具体到实际工作中，辅导员如何平衡这两项职责成为一大难题。从辅导员的工作性质上看，教师身份应占据主导地位，而干部身份则是在教师身份框架内发挥作用。但是在实际工作中，高校辅导员越来越倾向于大学生日常管理职责，而思想政治教育职责逐步弱化。具体原因包括以下三个方面：一是辅导员在考核框架下做出的选择。高校考核往往与教职工工资待遇、职称晋升等紧密相关，其中量化考核结果更具说服力，因此辅导员为了在考核中取得良好成绩，会倾向于易于量化考核的大学生日常管理工作，而对于难以量化考核的思想政治教育工作逐渐远离。二是大学生辅导工作愈加繁杂化。辅导员需要付出更多精力去满足大学生辅导的要求，自然在思想政治教育方面表现出不足，比如大学生进入高校后，一年级阶段需要更多适应性指导，以帮助他们熟悉与适应大学生活；二年级阶段需要更多学习指导，以引导他们掌握大学的学习方式；三年级阶段需要更多的专业指导，以帮助他们搞好学业，为拓宽就业选择打下基础；四年级阶段需要更多的就业指导，以帮助他们高质量就业。三是人事管理制度导致辅导员任务繁重。辅导员是很多工作的"输出口"与"着手点"，比如学校中与学生相关的任何事务最终都需要辅导员来负责和完成，凸显了辅导员的重要地位，但与此同时也使辅导员成为"哪里需要哪里搬"的一块砖。

**（二）自身素质与职责冲突**

高等教育招生规模不断扩大，高校管理层面也要不断革新进行应对，辅导员作为负责学生管理的基层干部，其工作项目会不断增多，同时大学生数量增多造成的素质差异会更加明显，需要辅导员采取多样化方式来进行管理和引导。辅导员必须增强自身素质，除了具备较高思想政治教育素养外，还要对心理学、创业就业、体育等有所涉猎与了解，才能在工作中更加专业，进而有效提升工作质量。在新的时代下，辅导员的政治素质需要进一步加强，能够面对多元文化冲击而保持岿然不动，成为引导大学生树立正确价值观的重要力量；辅导员的教育素质也要优化，能够基于大学生日益丰富的个性诉求与思想状况采取针对性教育策略；辅导员的生活阅历要更加丰富，能够在突发状况面前保持冷静，并凭借经验去化解。但是从目前情况来看，很多高校的辅导员素质达不到时代要求。近年来，高校辅导员在学历层次上不断提高，很多高校规定达到研究生及以上学历才有资格应聘高校辅导员。高学历要求的确提高了高校辅导员队伍的整体学历水平，但学历高并不等同于能力强。很多高学历辅导员由于刚刚毕业，没有太多工作经验，导致工作质量不尽如人意，因此其中一部分人会选择调换岗位。在高校辅导员队伍中，还有一部分留校优秀毕业生，他们在留校过程中已经开始接触辅导员工作，无论是组织能力还是表达能力都得到了一定锻炼。但是他们长期待在校园，对外部世界不了解，加之缺乏生活阅历，使工作水平在达到一定层面后难以继续提高。还有一部分高校辅导员是教职工转岗而来，这类辅导员年龄较大，生活阅历丰富，虽然在以前的岗位中也会接触辅导员工作，但终究不是专职人员，因而也算是"新人"辅导员，需要一步步学习适应岗位要求。

### （三）生存环境存在困境

辅导员生存困境主要表现在以下几点：一是辅导员得不到充分尊重。辅导员在思想政治教育中的重要地位已然得到承认与认可，并且在思想政治教育队伍中承担一定职责。但是得到认可并不等于受到尊重。辅导员在部分学生和教师看来是一个"杂工"，凡是遇到事情都由辅导员负责，有种招之即来、挥之即去之感。另外，高校进行评价会以教学质量、学术研究效果等为重点，而辅导员并不直接参与这类工作，因此辅导员在高校中是重要的，但是高校对辅导员并不会太过重视。二是辅导员的发展前景不乐观。辅导员具有双重身份，理论上看其有着双重发展空间与途径，理应获得更加广阔的发展前景，但实际来看，双重身份也会成为一种累赘，如果辅导员不能良好处理，任何一方面出现问题都可能中断其进一步发展，因此他们必须谨小慎微、兢兢业业。这样一来，参与职称晋升的精力便会大幅减少，难以有充足时间搞科研工作，而没有科研成果晋升便会成为奢谈。有的辅导员放下手中工作潜心搞科研，最终有了科研成果却又因为缺少工作业绩而难以晋升。三是辅导员的心态发生了变化。辅导员有着关键作用不假，可实际工作中的矛盾与业务繁忙让他们不再活在"关键"虚名下奋力支撑，而是产生了诸多不良情绪，如工作热情消弭、心态失衡等。这样一来，辅导员不会将这项工作当作毕生追求，而是会在获得其他发展机会时果断放弃。

### （四）队伍稳定性缺失

辅导员在思想政治教育中具有重要作用是毋庸置疑的，因此高校要不断补充辅导员以保持辅导员队伍足够稳定，为其发挥应有作用奠定基础。任何队伍都需要新生力量来保持自身竞争力，但是仅有新生力量是不够的，还要维持稳定性才能切实发挥作用。因此，高校在补充辅导员新生力量时要做好规划，并引导其科学流动。但是从实际情况来看，高校辅导员流动并不正常。以下是造成辅导员流动不正常的相关原因。一是辅导员被调离。辅导员岗位十分锻炼人，从事过这一岗位的人能够在多个方面得到提升，而当达到一定水平后，其他部门会将他们调走或提拔。二是辅导员转岗。辅导员在获得新的发展机会时往往会主动转岗，因为辅导员的前景并不突出，很多辅导员只是将这一岗位作为过渡。三是辅导员队伍在总人数基本不变的前提下通过被动流动融入新生力量，但是新生力量需要一定周期才能成长起来，而在这一过程中，很多新的辅导员为了快速成长会选择模仿方式，虽然暂时能获得一定效果，但从长远来看却会导致辅导员队伍力量不断弱化。

# 第二节　对大学生思想政治教育教学的审视

## 一、对第一课堂思想政治教育教学的审视

第一课堂是常规教学活动，高校教师会按照教学大纲要求并遵循固定教

学时间安排，因此是学生接受教育的主要渠道。具体到大学生思想政治教育中，也会以第一课堂为主渠道；在评价思想政治教育效果时，第一课堂也是首要评价对象。大学生从第一课堂中获得了丰富的思想政治知识，也在思想政治教师的引导下对正确世界观、人生观、价值观充分了解。第一课堂的重要地位不会动摇，但是从思想政治教育实效性层面分析，第一课堂中存在的问题对实效性产生了一定影响。从调查中发现，大学生对于思想政治理论课表现出较低认可度，在他们眼中，思想政治理论课是枯燥无味的，教学过程是机械僵化的。具体分析，当前大学生思想政治教育第一课堂主要存在以下两个方面的问题。

**（一）思想政治理论课教材存在的问题**

教材是开展第一课堂的重要素材，主要是向学生传达思想政治理论知识。由于思想政治教育的重要性，思想政治教材的编写往往十分严格，其内容不允许出现偏差。从实际情况来看，思想政治教材在大方向上并没有差错，但是在其他方面存在不足。一是针对性不强。思想政治教材往往是统一布局，不会深入考量学生层次、专业、年级、地域等因素，造成教材内容针对性不强，进而使教学效果受到影响。想要提升针对性，需要对不同情况进行调研，其中学生作为思想政治教育对象必然是调研重点。在多元文化背景下，社会形势发生巨大变化，学生的思想状况同样融入了新的内容，如果不能对这些变化进行充分调研，不在教材中有针对性地进行呈现与阐释，便会大幅削弱思想政治教育的实效性。二是重复性很大。具体表现为：第一，纵向重复。中学阶段与大学阶段的思想政治教材在内容上存在重复性，而且是难以避免的，因为在基本一致的教学总体目标之下，思想政治理论会贯穿中学到大学的学习过程，虽然大学教材会在内容上进行扩展和深化，但是基本内容没有改变。这样一来，大学生在学习思想政治知识时会因为内容与中学阶段十分接近而产生轻视心理，便会在不断积累中转化为抵触心理。第二，横向重复。从目前来看，大学思想政治理论课中常用的五本教材在内容上存在关联与重复，这会造成教师在课堂教学中出现选择性困难，如果将教材分开按顺序一一讲解，会因为某些内容重复而出现讲解重复，必然会使学生产生反感心理；如果进行合并只选择一本来讲，又会因为教材内容不完全相同而遗漏知识内容。教师想要应对这一困境，就需要花费精力去整合教材，这又势必会与教学大纲形成冲突，导致教学难以顺利进行。第三，学科性重复。不同学科之间由于与思想政治教育紧密关联，所使用教材在内容上会存在重复现象，同样会使学生在学习时产生倦怠心理。三是可读性不足。思想政治教材中会融入很多理论内容，并通过精深语言进行严谨表述。而对于学生来说，想要读懂并理解相关思想政治理论十分困难，久而久之便会产生抵触情绪。比如，很多大学生在谈到思想政治教材时往往将"看不进去"挂在口头，因此预习教材通常效率极低。四是说服性较弱。思想政治教材往往以理论传达为主，其中多是结论性内容，很少通过具体实例进行说明。无论是教师还是学生，在阅读思想政治教材时往往只能被动接受，鲜有发挥主观能动性的空间。教材说服性较弱必然会使学生产生抵触情绪，使得思想政治教育过程阻碍重重。

**（二）思想政治理论课教学存在的问题**

思想政治理论课教师要采用更为科学合理、贴近学生诉求的教学方式才能提升教学效率与改善教学质量，但从实际情况来看，能够做好这一点的教师并不多。高校在注意到这一情况后开启了相应改革，从效果来看有所改观，但仍然存在很多问题。一是情感教育不足。教育者不能只是机械地传达知识内容，还要向学生输送人文关怀，通过调动他们的学习热情更深入地参与教育过程，如此这般，学生不仅能获得更好的知识掌握效果，还能在智力、能力、情感、德行等方面得到开发与发展。情感产生于人的内心，能够深刻影响人的判断与认知。情感教育以引导人们感知情感、正确对待情感等为目标，具体到大学生思想政治教育中，当教师将情感融入教学手段中时，更容易激发学生的同理心与调动学生的思维活力，进而在理解相关知识内容时不局限于表面陈述，还能通过情感感受深入挖掘内涵。另外，情感教育还能为情感激励打下基础，这种激励更为深刻，更能引导学生提升积极主动性。二是实践教学欠缺。思想政治教育不能局限于理论传达，还要通过实践教学来引领学生深入理解相关理论，并能提升将理论付诸实践的能力。在实际教学中发现，很多教师虽然也会开展实践教学，但是所占比例较低，并且由于教师的实践教学能力不足，造成实践教学效果不尽如人意。从原因上分析，实践教学缺乏经费和实践基地等的支持是重要原因之一，另外高校也需要重塑培训体系来提升教师的实践教学能力。三是教学艺术性不足。当前，大学生思想政治教育中教学方法更加多样，从整体来看可分为传统教学和多媒体教学，其中传统教学以讲授与灌输为主，而多媒体教学则能为学生提供更多学习渠道。对于当代大学生来说，多媒体教学的吸引力更强，但是从实际教学效果来看，多媒体教学往往因为教师的低层次应用而难以展现其优势，比如很多教师只是将过去板书的内容搬到了电子屏幕上，或者直接用微视频课件取代教师讲解。这些做法使教学的艺术性大为削弱，教学效果大受影响。四是考核导向矛盾。考试是检验学生学习成果的重要方式，而对于大学生思想政治教育来说，考试方式往往只能了解学生对思想政治知识的记忆情况，虽然也会加入应用型考题，但却会因为较为单一与不能反映现实复杂性而难以充分检验学生思想政治知识的应用能力。在考试手段导向下，学生会更加趋向于死记硬背，这样不仅不利于提升教学实效，还会让学生对平时的学习不重视，形成考前临时抱佛脚的习惯。

## 二、对第二课堂思想政治教育的审视

第二课堂是第一课堂的延伸，与第一课堂存在内在关联。在大学生思想政治教育中，第二课堂通常是由共青团进行组织，课堂形式以实践活动为主，目的在于通过实践活动发挥教育作用。实践活动类型是丰富的，会对大学生产生较强的吸引力，让他们更为积极主动地参与其中。第二课堂是理论与实践相结合的场所，所举办的实践活动会以第一课堂理论知识为指导，能够帮助学生通过实践对所学理论获得更深入的认知。另外，第二课堂空间广阔，能让学生更为自由地做出选择，对于培养学生自主管理与自我教育能力具有重要作用。从目前情况来看，第二课堂主要存在以下三个方面的问题。

### （一）第二课堂边缘化

第二课堂的重要作用已经被大部分教师了解，但是在实际应用中却因为认知深度不足而难以发挥应有作用，比如很多教师会将第二课堂作为"自由空间"，让学生们尽情地在其中自由驰骋。出于这一考量，教师们对第二课堂往往不进行深入管理，教师只是充当一个秩序维持员，在整个课堂教学过程中鲜有存在感。实际上第二课堂同样要在健全完善的管理体制下运行，不能因盲目追求自由而让学生肆意妄为，教师是贯彻管理体制的主体，他们不仅要严格管理整个课堂进程，还要做好策划与规划，使第二课堂的思想政治教育功能得到充分挖掘与发挥。教师"不深管"的态度会造成第二课堂走向边缘化，原因在于高校不会对育人效果难以掌控的教育活动提供相应支持与保障，如果这种态势继续下去，大学生思想政治教育第二课堂可能会在校园中消失。

### （二）第二课堂自由化倾向

第二课堂也要有计划、有目的地进行开展，并且要得到系统管理与规划，这样才能确保第二课堂发挥应有的育人功能。从实际情况来看，很多高校对第二课堂不够关注，表现在管理层面较为随意、规划层面局部进行等方面，导致第二课堂难以整体把控，难以为提升大学生思想政治教育实效性作出贡献。另外，第二课堂的重要组织者即共青团组织，共青团组织会因为多重任务加身而难以全身心投入，经常会出现第二课堂活动突然被叫停的现象，使参与的学生积极性被严重打击，甚至因此产生抵触与对抗心理。总体而言，大学生思想政治教育第二课堂目前处于凌乱松散的状态，无论是从管理层面还是执行层面都不尽如人意。

### （三）第二课堂矛盾化倾向

第二课堂中存在的矛盾主要是由人员和时间引起的。从时间层面分析，目前随着高校扩招，大学生数量增加，学习质量出现了下降。高校为了改变这种局面，将增加课时作为重要手段，而这会压缩大学生的业余时间，使第二课堂开展时间不足，难以充分发挥自身优势与功能。第一课堂时间在高校的要求下不断增加，而所增加的时间是从第二课堂中剥夺的。对于大学生来说，会在第一课堂与第二课堂的时间矛盾中"挣扎徘徊"，有的大学生选择第一课堂而没有足够时间参与课外活动，有的大学生为了参加课外活动选择逃课，从最终结果来看，这两种选择都会损失一定利益。从人员层面分析，共青团组织作为第二课堂的主要组织者，会因为自身人数限制而难以全面完成组织任务，因此需要教师前往支持。而很多高校并没有出台关于教师参与第二课堂的管理机制，造成很多教师不会主动参与，即便参与其中，也会因为积极性不高加之对第二课堂认识不足而影响参与效果，这样会形成人员矛盾，难以支撑第二课堂高质量开展。

# 第三节　对大学生思想政治教育实效性评价的审视

教育评价是一项严肃的工作，需要在教育目标指导下运用科学合理的评价技术与方式开展，所评价内容要系统化、整体化，目的是获得全面反映评价对象发展状况的评价结果。教育评价能够为教育教学后续调整与创新提供重要依据，也能成为相关具体工作的重要导向。近年来，国内关于思想政治教育评价的研究较为活跃，主要研究观点包括以下内容：一是"三个有利于"。这一观点指出思想政治教育评价要具有三项基本功能，分别是有利于调动人的积极性、有利于人的全面发展、有利于社会主义精神文明建设。相关学者在这一基础上进一步延伸扩展，将"三个有利于"与实际评价工作进行紧密结合。二是"五方面标准论"。主要是对思想政治教育评价工作标准进行阐述，分别为社会效果、基本路线、个人成才与社会发展结合、全面发展、精神文明建设。这五个标准从宏观到微观，可为教育评价提供有力参考。三是"两个角度论"。这一观点指出思想政治教育评价要从宏观和微观两个角度进行，并且要以辩证统一为视角进行审视。微观评估主要针对具体个体、事件等，宏观评估则是着眼社会发展层面。随着思想政治教育评价相关研究的不断深入，其内涵得到更加清晰的界定，这为思想政治教育评价得到良好发展与应用提供了有力支撑，但是在实际应用中仍然存在问题。

## 一、以定量评价代替定性评价

目前，定性评价与定量评价通常会结合应用，但在应用过程中，定性评价如何良好应用却始终是一个难题。定性评价往往程序简单，可由于该评价方式会受到评价主体的主观性影响，会导致评价结果不够准确。高校为了解决这一难题，会更加趋向于容易量化的定量评价方式——即便仍然采用定性评价方式，也会在确定评价标准时采用量化方式来完成。量化方式更加直观具体，主观色彩较弱，能够使评价结果更科学、更准确。但是，量化方式同样具有自身局限性，如量化方式本身便会融入设计者的主观性内容，因而在进行定量评价时，所获得的评价结果同样会出现主观性偏差。以定量评价代替定性评价非但难以消除主观因素影响，还会因为评价方式单一而使主观因素的影响作用被进一步放大，更加不利于获得良好评价结果。

## 二、以客观评价代替主观评价

教育评价归根结底要为教育目标服务，而具体到思想政治教育中，教育评价既要以社会发展为出发点开展，也要将大学生发展作为重要考量对象。想要实现这些目标，教育评价过程中的评价主体与评价客体必须建立双向互动关系，通过客观评价与主观评价相结合获得更加科学合理且全面到位的评价结果。但是，在实际工作中，很多高校的评价工作会由教师、专家学者等全面掌控，而学生很少参与其中，如此获得的评价结果便是单向的，虽然具有较强的客观性，但却难以完全呈现大学生的思想政治水平。学生主观评价能弥补客观评价不足，学生对自身思想政治水平变化会作出一定判断，并且能表达自身诉求，对于获得更具发展性评价结果具有重要作用。

## 三、以经验评价代替科学评价

大学生思想政治教育评价往往十分复杂，需要考虑的因素多种多样，因此想要获得良好的评价结果，不仅要引入相关理论进行支撑，还要得到专业评价机构的支持，为评价主客体在评价过程中充分发挥各自作用打下基础。目前，高校的评价体系并不完善，比如评价项目在层次分解、权重加持等方面还有待进一步研究探讨，如此便带来了两种结果：一种为采用较为简单直接的评价体系，虽评价效率较高但科学性却难有保障；另一种为采用复杂评价体系，理论上科学性会提升，但在实际操作中却有较大难度。两相比较，高校通常会进行折中处理，会采用经验评价。在一定程度上，经验评价能避免出现低级失误，但终究替代不了科学评价，因此仍旧要将科学评价作为最终追求目标。

## 四、以静态评价代替动态评价

大学生思想政治教育评价中的评价客体是活生生的人，而人是会变的，尤其是思想层面更是难以捉摸，因此必须进行动态评价。大学生在接受思想政治教育时会经历较长过程，从最初做出反应到有所选择再到整合内化是一个连续动态过程，在这个过程中，学生的思想水平、能力水平、心理特征等持续产生影响，因此大学生思想政治教育效果会具有显著的阶段性和变化性。要求思想政治教育评价不能静态进行，必须经过校正、调整、重估等过程才能获得更全面、客观与科学的评价结果。但是很多高校开展思想政治教育评价时会以选拔为目的，所获得的评价结果往往是某一时刻或阶段的结果，而这一结果会在较长时间内发挥作用，使静态评价在评价领域占比过高。

# 第七章　多元文化背景下大学生思想政治教育实效性建设的思路

## 第一节　大学生思想政治教育实效性的建设原则

### 一、理解性与实践性相统一

人们在获得一定的知识经验后，能够对相关事物的发展、本质内涵等进行更深入的研究与探讨，进而在这一过程中达到知其然与知其所以然的层次，这便意味着人们对事物获得了更深理解。理解性是建立在理解基础上的一种动态表现。具体到高校思想政治教育中，理解性原则要求教育者在向学生传达教育内容时要充分考虑学生能否理解，如果学生不理解，就必须采取相关策略帮助他们去理解。只有这样，大学生才能在认知层面理解思想政治教育内容，为后续的教学工作打下基础。从理解性含义上分析，大学生理解思想政治内容主要依靠理性渠道，所获得的理解不包括主观内容。但是在实际情况中，仅仅强调理性理解已经与时代脱节，因为当代大学生可以通过更多渠道对思想政治内容进行理解，如果教育者在课堂中仍旧走这条路将会事倍功半。要想使学生在理性理解思想政治内容基础上进一步深化，就必须走实践性道路，目的是让学生通过实践将理论推进到行为层面，并在这一过程中获得实践锻炼。理解性与实践性相统一，要求教育者在思想政治教育中能够搭建理性认知与社会实践联动渠道，让学生在实践中理解理论，在理性认知中进一步思考实践。

### 二、主导性与多样性相统一

主导会对控制力提出相应要求，具体到高校思想政治教育中，掌握主导控制力的是以马克思主义为指导的各项理论与思想研究，只有这样才能确保思想政治教育不偏离轨道。在主导性得到保障的前提下，实效性成为高校思想政治教育的重要目标，因为如果没有实效性，主导性再强、地位再稳固也只是镜花水月，难以发挥思想政治教育应有的作用。想要提升实效性，多样性途径是重要选择。多样性包括思想政治教育内容多样化、教育形式多样化等，而多样性并不能任意而为，同样要处于主导性统领之下，比如在引入教育内容时要确保不违背马克思主义指导这一大前提，这样既能够让学生接受更多教育内容，也能避免不良教育内容对学生的冲击。主导性与多样性相统一是多元文化背景下高校思想政治教育实效性建设的重要原则，主导性与多样性均应贯彻落实，并找到相辅相成的路径。

### 三、普遍性与层次性相统一

大学生思想政治教育所采用的思想政治教育内容具有普遍真理特征，会向学生提供正确的价值取向，并且其适用性十分广阔，可以面向所有学生。但是在实际教学中可以发现，这一普遍真理特征虽然强化了大学生思想政治教育的地位，但也会反过来影响教育实效性。在全球化时代，当代大学生的个体差异更加显著，如果只是简单地向他们灌输同样的普遍真理性内容，就难以满足他们的个性诉求。基于层次性考量谋划大学生思想政治教育是必要的。在层次性上，大学生在年级、学历、年龄等均会存在层次差异，当高校能够立足差异去规划思想政治教育，则能提升思想政治教育的针对性，进而获得更好的教育效果。通过对当代大学生进行实践调研可以了解到，大学生思想政治水平也具有显著层次差异，大体可以分为四个层次，分别为先进、中间、落后、极端落后，其中中间层次占比最高。笔者认为大学生思想政治教育要以中间层次为重点，如鼓励先进层次带动中间层次，落后与极端落后层次则向中间层次努力，可以说中间层次发挥了纽带作用。

### 四、灌输性与渗透性相统一

灌输法是教育领域的主要传达方式，其效果更为直接，具有较短的实行周期，并且容易开展。但是灌输法也具有局限性，大学生思想政治教育要想依托灌输法获得良好的教育效果则要克服其局限性。首先要克服强制性。对于大学生来说，强制灌输会激发他们的抵触心理，尤其对于当代大学生来说，他们个性鲜明、思想独立，更会对强制灌输"说不"。化解强制性灌输的重要入手点是引入渗透性。教育者要在渗透性理念要求下转变教学态度、教学语言、教学手段，尽可能不与学生发生冲突，而是让学生在潜移默化中受到教育。灌输性与渗透性相统一要求教育者保持主动姿态，在思想政治教育过程中主动出击，但在主动出击时又不能触动学生的"逆鳞"，尽可能通过渗透方式改变学生"被动接受"的状态，成为"无意识主动接受"者。

### 五、人本性与服务性相统一

大学生思想政治教育要坚持以人为本，将学生的诉求作为重要考量对象，并在这一方向下不断前行。大学生在成长过程中会表现出多种内在需求，而这些内容通常是大学生的切身感受，难以被教育者了解与掌握。想要应对这一困境，教育者必须在以人为本的原则下与学生形成平等交流关系，通过深入交流了解学生的内在需求。在了解之后，采取行之有效的服务性策略进行引导与满足学生需求，让学生在接受思想政治教育时感受到更多关怀，尤其是学生的个人实际利益、全面发展等层面受到关注。这样一来，思想政治教育在大学生眼中不再是高高在上的枯燥内容，而是可以为自己解决困难与维护自身利益的工具。

# 第二节　大学生思想政治教育实效性队伍及环境建设思路

### 一、实效性队伍的建设思路

大学生思想政治教育实践过程要得到正确领导，思想政治理论课教师、专职团干部、辅导员等是发挥领导作用的重要团队，他们是否具备足够能力会影响领导效果，也是大学生思想政治教育能否取得实效的决定因素。队伍建设是一项系统工程，需要从多个视角入手。本书主要介绍以下视角。

一是自我学术化。这一视角主要是为专职团干部队伍建设提供思路。高校团干部包括兼职和专职两种类型，其中兼职队伍主要由大学生、研究生等非专项受聘人员组成；专职队伍由共青团工作人员、专项受聘人员组成。他们的主要任务是开展多种多样的教育活动，为大学生思想政治教育开拓空间、增强实效等提供帮助。从实际情况来看，无论是兼职还是专职队伍都存在专业素质较为薄弱的问题。自我学术化能够应对这些问题。学术化是以提升学术水平为目标，在这一过程中，人们的态度与行为也能得到塑造。自我学术化会将这一过程纳入自我教育途径，能够体现更强的主动性与自我坚守性。高校专职团干部可以通过自我学术化深入认知自身在大学生思想政治教育中的作用，进而在举办相关活动时精准定位，并能将思想政治教育作为一项学问深入研究。在专职团干部自我学术化的推动下，大学生对思想政治教育会更加信服，同时对专职团干部也会表现出信任，进而能够积极主动配合。另外，专职团干部往往较为年轻，能够与大学生进行更好的心理沟通，有利于大学生更愿意接受团干部的引导。自我学术化所提升的不能只是外在能力，内在人格也要培养。具有人格魅力的专职团干部更容易得到大学生的欢迎与认可，进而在大学生群体中产生更强的吸引力与影响力，引导大学生改变对待思想政治教育的态度，从排斥向主动接受转化。人格魅力固然重要，但从长远来看，专职团干部必须具备更强的组织协调能力、活动策划能力、语言表达能力等才能在更大范围发挥自身影响力。

二是自我专业化。这一视角主要是为辅导员队伍建设提供思路。高校辅导员是大学生思想政治教育中的重要一员。他们的特殊之处体现在他们与大学生接触最多，大学生日常生活中更多见到的是辅导员。从目前的研究成果来看，高校辅导员职业化与专业化是重要研究方向，而深入剖析发现，这些研究主要集中于"对外"方向，而很少关注"对内"方向。"对外"方向指的是研究内容聚焦辅导员如何对外开展思想政治教育，这一过程中辅导员会表现出明显的对外要求，包括对学生、对高校、对社会等方面。在这样的心理下，不主动作为、态度倦怠、抱怨心态等会成为一种风气，从而对大学生思想政治教育实效性造成不利影响。自我专业化道路是基于"对内"方向提出的，自我专业化注重提升辅导员工作的主动性和自我素质能力建设的主动性。同时，这一道路也能破解当前高校辅导员存在的"职业双重性冲突""素质与职业冲突"等问题。专业化是为提升职能专业性服务的，进而达到标准化管理水平。高校辅导员专业化主要从以下三个方面入手。首先，辅导员职业向专门性和专业性方向发展，并提出具体可行的标准与要求，指导从业人员发展提升；其次，辅导员职业要有标准的职业规范进行约束，比如开展相关活动时辅导员除了做好规划外，具体实施过程要合理合法，不能为了达到某种效果而盲目采取非常手段；最后，辅导员职业要有国家级的职业资格认定，这对于夯实辅导员地位具有重要意义。在专业化整体框架下，辅导员自我专业化是向整体专业化努力的过程，比如辅导员要认识自身工作职责，并从精神层面强化责任感与使命感，将这份工作作为一项事业来对待；辅导员要具备平衡工作内容的能力，不能完全被事务性工作束缚手脚，还要留出足够时间开展思想政治教育工作。而在实际工作过程中由于时间有限，辅导员要在开展事务性工作时融入思想政治教育内容，这样不仅能确保思想政治教育得到落实，还能推动思想政治教育"隐性渗透"，为获得更好的思想政治教育效果作出贡献；辅导员要向"知识结构复合化"努力，不断学习与掌握多种技能与知识来充实自我，并为提升工作能力打下基础。

三是先进示范。这一视角主要是为大学生党员和学生干部队伍建设提供思路。大学生思想政治教育实效性的提升要建立在外部引领与内部自我构建有机结合的基础上。大学生党员和学生干部队伍建设能够为自我构建提供助力。自我构建课程应从个体和群体两个角度分析，大学生党员和学生干部队伍建设需要满足个体构建与群体构建两个要求。从目前情况来看，大学生党员和学生干部存在一些问题，但并不能否定他们是学生群体中的先进者这一事实。如果他们能发挥先锋带头作用，大学生能够受其影响取得进步，也会形成良好的大学生群体自我构建氛围。当大学生思想政治教育融入大学生群体自我构建中时，则更容易被大学生接受。队伍建设过程中，先进示范作用主要由教育者来发挥：一方面，教育者的政治素养、综合素质等要保持先进，引领大学生党员和学生干部学习效仿；另一方面，教育者要构建先进的体系，包括保障体系、选拔体系、考核体系、培训体系等，确保大学生党员和学生干部能够接受良好教育，并保证教育质量达到较高层次。

## 二、实效性校园环境的建设思路

### （一）思想感染性：学校硬环境建设思路

学校硬环境包括学校的自然条件、设施建筑、文体设施等客观存在的物质，它们具有直观性、持久性、广泛性等特征，会对大学生产生持续性影响。对高校思想政治教育来说，学校的硬件环境建设主要依靠学校进行操作，教育者本身不能发挥太大作用。从实际情况来看，很多高校的硬件环境已经达到了稳定状态，基于思想政治育人需求进行调整与重新建设是不现实的，但这并不意味着完全不能入手，比如某些方面需要特殊规划与引入时，高校应该高度重视，并投入人力、物力进行建设。而在建设完毕后，思想政治教育工作者要充分利用，使其在大学生思想政治教育中发挥应有的作用。从思想感染性层面分析，学校硬环境要想发挥感染性作用的关键是要具有足够吸引力。美观是基本要求，并融入人文关怀，使育人主题得到彰显。具体可从以下三个方面入手：一是建设"大气"的学校硬环境。有学者在讨论高校"大气"特征时提出既要有"大楼之大"也要有"大师之大"，其中"大楼之大"便是对高校硬环境规模的要求，当学生能在宽敞、美观、大气的建筑环境中生活与学习时，更容易获得舒畅愉悦的心理体验，有利于提升生活与学习质量，能让学生对思想政治教育积极接受而不是消极抵制。二是建设"美观"的学校硬环境。美观表现在绿色整洁、井然有序、艺术性十足等方面。这样的环境会带给学生美的体验，激发他们追求美、向往美的强烈需求，进而在日常生活与学习中自觉规范自身行为来维护美，这对于培养大学生良好道德行为具有重要作用。三是建设"厚重"的学校硬环境。厚重体现在人文性方面，比如可以修建人文性建筑、创设人文性景观等，让学生进入其中被浓厚的人文气息感染，进而在精神层面受到熏陶。

### （二）教育渗透性：学校软环境建设思路

学校软环境是相对于学校硬环境而言的，主要包括学校中的各种非客观环境，具体分为制度环境、文化环境、学术环境、师生关系环境、校园网络环境等。这些环境容易控制，但是由于影响力潜在发挥而难以直观了解。学校软环境会对大学生思想政治教育产生深远影响。软环境建设过程中，教育者能通过参与者、形成者、创作者等身份发挥重要作用，而从某种程度上看，学校软环境是在教育者与受教育者的互动过程中形成的。通过优化学校软环境建设，能够增强大学生思想政治教育的渗透性效果，弥补传统灌输方法所存在的诸多不足与弊端，进而为灌输性与渗透性有机结合创造有利条件。第一，要求制度环境完备到位。要深入研究与思想政治教育相关的各类机制，通过进一步规范推动制度更加完善，进而为思想政治教育高效开展提供支撑。相关制度不能只体现管理性与约束性，还要渗透人文性，这样才能让大学生更积极主动地遵守制度。第二，要求文化环境更高雅。高雅的文化环境能带给人们高雅的体验与感受，有利于陶冶情操，促进学生的思想品德优化。教育者在参与文化环境建设时，也要想方设法让学生参与其中，学生通过贡献力量既可提升环境建设的针对性，也能调动参与的主动性，对文化环境更加认可。第三，要求学术环境严谨严格。大学生思想政治教育关系重大不能儿戏，除了确保思想政治教育方向正确之外，还要通过持续不断的学术研究活动推动思想政治教育各方面得到优化。学术环境严谨严格能够为学术研究活动高质量开展打下基础，所获得的研究成果更具权威性，进而让学生更加信服。第四，要求人际环境和谐健康。师生关系、生生关系和谐，有利于营造思想政治教育的良好氛围，可以提升教育效率与质量。在人际环境建设中教师要发挥主导作用，要着力提升师德水平、学术水平、教学水平等，这有利于烘托他们的人格魅力，让学生更愿意接触与交流。第五，要求网络环境丰富多彩。网络环境属于新型环境，对于大学生来说，由于他们紧密接触网络，网络已然对他们产生巨大的影响力，因此高校不能忽视网络环境建设。网络环境建设要延续精彩纷呈的特征，让学生可以通过网络获得自身需要的各类信息，同时网络环境中也要融入丰富多彩的思想政治内容，引导学生接受思想性、政治性、教育性等感染，而感染方式也要多种多样，如打造思想政治网站、开设思想政治社交媒体账号等。

# 第三节　大学生思想政治教育第一课堂实效性建设思路

## 一、审美化：教师队伍的自我建设思路

从接受角度分析，思想政治教育教师会成为影响思想政治教育接受效果的关键因素。传统教育中教师处于主导地位，学生往往是被动接受，接受效果可想而知，而想要学生变被动为主动，教师角色就要转变，笔者认为教师应充当中介角色，既不主导教育过程，也不完全放权给学生，而是发挥中间调节作用。大学生作为教育客体，需要提升主体性来优化接受效果，这一过程需要由教师来完成，但是教师也要掌握分寸，避免在这一过程中陷入绝对主导或完全放权误区。在调查中发现，大部分大学生认为教师对思想政治教育实效性会产生重要影响，因此教师虽然不能再像传统教育那样完全主导课堂，但是也要通过多种努力发挥自身影响力。比如，教师的人格魅力、学术魅力等会直接影响大学生的课堂兴趣，当风度翩翩且具有学术权威性的教师步入课堂后，学生们往往会为其折服，进而认真听课、好好学习；教师所掌握的教学方式足够多样与深入时，能够在课堂上基于实际情况灵活变换，有

利于引导大学生积极主动接受教育内容。提升大学生思想政治教育实效性需要从各个方面入手，而对于思想政治教育教师来说，凭借自身力量无法掌控大局，但是能做到通过自我努力与自我建设提升与完善自己，使思想政治教育主动权把握在自己手中，而不是听凭客观因素发挥影响力。审美化思路以提升教师队伍内在魅力为出发点，目的是满足学生对教师的审美需求。具体可从以下三个方面入手。

一是培养自身基本的美的素养。思想政治教育教师基本的美的素养主要包括以下两方面：一方面是坚信思想政治教育崇高美，教师要在教学过程中向学生理直气壮地展现思想政治教育的学科魅力，引导学生更积极主动地接受。思想政治教育教师不能躲躲闪闪，而是要直面现实与表达诉求，这种崇高美是科学之美，也是爱国之美。另一方面是热爱思想政治教育的执着美。思想政治教育教师要将思想政治教育当作一项事业，而不只是谋生的手段。在事业发展视野下，教师能执着而为，通过积极创新与调整为增强思想政治教育实效性作出贡献。

二是培养自身发展的美的要素。思想政治教育教师发展的美的要素包括以下内容：首先是对相关思想政治理论进行深入研究的学识美。思想政治教育发展要依靠持续不断的学术研究，如此才能更好地应对实际情况、满足实际需求，其中大学生的诉求与需求是学术研究的重要内容。思想政治教育教师要积极参与其中，不仅要借助自身与学生接触的契机来调研学生的实际情况，还要积极涉猎与掌握相关学科知识，进而为学术研究拓宽视野贡献力量。其次是能够向学生高效传达教学内容并进行良好引导的能力美。教学过程需要能力支撑，教师能力越强，教学效率与效果越佳，而当教学能力经过千锤百炼形成独有特色后，就会散发出艺术美感，进而在教学过程中对学生形成更强的吸引力，并且内部所包含的语言表达美、逻辑推理美等内容也能向学生渗透。最后是体悟现实社会获得人生感悟的智慧美。教师在向学生传达思想政治知识内容时，不能只是简单灌输，还要融入自我感悟，比如结合学生的实际问题来进一步编排知识内容结构，以利于吸引学生更多注意力，学生会将思想政治知识当作与自身密切相关的内容来对待。教师的智慧美要在潜移默化中传达给学生，引领学生成为智慧者，学会在日常生活与学习中深入思考。

三是培养自身成熟的美的素养。思想政治教育教师成熟的美的素养包括以下内容：首先是高尚的人格美与道德美。教师作为育人者，具有丰富学识与合格的教学素质是重要要求，确保其可以担负起向学生传达知识内容的责任，但是这远远不够，教师还要通过人格美与道德美对学生进行感染，让他们效仿教师严格要求自己，同时学生也会对教师所讲解的内容更加信服。思想政治教育十分注重信服度，学生越"信"就越能够主动接受。其次是教学艺术美。教学也是一门艺术，教师所采用的各种手段、方式等是丰富多样的艺术元素，只要能够良性协调便能产生令人惊艳的艺术效果。很多教师认为思想政治教育是一项十分"累人"的工作，有时付出很多心血却难以收获理想效果，这说明思想政治教育不仅要付出心血，还要升华为一种艺术，而达到这样的境界后，教师就不再觉得累，反而能享受其中，感受乐趣。有的教师的确在思想政治教育过程中做了很多工作，但是所做的工作内容中有很多是"无用功"或者用处不大，虽然并不会对思想政治教育产生害处，但从效率层面分析，浪费时间便是最大的害处。另外，教学艺术美还要求思想政治教育过程保持严肃，但这种严肃指的是教学内容要具有严肃性，不能信口开河、无中生有，而对于教学方式来说，可以在适当范围内做出改变，比如在向学生讲述思想政治知识时，能够通过幽默的表述使讲述更加生动有趣，让学生更愿意倾听与接受。

## 二、人性化：教学内容建设思路

当前，大学生思想政治教育内容与大学生需求存在些许矛盾，进而对教育效果造成了制约与影响。一般来说，如果人们的需求得不到满足，内在动力便会削弱。同样，要想激发学生的学习动力，思想政治教育内容必须满足大学生的需求。根据调查了解到，部分大学生认为思想政治教育内容具有枯燥无味、距离自身生活遥远、有价值内容不多等缺点。基于这些缺点对教学内容进行完善是重要出路，但在完善过程中还存在诸多矛盾，比如满足学生需求的同时也要达到足够科学、价值观正确等目标，可是在实际情况中，"科学性""价值性""需求性"存在矛盾，难以同时达到。针对这种情况，完全偏执于某一个目标是不可取的。思想政治教育理论一定要正确，如果能在正确的基础上使其展现实际用途，则有利于激发学生的接受动机。要想满足大学生的需求，了解大学生成为重要工作环节。持续不断地向思想政治教育内容建设者提供素材，才能帮助建设者提供不仅正确而且能被学生无障碍接受的知识内容。这一过程要经历共性与个性的平衡，太过强调共性会使教育内容千篇一律，难以调动学生的学习热情；太过强调个性会使教育内容杂乱无章，不利于教育内容核心精神的传达。因此，一定要掌握好尺度，而人性化则能充当衡量器，指导思想政治教育内容建设既彰显核心精神，又紧贴大学生的思想热点与实际问题进行论述。

人性化思维能为大学生全面发展创造良好条件，但想要思想政治教育切实发挥作用，首先要深入认识，而后有效实施。在人性化视角下，思想政治教育内容要为育人工作打下基础，而且必须彰显服务意识，使思想政治教育内容更容易得到学生的认可。人性化思维下教学内容建设可从以下三个方面入手：一是提升思想政治教育教师的综合素质，尤其是具备与学生良好交流的能力，进而对学生的心理需求和政治需求充分了解。基于此所引入和规划的教育内容能够更好地激发学生学习的内在动力，变被动灌输为主动接受。二是思想政治教育教师要向细处着眼，对与学生相关的热点问题、难点问题进行了解调研后，再从具体学生入手探析这些问题的具体作用路径。整体与具体相结合，可以使教育内容更具实效性，成为帮助学生摆脱学习与生活中困境的良方。教师要充当好咨询者角色，对于学生所提出的问题要知无不言言无不尽，不能为了所谓的教学效率而限制学生提问，否则会打击学生接受思想政治教育的积极性，对思想政治教育实效性造成不良影响。三是思想政治教育教师要对当前大环境充分了解，认识到学生问题的出现并不完全是学生"孺子不可教",而是受到了大环境的多重影响和冲击,比如心理问题,很多学生面对竞争表现出退缩甚至严重的应激反应,承受着巨大的心理压力,不能有效学习知识,更难以做到自我管理与约束。思想政治教育内容要融入心理学知识,从专业角度对学生的心理问题进行疏导,让他们重回正常状态,以更加健康的心态面对大环境。

### 三、多样化:教学环境建设思路

兴趣能够刺激人产生良性心理反应,进而在行为表现中更加积极主动,因此更容易获得成绩与成功。兴趣是一种抽象感觉,想要激发需要并找到兴趣点。一般来说,兴趣点因人而异,而对面向全体学生的思想政治教育来说,关注每个人的兴趣点进行激发显然是不现实的,必须找到行之有效的激发手段。优化教学环境是重要手段之一,比如当学生处于和谐、民主、平等、愉悦、融洽的教学环境中时,他们的积极情绪更容易调动,进而在学习思想政治教育知识时更加兴趣十足。从实际情况来看,很多高校的思想政治教育课堂存在毫无生气、平淡无味的现象,学生身处其中容易昏昏欲睡,久而久之,无聊、冷漠、厌倦等情绪充斥其中,并逐渐形成恶性循环,严重影响学生对思想政治教育的接受程度。究其原因,教师在教学环境建设方面能力不足是重要原因之一,而有些教师只是一味地做表面工作,缺乏对学生心理需求、心理特点等的充分了解,使教学环境不尽如人意。

思想政治教育必然要在一定的教学环境中开展,评价教学环境是否适宜,主要是从学生接受情绪层面入手,如果学生情绪良好且能积极与教师互动,就代表教学环境达到了预期。孔子有言,"知之者不如好之者,好之者不如乐之者",由此可知"乐学"境界是学习的最高境界,学生处于其中会表现出极强的主动性与自发性,学习知识时会不抵抗、不排斥、无障碍,使接受过程更加顺畅与高效。当代大学生深受多元文化影响,思想更活跃,个性更强大,对于外界环境的要求更加让人捉摸不透,尤其是在叛逆心理加持下更会对外界环境表现出对抗性。基于以上考量与分析,教学环境建设要走多样化道路，避免太过单一难以满足学生的需求，甚至激起更强的排斥心理。一是思想政治教育教师要具备八个意识，分别是民主意识、开放意识、现代意识、问题意识、讨论意识、咨询意识、能力培养意识、实效意识。其中，实效意识处于核心地位。思想政治教育与其他教育相比，难度在于其他教育往往致力于让学生懂知识、学技能，而思想政治教育则着眼于心理内在，关键是让学生信服并形成行为习惯。因此，思想政治教育的开展要围绕让大学生信服，只有达到这一目标，思想政治教育才能获得应有效果，才能彰显自身意义。思想政治教育不能贪多，而是要求精，务必让学生学精学透。具体到教学环境建设中，打造能让学生静下心来细细品味的环境至关重要。二是思想政治教育教师要发挥能动中介作用，成为学生和知识内容的中介者，通过纽带连接让学生更好地学习与掌握知识。从实效性层面分析，思想政治教育只有解决大学生的思想问题才能达到更高实效水平，而不是仅仅传达知识概念。思想政治教育教师要变"主宰"为"主导"。在教学环境建设上，实效性也是重要考量标准，而教师作为主要建设者，不能太过主观，不能一味按照自身想法建设，而是要充当好中介角色，将自身想法与学生的想法进行融合，并能随时基于学生的想法进行调整与创新，如此打造的教学环境才能更加有利于学生接受。三是思想政治教育教师要不断转变。时代不同，教育手段、教育需求等也会表现出差异，故要求思想政治教育教师主动做出改变。积极引入现代教学手段、掌握现代教学技术是转变之一，教师依托现代科学技术可以营造出更加生动形象的教学环境，让学生沉浸其中接受熏陶；交互式教学要施行，需要改变过去自说自话的单向教学模式，让学生能与教师沟通交流，将自身想法与诉求充分传达。这样能够让学生身心通畅，在教学过程中更为积极主动；在信息社会，学生获得信息的渠道更为多样且便捷，思想政治教育教师要在课堂中继续延续这一优势，通过引入与应用现代信息接收渠道满足学生信息获取要求。教师则发挥引导与引领作用，既留给学生广阔的空间，又能帮助学生解决问题；思想政治教育重思想熏陶与转变，但最终要通过行为得到验证与表现，因此在思想政治教育过程中，教师要构建行为培养渠道，帮助学生将所学的概念、原则等内容进行转化，进而使他们的政治立场更加坚定并提高方法论应用水平；教学环境建设视角要放大，不再局限于传统"小课堂"，而是着眼于更为开阔的"大课堂"，让学生在更为广阔的空间自由徜徉，通过开放式学习与体验获得更好的学习效果。

# 第四节　大学生思想政治教育第二课堂实效性建设思路

## 一、规范化：内容建设思路

高校第二课堂思想政治教育内容建设要进行创新。首先，在方式上要走"现实方式"与"虚拟方式"相结合的道路。现实方式指的是立足于第一课堂进一步拓展延伸，将学习与实践活动融入其中；虚拟方式指的是利用现代信息技术塑造虚拟教学空间，这样的教学空间相较于现实空间更加宏大与广阔，因此对于学生的调动与引导更为自由与自主。其次，在课堂类型上要进一步丰富，并且不同课堂之间要建立密切联系，通过相互交融、渗透发挥课堂教学效果。具体来看，当前课堂类型主要包括活动课堂、网络课堂、自学课堂、辅导课堂、实践课堂、劳动课堂、社团课堂、生活课堂八个类型。最后，要对教育活动进行优化调整。教育活动与课堂教学要相互融合与支持，尤其在实践领域，教学活动价值更为凸显，具体包括教育活动、学术活动、创新活动、文体活动、实践活动、社团活动、辅导活动、训练活动、公益活动等。从课堂方式到课堂类型再到教育活动，三者紧密相连，规范化是各自发挥作用的重要指导思想，具体措施如下。

一是开展思想政治教育活动课堂建设。教育活动要以获得学生欢迎与认可为目标，需要在素材与载体上进行优化调整，比如爱国主义、集体主义等伦理道德直接灌输往往效果不佳，要是能与更多素材相结合并通过适宜载体传达，所获得的效果将能得到极大改观。首要的是提升教育活动的吸引力，让学生乐于参与其中，比如活动氛围可以更加多元化，不必拘泥于某一种文化形态，而是要多多运用，并通过合理搭配构成有机整体。

二是开展思想政治教育网络课堂建设。网络课堂依托现代媒体技术得到开发与建立。学生在网络课堂中面对的是虚拟的学习环境，教师可能距离千里之外，但能够不折不扣地传达知识。在传统课堂中，学生的学习时间与空间往往是有限的，这会在一定程度上影响学习效果，而在网络课堂中时间与空间不仅大为拓展，而且学生能够基于自身实际情况与需求进行灵活选择，这样有利于提高学习效率，还能锻炼学生的自主性。另外，网络课堂更为自由，学生可自主选择学习内容与授课教师。同时，网络环境塑造也是当下搞好学生思想政治教育的重要内容，避免学生在网络世界受到不良影响。

三是开展思想政治教育自学课堂建设。自学课堂是为学生提供自学空间的地方，帮助学生合理利用课外时间。思想政治教育本是一个漫长过程，不可能通过几节课便取得良好效果，如果课外时间也能得到充分利用，则能缩短取得良好效果的周期。而对于学生来说，自学过程也是自我思考、自我反思的过程，更能为提升思想政治水平提供助力。自学课堂并没有固定形式，比如开展"读书计划"活动可以让大学生基于自身需求选择图书内容并开启自学进程，也可以将主动权交给学生让他们决定自学课堂形式。

四是开展思想政治教育辅导课堂建设。辅导课堂包括以下两种形式：一种是辅导者为教师，另一种是辅导者为学生。在第一种形式中，教师可以发挥主导作用，对整个辅导过程充分掌控，也可以配合学生需求提供咨询服务，让学生处于主导地位；在第二种形式中，学生之间可以建立密切的合作关系，通过相互评价指出对方的问题，进而采取解决策略。学生合作更能彰显平等地位，更有利于学生倾诉心声。辅导课堂整体上还要得到学校的良好支持，如学校要提供人力、财力、物力等支持，使辅导课堂建设效果更好。

五是开展思想政治教育实践课堂建设。实践课堂建设要走组织体系道路才能获得更多支持，为获得更好效果打下基础。在建设过程中，专业知识理论要成为重要结合对象，目的是使实践课堂进一步阐释专业理论知识，帮助学生将专业理论知识更好地转化为实践能力。另外，服务社会也要受到重视，如果实践过程脱离社会或者没有表现出服务意识，便会背离思想政治教育的初衷，难以获得理想的思想政治教育效果。择业、就业等直接与大学生未来发展相关的内容也要出现在实践课堂中，这些知识能帮助大学生提前认知就业风险，并通过深入思考形成正确的择业观与就业观。

六是开展思想政治教育劳动课堂建设。劳动者是最美的人，没有普天下劳动者的辛勤劳动与付出，就没有我们当下幸福和谐的社会。劳动课堂建设能让学生认识到劳动的重要性，引导他们学会尊重劳动者，同时自身也要积极劳动，并在劳动过程中培养艰苦奋斗、自尊自强等精神。

七是开展思想政治教育社团课堂建设。学生社团具有较强的凝聚力，能够高效组织学生参与社团活动。社团课堂建设以进一步提升学生社团地位为目标，使学生社团在思想政治教育中发挥更大作用。学生社团也要得到良好支持，比如高校要为社团提供指导教师，引导社团建设规范发展，并且高校也要开展与社团建设相关的学术研究活动，为学生社团发展提供更多理论支撑。

八是开展思想政治教育生活课堂建设。陶行知曾说："生活即教育，社会即学校[1]。"生活课堂是一个具备强大教育能力的空间，通过让大学生在生活课堂中体验生活，能够让大学生正确认识自己与社会，进而在学习生活及未来发展中始终走在正确道路上。从思想政治教育层面来看，学生通过生活课堂能塑造健康人格与高尚的思想情操。生活课堂进校园应落到实处，比如在高校军训中，学生能够体验军旅生活，感受其中的辛酸与劳累，并同时体会其中的荣耀与使命感，进而增强爱国意识与责任感；高校还可以组织学生参与社会实践活动，如到农村参与农作物耕作与收割，到工厂参与产品生产制造，这一过程能让学生对社会发展现状有更深的认知，也能在内心深处

---

[1] 黎君. 以生活教育理论指导学校教育实践 [J]. 广西教育, 2009(16): 28-29.

更加坚定与明确自己身上担负的责任与使命。

## 二、课程化：制度建设思路

第二课堂的思想政治教育贯彻落实需要建立在完善的制度保障基础上，如果制度存在不足与问题，具体实施过程便会受到不良影响。一般来看，第二课堂的教育内容应以多种多样的教育活动为主要入手点，但在制度建设思路下，教育活动要向"课程"转变。这意味着教育活动不能放任自流，而是要科学管理，比如基于教学活动设置学分，并制定学分考核制度，对教学活动开展效果作出评价，以此来衡量学生思想政治教育效果。

第二课堂课程化要为素质教育开展作贡献，必须做到有效管理与指导，这样才能通过夯实素质教育，为思想政治教育获得更高质量作出贡献。共青团组织是第二课堂的重要组织群体，但由于该群体存在诸多短板，导致第二课堂不断向边缘化发展，使学生对其重视程度不断减弱。自由化与矛盾化是第二课堂出现的重要问题，其中自由化表现为课堂内容、课堂方式等缺乏规划与管理，对效率造成了不良影响；矛盾化表现为开展过程存在前后不一致的现象，使学生更加迷茫，对自身行为、价值观念等难以作出正确判断与评价。第二课堂的课程化能够应对与解决以上问题：首先，第二课堂课程化可重塑第二课堂的思想政治教育功能，避免第二课堂的边缘化趋势。第二课堂包括很多活动，但是开展与落实效果并不佳，原因在于学生可参加也可不参加。课程化视角下，学生必须参加第二课堂中的活动，并且在参与过程中要得到指导要进行考核，使这些活动充分发挥其应有价值，在提升大学生思想政治水平方面作出贡献。另外，第二课堂课程化也要对其中的活动内容严格规定和管理，比如在结构上，娱乐性活动与教育性活动应合理搭配，其中教育性活动应占据主导地位，确保第二课堂切实发挥教育功能。但是两者不能分化，必须协调配合，让学生在获得娱乐感受的同时得到良好教育。其次，第二课堂课程化可推动第二课堂的思想政治教育内容更加规范合理，避免为自由化提供温床。课程是严肃的、严格的，需要基于整体规划贯彻实行，而在实行过程中，需要相关部门协同合作才能确保第二课堂有目的、有计划、有规范地作用于学生。第二课堂相较于第一课堂要有所改变，很多人认为第二课堂应撤去第一课堂中的严谨、严肃元素，让学生在更为开放与自由的环境中成长。这样的观点有一定道理，但是在具体实行中顶层设计不能随意、盲目和主观，因为没有细致到位、科学合理的设计方案，第二课堂就会变得混乱不堪，表面上是自由开放，实际上却充斥着慵懒颓废、肆意妄为等现象。严肃性和强制力要合理地融入第二课堂中，使自由与开放存在于相应标准之下。正如一句名言所言，"人类可以无自由而有秩序，但不能无秩序而有自由"，无约束的自由并不是真正的自由。最后，第二课堂课程化可以构建第一课堂与第二课堂联动渠道，使第一课堂指导第二课堂，进而弱化矛盾化现象。第一课堂与第二课堂各具优势，其中第一课堂更重理论研究与传达，能够为思想政治教育正确发展打下基础；第二课堂更重实践活动，能够锻炼学生的实践能力，并通过实践深入理解理论内容。在实际情况中，没有理论指导，实践活动也会如同无头苍蝇，因此第一课堂要指导第二课堂，而指导作用的发挥可通过课程迁移过渡来完成。

在实际操作中，第二课堂课程化要遵循以下原则：一是导向性原则。要求第二课堂的思想政治教育内容既要灵活多样，也要与思想政治教育紧密关联，不能出现"为活动而活动""为娱乐而娱乐"的现象，否则会损害第二课堂的思想政治导向效果，不利于学生思想道德培养和政治素养提升。二是个性化原则。当代大学生个性张扬，思维活跃，第二课堂要想获得良好效果，既要在课程化过程中对学生严格要求，也要充分了解大学生的特点并充分尊重大学生，如此才能使第二课堂得到大学生的认可，让他们积极主动地参与其中。三是可操作性原则。第二课堂所囊括内容多种多样，实行体系也是纵横交错。在构建过程中如果不能正确处理，会使第二课堂杂乱无章，难以进行下去。其实，创建第二课堂要从实效性入手，不要太过复杂，要能形成可操作性体系，使相关内容无阻碍地传达给学生。

### 三、导师制：管理建设思路

第二课堂视野广阔、限制较少，但通过实际调研发现，得到导师持续指导的第二课堂能够获得更好的效果，并且相关教育活动还会在不断创新中达到更高水平，而那些没有得到持续指导的第二课堂往往会在开始阶段活力四射，而后会随着时间推移不断弱化，最终以失败收场。从中可以看出导师的参与度会对第二课堂产生很大影响。

#### （一）第二课堂思想政治教育导师的定位

导师的指导作用是多方面的，既可以像第一课堂上教师那样指导学生学习，也能在科研场所充当科研指导者。第二课堂的思想政治教育导师要将指导学生发展作为核心任务，而想要更好地完成这一任务，导师需要做很多工作，如目标设定、方案设计、活动开展、总结反思等。并且导师并不是做好这些工作后让学生自由发挥，而是要继续参与其中，通过监督管理、协调服务等来确保第二课堂教育活动高质量开展。总体来看，第二课堂的导师具有策划者、参与者、监督管理者、协调服务者四种身份定位，而这四种身份并不是相互分离，而是紧密关联、辩证统一的。对于导师来说，他们在实际工作中要平衡各种身份，并且把握好尺度。比如，在策划教育活动方案时不能完全"由自己说了算"，还要积极听取学生的意见，确保制订的活动方案得到学生的认可；在监督管理中导师不能吹毛求疵，对小问题大做文章，那样会破坏第二课堂自由开放的氛围，不利于调动学生的热情与积极性。具体来说，首先，导师要发挥"导向"作用，而这一作用是通过"助教"来实现的，不能被"主教"完全掌权。因为第二课堂是第一课堂的延伸，主要是为学生提供自主发展的空间，如果导师当"主教"，无异于第一课堂的翻版，则难以发挥第二课堂的作用。其次，导师要着重"导心"，比如通过营造良好的课堂氛围、塑造良好师生关系等来激发学生的参与热情，为获得更好的教育效果打下基础，同时导师也要以身作则，不能只谈理论而无实际行动，否则会削弱导师的号召力与影响力，不利于第二课堂信服度的塑造。最后，导师要做好"导行"，引导学生规范自身行为。在这一过程中，导师要成为指路者，指导学生应向何处去，而后让学生通过自我探索与实践不断前行，而不能处处提点，那样虽然能避免学生走错路，可是学生自己却没有学会如何"走路"，当真正需要自己上路时会焦虑不堪、畏缩不前。

**（二）第二课堂思想政治教育导师制的意义**

首先，导师制能强化第二课堂实效，为大学生思想政治教育领域延伸作出贡献。第一课堂在大学生思想政治教育中发挥着重要作用，但却存在诸多局限，使思想政治教育很多方面难以达到应有效果。第二课堂能进行补足，但是需要良好引导。导师制能为其服务，引领第二课堂既体现自由开放的特征，又能避免过度自由化现象。学生本身具备一定的组织策划能力，但是将第二课堂的策划任务全部交给学生是不正确的，因为他们除了学识有限，还会受制于经验不足，容易造成策划成果存在盲目性、冲动性、无力性、肤浅性等问题。针对这种现象，必须邀请有经验的教师参与其中进行引导和指导，这样才能使第二课堂的教育活动更为科学合理、丰富多样，并且在实施时有目的、有计划，确保实施效果符合预期。

其次，随着社会的发展，教育形式也在不断变化和发展，其中第二课堂的出现为学生提供了更加多元化的学习机会。第二课堂是指学校教育以外的课程或活动，它不仅可以帮助学生掌握更多知识和技能，而且可以在很大程度上促进学生的全面发展和成长。而在第二课堂中，思想政治教育是其中非常重要的一部分，它能够帮助学生树立正确的世界观、人生观、价值观，提高学生的思想意识和文化素养。因此，如何让第二课堂的思想政治教育理念保持先进成为教育界关注的重要问题。导师制是一种新型教育模式，它通过为学生提供个性化的指导和支持，使学生能够更好地实现自我价值。在第二课堂中，导师可以帮助学生更好地理解和掌握思想政治教育理念，提高学生的思想意识和文化素养。一是导师制可以为学生提供个性化的指导和支持。在第二课堂中，学生的兴趣和特长各不相同，他们需要不同的指导和支持来实现自己的目标。导师制可以对每个学生进行个性化的指导和支持，帮助学生更好地了解自己，明确自己的目标和方向。在思想政治教育方面，导师可以根据学生的兴趣和特长推荐适合学生的课程和活动，帮助学生更好地理解思想政治教育理念。二是导师制可以促进学生和教师之间的交流和互动。导师制可以让学生和教师建立良好关系，促进学生与教师之间的良好交流。在思想政治教育方面，导师和学生可以进行深入的讨论和交流，提高学生的思想意识和文化素养。三是导师制可以帮助学生更好地实现自我价值的发挥。在第二课堂中，学生可以通过参加不同的活动和课程实现自我价值的发挥。导师制可以为学生提供更加专业和个性化的指导和支持，帮助学生更好地实现自我价值的发挥。在思想政治教育方面，导师可以帮助学生树立正确的世界观、人生观和价值观。

最后，导师制能营造良好的第二课堂思想政治教育氛围。从心理学角度来看，人的状态越好，在接收外来信息时便越会减少防御，更加容易接受外来信息。具体到思想政治教育中，教师与学生的关系会影响课堂氛围，进而作用于学生的情绪与状态，如果师生关系充斥功利性、消极性、疏远性，课堂氛围定然不佳，思想政治教育实效性必然受到不良影响。解决这些问题的主动权在教师，如果教师能够主动与学生拉近关系，则有利于营造良好的课堂氛围。第二课堂相较于第一课堂更为自由开放，课堂氛围会更加轻松愉悦，这为教师转变角色提供了良好的外在环境，他们不需要板着面孔，也不需要对学生发号施令，而是以朋友关系来相处，通过良好协作形成双向互动。这样一来，师生能够近距离接触，也能深层次交流，为全方位互动打下坚实基础，而更重要的是建立师生相互信任的关系，更有利于思想政治教育高效进行。如果能让大学生对教师产生信任，就能有利于大学生夯实心理基础，为思想政治教育实效性提升作出贡献。

### （三）第二课堂思想政治教育导师制的原则

一是针对性原则。通过教育实践可以了解到，大学生思想政治教育必须具备针对性才能为提升实效性打下基础。第二课堂会呈现多样化特征，有利于满足不同大学生的诉求，使每个个体在课堂上得到关注。但如果关注每个个体的诉求,会出现导师精力分散的现状,进而对针对性造成不良影响。在这种情况下,想要贯彻针对性原则就需要进一步发现个性、研究个性并尊重个性,只是具体的开展方式要视情况不断灵活变化与优化,避免出现为追求效率而忽视质量的现象。

二是全面性原则。第二课堂的思想政治教育能够给予大学生更多关心与关怀,会将大学生"所急所忧"作为重点研究内容,有利于帮助大学生获得更好的学习状态,并在就业理念、情感诉求、人际交往等方面得到良好指导。在当今时代,外部环境发生了诸多变化,大学生所面临的问题也更加多样,这就要求第二课堂的思想政治教育必须不断创新,对新的问题探索应对之策。导师要在这一过程中发挥重要作用,他们可通过与学生深入交流了解学生存在的问题,然后对产生原因进行分析,并以此为基础研究应对策略。全面性原则要求导师从各个方面入手,不能忽视任何一个细节。

三是人本性原则。大学生应该得到足够尊重,这有利于大学生形成良好的心理状态,在接受思想政治教育时避免产生抵触情绪。大学生的人格要得到尊重,并且要做到一视同仁。导师需要具备平等心态,不以自身好恶来评价学生,并能做到真诚关爱,始终无条件地关注大学生,并以积极态度面对他们的问题。导师若能切实做到以上几点,将给予大学生被尊重的积极情感体验,进而在潜移默化中消除大学生的心理抵触和反抗行为,使思想政治教育不再浮于表面,而是走进大学生的内心,浸染大学生的灵魂,让他们真正做出改变。从实践中可以了解到,当思想政治教育教师采用强势手段对大学生施压时,可能会在某个阶段让大学生服从,但大学生在心理上却很难达到认同。久而久之,这种"外服内不服"现象会不断积淀,对大学生思想政治教育实效性造成极大负面影响。

# 第五节　大学生思想政治教育实效性评价体系的思考

## 一、当代大学生思想政治教育实效性评价的原则

思想政治教育评价要建立在深入认知的基础上，并且要结合实践活动来进一步探析评价内容的实际水平。由于思想政治教育具有特殊性，想要作出科学评价必须构建科学合理的评价体系。而从目前的情况来看，该体系构建状况并不乐观，已然成为大学生思想政治教育发展中的一大难题。相关研究也在不断进行，我们相信在不远的将来会制定出令人满意的评价体系。本书对当前研究成果进行充分整合，并结合相关实践经验提出了大学生思想政治教育评价体系构建应坚持以下原则。

一是宏观社会需求与微观大学生发展需求相结合原则。基于马克思主义需要理论可以了解到，人的需求是社会不断向前发展的重要动力。大学生作为国家未来的建设者与发展者，他们的需求必须得到足够尊重才能激发他们的内在动力，切实担负建设国家的重任。具体到大学生的思想政治教育中，教育者、教育内容、教育方式等要基于大学生的需求得到发展与改变。大学生的需求处于不断变化之中，这就要求大学生思想政治教育动态发展，而从大学生思想政治教育实效性评价层面分析，既要依托社会期望来评价教育效果是否符合预期，也要将大学生发展需要与变化作为重要评价内容。当社会期望与大学生期望形成平衡点后，意味着评价体系切实发挥了作用，意味着大学生思想政治教育实效性真正实现。忽视被教育者的做法是绝对不可取的，这已经在教育实践中得到了证明。而在重视被教育者需求时，也要与社会需求紧密结合，如此才能引导被教育者走在正确发展的道路上，避免被教育者与社会需求脱节而步入歧途。因此，在关注大学生身心发展状态与需求

时，不能只是着眼于大学生本身，还要对周遭环境进行分析研究，这样才能真正贯彻"以学生为本"的教育理念，才能在思想政治教育中真正做到因材施教、因势利导，培养出既能全面发展又能与社会需求紧密契合的大学生人才。

二是主观定性评价与客观定量评价相结合原则。在大学生思想政治教育实效性评价中，大学生的行为表现、思想状态等是重要评价内容，但是在进行评价时，这些内容由于较为抽象，很难通过直观指标进行衡量，因此评价结果往往会融入主观色彩。其实任何评价由于被"人"掌控和实行，带有主观色彩是难以避免的。构建大学生思想政治教育实效性评价体系时，完全排除主观性是不现实的，并且主观性内容并非毫无价值，也能在一定程度上反映评价内容的水平。主观定性评价在思想政治教育评价体系中必然占据一席之地，而为了弱化主观性带来的评价偏差，也要引入客观定量评价。客观定量评价的客观性也是相对的，不能完全摆脱主观性。因此，在构建大学生思想政治教育实效性评价体系时，主观定性评价与客观定量评价不能相互代替，而是要找到良好的结合点，通过发挥各自优势为获得更科学的评价结果打下基础。

三是静态结果评价与动态过程评价相结合原则。学生在接受外在教育时会做出诸多主动反应，如筛选、整合、内化等，这些反应会动态运行，不会随着教育活动结束而立刻结束，同时由于学生存在个体差异，主动反应会形成复杂体系。另外，如果将这一过程置于更长远的时空背景下，主动反应会永不停止，并且反应内容也不会朝着一个方向持续前进，而是会出现不同表现，如减弱或增强。这要求大学生思想政治教育实效性评价只有坚持动静结合原则，才能对大学生思想政治教育状态全面评估，除了过去与现在之外，还能对未来做出预测。在实际情况中，很多评价者主要立足于结果评价进行横向对比，以此来排列成绩或者对比学生思想政治水平。但是这样的评价结果只能反映现在而难以预测未来，因此立足过程评价结果进行纵向对比同样具有重要意义，纵向对比不仅能够清晰反映当下存在的问题，还能对未来发展趋势是否符合预期作出判断，然后帮助教育者进行针对性诊断，制定出更具实效的应对策略。

四是管理的外部评价与教育的自我教育评价相结合原则。大学生思想政治教育实效性评价要坚持内外结合原则。外部评价是指除自身之外的其他人员或部门作出的评价，而从实际运行模式来看，外部评价其实是一种管理方式，比如教师会通过外部评价来管理与约束学生行为。外部评价十分常用，很多领域会引入并应用，但是外部评价需要依靠外部动机来发挥作用，当外部动机处于正常状态时，评价者的内部动机能够支撑评价方式有效进行。这样一来，外部评价必须搭配外部动机触发机制才能正常运行。当前，思想政治教育实效性评价运转不良的重要原因就与外部动机触发机制不够完善有着紧密关联。内部评价可以弥补这一不足，当内部评价与外部评价结合后，外部动机触发机制不再是唯一要素。想要进行内部评价，关键在于调动学生的内在动机，让他们能够积极主动、全面到位地对自我表现作出评价。达到这一效果并不容易，关键是要引导大学生具备更强的自我教育能力，能够自觉主动地进行自我完善与自我提高，而当这些成为现实后，大学生便能够正确看待自己。

## 二、对当代大学生思想政治教育实效性评价方法的思考

一是定性评价方法。定性评价中评价者侧重判定评价对象的性质，而性质内容往往是语言描述，没有明确的量化体现，比如大学生思想政治教育评价者会对大学生日常表现、精神面貌等进行观察分析后对大学生思想政治水平、政治觉悟、心理特征等作出描述性评价。定性评价不采取观察、分析、归纳、描述等方法，具体可通过系统分析和对比分析两种形式进行。系统分析是将评价内容作为整体系统，然后对与系统相关的目标、要素、环境、资源等内容进行综合分析。采用这种方法能够更为准确地发现问题所在并分析内在原因。对比分析的核心在于比较，首先要引入同一领域中的客观事物，而后以相关数据标准为依托进行一一比较，如规模、水平、速度、效率等

均是重要的对比内容。这两种方法在大学生思想政治教育实效性评价体系中经常应用，从评价效果来看，系统分析法着眼于宏观层面，能对大学生思想政治教育整体开展质量进行评价；对比分析法能从多个角度对大学生思想政治教育接受效果进行横向和纵向对比，有利于了解大学生思想政治教育运行趋势，也能更清晰地揭示所存在的问题与不足。定性评价往往会融入较强的主观色彩，造成评价结果精确性不高，并且调整空间较大，容易被外界因素左右。

二是定量评价方法。定量评价依托逻辑严谨、清晰准确的各种数据资料，并通过数学分析方法进行计算，为作出准确评估奠定基础。评价结果往往十分直观与具体，能够让人清晰了解实际情况。定量评价需要提前设计评价模型，而后收集评价模型所需要的各类数据资料，收集完毕后将它们放入评价模型中进行加权计算，进而得到评价结果。定量评价成为大学生思想政治教育水平描述和评价的重要依据。这种方式在高校得到了广泛应用，其弥补了定性评价较为模糊与不精确的弱点。但是定量评价也有诸多缺点，比如大学生思想政治教育实效性评价中的评价对象往往是活生生的"人"，而"人"的表现是极为复杂的，因此在收集相关数据资料时难以全面到位，故而所获得的最终计算结果必然存在误差；定量评价中确定矩阵、分配指标权重等是重要环节，而这些环节是否科学并没有统一认识，因此所得出的评价结果也难以得到所有人的认可。这两个问题均指向定量评价的一个致命缺陷，那就是统计学方法本身在技术上就存在先天不足。

思想政治教育实效性评价的两大方式各具优点和不足，并且它们的不足之处目前尚无法克服，可是评价工作又不能终止停歇，因此大学生思想政治教育实效性评价体系构建会面临诸多困境。在这种状况下，定性评价与定量评价相结合是"最优解"，尽可能弥补两者的缺陷。

### 三、当代大学生思想政治教育实效性评价困境的思考

一是大学生思想政治教育实效性评价具有特殊性。大学生思想政治教育

实效性评价要从"事实"和"价值"两个方面作出评价，其中"事实"评价是对当下思想政治教育状态与实际情况作出客观判断，"价值"评价是对思想政治教育效果是否与社会需求和学生需求相契合作出判断。社会在评价过程中充当主体角色，而具体操作与实行者是思想政治教育教师，大学生既是评价对象也能充当评价主体。思想政治教育教师并不能完全取代社会需求，他们在评价过程中必然会表现出自我主观性，使社会需求有所弱化甚至改变，因此如何推动思想政治教育教师与社会需求的统一是思想政治教育评价所要解决的一个难题。大学生在自我评价或者交互评价中，同样会因为认知能力不成熟、功利性追求态度等影响评价结果的客观性与准确性。评价主体标准得不到规范，评价结果必然会受到不良影响。从评价方式来看，现代化技术为量化评价提供了有力支撑，但是大学生思想政治教育评价内容是以认知、情感、心理、行为等为主体，它们不仅十分抽象，并且相互之间存在制约渗透关系，因此想要直观呈现出评价结果十分困难。另外，评价对象为"人"也是困境之源。"人"会表现出虚伪性、欺骗性、表演性、可控性等，使知、情、意、行难以捉摸、真假难辨。这些难题目前尚没有有效方式可以解决，它们会长期存在并不断困扰思想政治教育评价。

二是大学生思想政治教育实效性评价具有复杂性。一方面，评价对象十分复杂，比如学生的政治品质、思想素质、道德水平、心理健康程度等处于不断变化与发展中，并且相互之间也会产生影响与作用，更为重要的是不同阶段、不同环境之下这些内容又会有不同表现，想要获得准确评价十分困难。另一方面，评价主体十分复杂，比如教师在开展评价工作时会受到生活环境、文化环境、物质环境、制度环境等外部因素的影响，比如不同制度下教师会做出不同的选择，进而对评价结果造成影响，如有的学校将思想政治教育评价作为整体评价工作中的小环节，其影响力会十分微小，此时教师对其也不会太过重视，导致评价过程往往墨守成规，很少进行主动创新；有的学校将思想政治教育评价单独设立，与其他评价工作平行共置，此时教师会高度重视，进而付出更多精力去收集数据、构建模型及应对缺陷。这样一来，所获得的评价结果会更趋向于科学合理，更能反映大学生思想政治教育的实际效果。

三是大学生思想政治教育实效性评价具有不稳定性。造成大学生思想政治教育实效性评价不稳定的原因包括以下三类：第一，评价时间不确定。人们的认知是一个动态过程，会随着时间推移不断革新与转化，某一时段的评价结果并不能完全代表当前表现，同样，大学生思想政治教育实效性评价往往只能评价大学生在校期间的表现，却不能对大学生离校后的表现作出评价。第二，评价内容不确定。随着时代的发展，思想政治教育也在不断革新调整，比如多元文化背景下，关于大学生价值观的理念培养内容会有所增加，另外时代不同评价标准、评价模式等也会表现出差异。第三，评价结果不确定。大学生处于不断发展中，其超强的可塑性会为思想政治素质塑造创造良好条件，因此某一次或某一阶段的评价结果不能完全代表学生思想政治素质水平，另外不同大学生会存在先天与后天差异，会造成思想政治水平参差不齐，想要了解大学生的水平就必须基于差异进行逐个了解，但这并不现实，因此所得出的评价结果往往只能反映其中的一部分。

# 第八章　多元文化背景下增强大学生思想政治教育实效性的路径

## 第一节　坚持正确导向

### 一、坚持主流意识形态，以社会主义核心价值体系统领大学生思想政治教育

主流与非主流在任何社会都是共存的，意识形态同样如此。在一个社会中，主流意识形态会处于主导地位，而这一地位的形成并不是一朝一夕铸就的，必然经过长期实践与探索，逐渐成为民众心中的价值认知，在意识形态领域充当核心指导与思想统领内容，并且支撑国家与民族在漫长的岁月长河中不断前行。在当今时代，我国社会发展中存在多种意识形态成分。在诸多意识形态内容中，以马克思主义为核心内容和理论指导的社会主义意识形态占据绝对主导位置，是我国的主流意识形态。从原因上分析，马克思主义具有极强的科学性，能够对周围事物进行科学阐释与分析，并且提出科学的方法论。因此，在它的指导下所形成的意识形态也具有科学性与先进性。我国作为社会主义国家，要想长远发展必须选择与社会主义社会相适应的意识形态作为主流，这样才能提供有力支持。另外，多元文化带来了丰富多样的意识形态，使我国社会中意识形态成分更加多样，与此同时，多种矛盾也随之出现，如果任由这样的局面持续下去，所造成的影响将是巨大的。一味排斥与剔除只能暂时应对矛盾，从长远来看不仅不利于国家发展，还会由此埋下更大的隐患。马克思主义理论中的相关观点与方法能为应对这一局面提供帮助，因此当以马克思主义为指导的意识形态占据主导位置后，不仅能维持社会主义社会发展需求，还能应对外来意识形态可能形成的矛盾，有利于提升

执政党的地位与权威，并且确保社会各个领域平稳发展，尤其是文化建设与思想建设方面受益更多。

社会主义核心价值体系是社会主义意识形态的本质体现，是我国主流意识形态的重要组成部分。

社会主义核心价值体系是指在社会主义制度下，对整个社会价值观念的基本框架和指导思想的总称。它是我国新时代的重要理论成果之一，是中国特色社会主义事业取得伟大胜利的思想基础和行动指南。爱国主义是社会主义核心价值体系的灵魂。它是指对祖国和人民的深厚情感，为国家和民族利益而奋斗的精神。在爱国主义的指导下，我们要坚持中国特色社会主义道路，为实现中华民族伟大复兴而努力奋斗。集体主义是社会主义核心价值体系的基础。它是指个人利益服从集体利益，强调团结、协作和互动。在集体主义的指导下，我们要树立"人人为我，我为人人"的共产主义思想，促进社会和谐发展。公正是社会主义核心价值观的灵魂。它是指在社会资源分配、社会利益保障和社会治理等方面实现公平、公开和公正，促进社会公正。在社会公正的指导下，我们要落实"公平正义，人人共享"的社会主义核心价值观，加强社会管理和服务，推进社会公正。民主法治是社会主义核心价值观的重要内容。它是指人民群众在政治、经济、文化等方面享有广泛的民主权利和自由，加强法治建设，推进国家治理体系和治理能力现代化。文化繁荣是社会主义核心价值体系的重要组成部分。它是指在文化领域积极推进中华优秀传统文化的创新和发展，促进多元文化的交流和融合，促进文化事业的发展。在文化繁荣的指导下，我们要弘扬中华优秀传统文化，推进文化创新，提高文化软实力，为中国特色社会主义事业发展提供精神支持。

在多元文化背景下，建设社会主义核心价值体系具有重大意义。因为西方敌对势力始终没有放弃对我国的和平演变，其中在意识形态领域"搞破坏"是重要手段，从实际情况来看，他们的手段的确产生了一定效果，使我国意识形态领域出现了十分复杂的局面，并且隐隐透出分化趋势，进而对主流意识形态造成冲击。对此，高校要搞好大学生思想政治教育，努力通过这一渠道将社会主义核心价值体系传达给大学生，让他们成为这一体系的坚定信仰者，进而为他们在未来的国家建设中积极践行与广泛传播社会主义核心价值观作出贡献。党中央强调贯彻落实社会主义核心价值体系不能只是表面工作，必须融入国民心灵深处，转化为一种自觉主动的强大力量，只有如此社会思潮才能得到正确有效的引领，即使有外来思潮渗入，也难以撼动大局。同时，培育和践行社会主义核心价值体系后，国民的自信心也能进一步增强，面对外来思潮不会谈虎色变，而是平静对待，既给予它们以尊重，将优秀与精华内容积极汲取，也能有雷霆手段，对不良与负面内容坚决抵制。当大学生具备这一能力后，才能真正在国家与民族的未来建设与发展中充当好接班人角色。国家与民族需要精神支柱，而这一支柱终究来自人民，当人民能够爱国家、崇高尚、耻不德，就能为国家与民族发展注入强大的精神动力，进而引领全党全国各族人民共同奋斗。在多元文化背景下，高校思想政治教育要将社会主义核心价值体系作为基本内容，通过深度讲解与阐释让大学生切实认知其重要性，并在思想层面坚定遵循，进而形成正确的世界观、人生观与价值观。在具体的教育工作中要有行之有效的策略予以支持，不能只是将价值体系挂在嘴边，否则容易激起学生的抵触心理，即便表面上表示认可，内心层面可能出现其他想法。因此，高校思想政治教育在坚持主流意识形态与社会主义核心价值体系为引领的前提下，还要立足实际情况构思实行策略，使指导思想真正引领大学生精神世界，并确保与之相关的思想政治知识真正进入大学生大脑。

## 二、借鉴人类优秀文化成果加强大学生思想政治教育

### （一）吸收中华优秀传统文化成果，加强大学生思想政治教育

中国传统文化历经岁月磨砺与艰难积淀，传承至今依然熠熠生辉。它支撑中华民族在无数次灾难之后涅槃重生，早已深深地烙印在每个中华儿女的胸膛之中。拥有这笔宝贵的精神财富，中华儿女必将无往而不克、不断向前。从世界范围来看，中国传统文化是世界上唯一延续数千年而依然辉煌的

文化形态，将其称为世界文化宝库中最为灿烂的明珠也是名副其实。中华民族在五千年的发展历程中不断开拓进取，形成了如今依然极具影响力的优秀文化。其中，有高尚的爱国主义精神，如"天下兴亡，匹夫有责"彰显出平民对国家的由衷热爱之情；有不服输的进取精神，如"刚健有为，自强不息"彰显出人们永不懈怠、不断向前的精神状态；有海纳百川的包容精神，如"厚德载物，仁者爱人"彰显出人们依托高尚德行与仁爱品质塑造包容气质的炽热追求。总之，我国传统文化中的优秀内容数不胜数，能够为高校思想政治教育提供充足的教育资源。但对于高校来说，要充分利用而不能盲目与机械照搬，要深入挖掘并立足于实际情况灵活应用。多元文化背景下，很多传统优秀品质为新文化、新内容所冲淡，导致它们在大学生心中的地位急剧下降，高校要借助中华优秀传统文化再次弘扬传统优秀品质。

### （二）借鉴汲取西方文化有益成果，加强大学生思想政治教育

西方文化在认识自然、改造自然等领域取得了突出成就，所形成的精神成果值得全世界借鉴。在智者与眼光宏大者眼中，西方世界意识形态虽与我国意识形态相对立，但这并不是一味排西排外的理由，因为西方世界也有很多有价值的内容等待我们去汲取，并且在对西方世界进行研究之后，我们也能更好地应对他们对我国的文化侵蚀。从历史发展来看，资本主义历史有几百年，而我国社会主义道路尚不足百年，因此西方资本主义国家所积累的相关知识与经验会更加丰富多样，他们所推动的科学与技术会处于更高水平。饮鸩止渴的做法是不可取的，因噎废食同样非长远之计。西方文化有糟粕是事实，西方文化对我国进行侵蚀也是事实，但是西方文化存在值得吸收的精华同样也是事实。面对诸多事实，公平、公正地对待是基本态度，任意扭曲与连坐是不可取的。坚持这一态度，高校的思想政治教育才能吸收更多有价值的内容，引导学生对马克思主义辩证法的认知才会更深入。具体做法如下：一要吸取西方文化中的科学精神与开拓精神，引导大学生在学习与工作中敢于创新创造，而不是一味拘泥于现有知识，成为百无一用的"书呆子"。二要吸取西方文化中民主、自由、平等思想，引导大学生充分认识

"人人平等"的内涵，教会他们在人际交往中采取正确的态度与方式。我国传统文化中存在"等级论""官僚主义"等糟粕思想，这些思想直到现在仍然在社会上有一定影响力，西方思想能够与之形成对抗，将糟粕彻底清除。三要吸取西方文化中的竞争精神。在当今社会，没有竞争力的国家难以在国际上立足，而国家竞争力终究是由人才铸就，因此人才必须具有竞争精神，否则个人发展无希望，国家发展亦无希望。四要吸收西方文化中的法治思想。西方法治发展历史更为久远，相较于我国在很多方面走在了前面。我国将建设现代法治国家作为重要目标，因此可以吸收西方文化中的法治思想进行应用，就可以少走很多弯路，更快地实现目标。

### 三、坚持与时俱进、不断创新，增强高校思想政治教育的实效性

#### （一）坚持与时俱进，增强高校思想政治教育的针对性

高校思想政治教育在人才培养中发挥着重要作用，因此国家与民族想要兴旺发达，必须重视思想政治教育效果，其中要求思想政治教育与时俱进是重要方面。时代发展会带来新的内容，大学生的思想也会随之发生变化，如果思想政治教育依然止步不前，只会在教育过程中陷入被动。首先，要做到紧跟时代要求，对思想政治教育指导思想、教育理念、教育内容、教育方法进行革新与调整，确保教育过程能够渗透浓浓的时代感，在潜移默化中将时代精神传达给学生。其次，要做到紧跟社会要求。思想政治教育不能脱离社会实际，必须扮演好为社会服务的角色。社会发展不断向前，对于人才的要求也会不断变化，很多人才标准已然不符合社会发展需求，如果高校的思想政治教育仍旧以其为准则，则所培养出的人才会处于社会边缘，失业是必然结局。最后，要做到紧跟大学生的需求。多元文化背景下的大学生的眼界更为宽广，所能接收到的信息内容丰富多样，这会在潜移默化中改变他们的思想认知与看待事物的态度。这些变化可能尚未在行为方式中体现出来，因此容易给教育者带来错觉，仍旧以过去的传统教育方式进行教育。教育者必须通过多种渠道对大学生的思想状态进行了解与调研，不能仅仅相信眼睛与直

觉。在获得相关数据之后，可以以此为依据对教育目标、教育内容、教育方法等进行及时调整，为获得更好的教育效果打下基础。

### （二）坚持不断创新，增强高校思想政治教育的实效性

创新是重要驱动力，没有创新便只能原地踏步。高校思想政治教育要想提升实效性必然离不开创新。首先，要进行教育观念创新。观念正确，行为才会正确；行为正确，教育活动才能更加合理。在多元文化时代，很多事物展现新的容颜，这也驱动着生活于其中的人们思想观念逐渐变化。其次，要进行教育内容创新。教育内容作为重要的育人载体，必须立足于时代进行革新，以满足当下思想政治教育需求。考虑到多元文化这一不可逆转的发展趋势，思想政治教育内容中应积极引入多元文化成分，满足大学生向往多元世界的诉求，但是创新并不等同于完全推翻传统，主流文化内容仍然处于主导地位，不同的是不能像过去那样直接灌输与一味呈现显性形态，而是要融入更多时代感与针对性，进而提升思想政治教育内容的吸引力与感染力，让大学生在汲取多元文化营养时，能够在思想层面保持清醒认知，不被负面内容侵蚀。再次，要进行教育方法创新。育人必须讲究方法，简单直接的知识灌输可能会在某一阶段起到一定作用，从长远来看，只有走进学生的内心，才能为学生的长远发展与获得更好的育人效果打下基础。在多元文化背景下，大学生更加热衷于个性追求，并且展现出浓厚的个人主体意识，如果教育者仍旧以"高高在上"的姿态面对他们，只会激发大学生的反抗心理，不利于育人进程的顺利推进。教育者应该深刻领会"以学生为中心"理念的重要意义，围绕学生思想特点、内在诉求选择与创新教育方法，并推动育人过程更加动态化，不只是教给学生固有道理，还要从大学生的实际问题出发进行探索分析，帮助大学生去应对和解决困难。最后，要进行教育机制创新。无论是教育观念、教育内容还是教育方法，它们的创新往往是局部的、有限制的，而想要真正扭转当前局面、开启新的思想政治教育格局，必须对教育机制进行创新。比如，管理机制要向可操作性更强发展，避免思想政治教育中出现无效管理、低效管理等现象，使思想政治教育可以在相关制度支撑下

灵活开展、随机应变，而不是陷入管理泥潭中不断挣扎；评估机制要向多形式、多渠道、多层次、多方位方面推进，目的是推动高校思想政治教育多样化发展，在符合大学生多样化需求的同时，也能为改变传统终结式评价体系作出贡献；激励机制要以奖罚分明、公平公开等为目标，确保所有工作做在明处，引导教育者和受教育者以公平心理参与思想政治教育过程。

# 第二节　抓好教育主阵地与主渠道

## 一、抓好高校思想政治理论课的教育教学工作

### （一）加强思想政治理论课课程建设

2005年之前，普通高校中的思想政治理论课主要包括以下两大内容，分别是马克思主义理论课和思想品德课。从实际效果来看，虽然这一课程体系包含理论与实践，但是学生们并没有表现出足够兴趣，原因在于其中的实践内容并没有得到切实落实，使得高校思想政治理论课真正成为"理论"的天堂，给学生留下枯燥无味、精深难懂的印象。后来中共中央宣传部和教育部对高校思想政治理论课进行了改革，其中课程建设是重要方面。在课程设置上既要求相关思想政治理论要全面融入，也要求实践内容能与理论内容相结合，并且要突出重点，让学生能依托时代内容去反思与研究思想政治理论；在课程体系上，马克思主义中国化理论成果处于中心地位，这些内容与我国国情更为契合，有利于大学生更好地理解与认知。除了这些内容外，道德品质、心理素质、法律素质等内容也得以设立，目的是与思想政治培养形成一体，全方位、立体化地推动学生的思想政治水平提升。不同学历层次的思想政治教育课程体系会有所差异，比如硕士生与博士生层次增加了学术研究要求，要求他们不仅要接受思想政治教育，还要通过学术研究为思想政治教育

建设作出贡献。

高校思想政治理论课会系统地向大学生传达相关思想政治理论知识，课程设置、课程体系等课程建设手段施行后，其传达效果获得很大提升。但是课程建设不能停止，需要保持动态化进程。而想要实现这一目标，还需要从以下三个方面进行强化：一要革新领导思想意识。高校领导作为高校各项工作的统领者，他们的思想意识会对工作实施效果造成直接影响。对于思想政治理论课程建设来说，高校领导如果能给予足够重视，并通过提供有效支持与指导来推动各个环节有效进行，则能使课程建设获得更好的效果。二要始终坚持高校思想政治理论课主阵地、主渠道地位，其他任何内容都不能取代。这一点是十分重要的，是思想政治教育坚定开展初衷与切实发挥应有功能的重要基础。课程建设在这一指导思想下进行，更有利于保证建设质量，不容许出现任何投机行为。三要调动全体师生的积极性。课程建设终究要靠全体师生来完成，没有他们的支持，课程建设将举步维艰。想要调动全体师生的积极性，关键是让他们认识到课程建设的重要意义，然后通过适宜的激励机制进一步激发他们，让他们积极提供资料、积极参与试验等，为课程建设更为顺利与高效率进行提供支持。

### （二）提高思想政治理论课教材质量

教材是高校开展思想政治理论课的重要载体，其质量好坏会影响开展效果。想要获得高质量教材必须做好教材建设工作。这一工作要依托相应体系，比如现实形势、新情况、新问题等要想切实融入教材除了要进行实际调研外，还要经过筛选与整合，确保这些内容更精练，不仅能反映当下时代的现状与要求，还能使学生更好地理解。在教材建设体系中，教材编写是重要环节，这一环节必须遵循以人为本的原则，其中的"人"便是大学生。在多元文化背景下，大学生的思想状况与关注焦点经常发生变化，教材编写者要对这些情况深入了解，并在编写时将它们与理论知识有机结合。科学性也是重要要求，编写者不能主观臆断，必须立足马克思辩证法思想对实际情况进行分析，找出内在动因与预测发展趋势，进而提出更具现实指导意义的观点。教材编写者的自身素质必须达到更高水平，才能保证教材具有科学性的同时，权威性与严肃性也能得到保障。由学术带头人、理论研究人员、教学人员等组成的教材编写队伍，他们各具优势，能够在编写过程中各展其能并相互合作。比如，教学人员对大学生思想动态有着更为直观的了解，能够弥补理论研究人员这方面的不足，使编写的教材更贴近实际生活。教材编写完毕后并不能直接使用，还要经过教材委员会的评估，在得到充分认可后才能进入使用环节。教材编写也要保持动态化，因为世界一直在变，教材也要与时俱进，但教材编写不是一朝一夕能够完成的，因此形成"接续体系"至关重要，目的是避免"青黄不接"的现象出现，最大限度地降低教材与时代脱节的程度。在新的时代，教材形式更加丰富多样，除了传统的纸质教材外，电子教材也得到了广泛应用，而相较于传统教材，电子教材在编写、改版等方面更为便捷，应该在教材体系建设工作中得到重点应用。

### （三）提高思想政治理论课教师队伍素质

思想政治理论课教师要拥有扎实的理论素养，同时还要有丰富的实践经验，这样才能在教育过程中更好地指导学生，使思想政治理论课的主阵地、主渠道作用切实发挥。在实际调查中发现，很多大学生对思想政治理论课教学效果表现出不满，而在对背后原因进行分析时发现，教师的"不合格"是重要原因之一。很多教师仍然采用照本宣科的方式，一味讲授教材中的知识内容，而很少从学生视角规划教学过程。教师是一份特殊的职业，承担着育人成才的重要使命，而对于思想政治理论课教师来说，他们所要做的不只是具体知识与技能的传达，还要从思想层面引导学生做一个"政治立场坚定、业务能力出色、严守纪律要求、作风端正无私"的优秀人才。相较而言，思想政治理论课教师的职责更重大。想要培养出高素质的教师队伍，提升理论素养是重要一环，除了深入掌握马克思主义理论外，还要对其他学科知识广泛涉猎，并且从思想政治教育视角有针对性地从其他学科中选择知识内容进行强化；还要培养思想政治理论课教师的技术素养，要能够应用先进的教学手段为思想政治教育服务，拉近思想政治教育与先进技术的距离；师德修养更是重中之重，没有师德的教师是害群之马，不利于学生的健康成长与发展。从目前情况来看，我国高校思想政治理论课教师的素质参差不齐，这说明打造优秀教师队伍是必然举措。一方面，高校要在人才吸收上做好功课，通过拓展和构建更多招聘渠道与明确招聘标准来筛选优秀人才，这一过程中科学评价十分重要，所评价的不仅是受聘人员当前的素质状况，还要对其发展潜力作出评价，使所吸收的人才在未来的教育事业中展现靓丽风采；另一方面，高校要构建系统规范的教师培训体系。教师也要努力学习追求进步，如学历、知识、专业、经验、能力等均是重点提升内容，而从培训角度分析，时间上一定要合理安排，尽量在不影响正常教学进程的前提下开展培训工作，但同时也要考虑教师的实际情况，避免让教师对培训产生抵触心理。

**（四）创新思想政治理论课的教学手段和教育方法**

多元文化背景下的大学生变得更有主见，会对个性化发展表现出炽热态度。当他们遇到"教师灌输、学生被动接收"的教学方法时必然会表现出激烈的排斥反应，导致教学效果难以让人满意。这对教育者提出了新的挑战，能否引入新的教育方法并且在实际施行中基于学生的不同情况灵活调整是教育者需要着重思考的问题。教育者必须秉持动态探索态度，不能因取得一时的成绩而骄傲自满、止步不前，也不能因一时的失败而对自己失去信心。因此，在创新教学手段和教育方法中，激发教师的积极性十分重要，此处主要是对创新途径进行探讨，而对于如何激发教师的积极性不做深入分析。

首先是课堂教学手段的创新途径。思想政治理论课主要以课堂教学形式开展。课堂教学形式古已有之，开展过程较为固定，通常是一个教师面对一群学生进行知识讲解与灌输，另外时间上也是固定的，教师会按照时间长度来做出具体安排。课堂教学形式沿用至今，而随着新技术、新手段的开发与应用，传统的课堂教学形式的短板越发突出，比如单一性很强，教师便会调整教学方式但终究会因为课堂空间限制而影响调整效果，同时传统课堂中一块黑板、一支粉笔便能进行，教师向学生呈现的内容通常是静止不动的粉笔字，会显得枯燥无味、缺乏感性触动。现代社会出现的新型教学手段能够应用于思想政治理论课教学中，比如投影仪可省去教师板书的过程，还能向学生呈现生动形象的音视频内容，有利于调动学生的学习兴趣与营造活跃氛围，使原本枯燥无味的思想政治理论课生动起来。在现代教育手段的支撑下，新的教学形式也能得到开发，如案例教学、电化教学、影视教学、网络教学等均能应用于教学过程中，不仅有利于向学生提供更多、更形象、更容易理解的知识内容，还能为师生互动获得更好效果提供助力。

其次是拓展课外教学形式。思想政治理论课不能完全走课堂教学之路，还要拓展课外教学形式来引领学生进入新的教学空间。学生学到理论知识后，能在课堂中经过深入思考或者更深理解，但想要使理论指导自身行为必须经过实践活动锻炼。学校应该积极组织与举办相关实践活动，让学生参与其中实现理论与实践的结合，进而对我国当下的发展路线、发展方针等充分理解，并在未来进入社会后能积极响应。参观革命历史博物馆、走进社区关爱弱势群体等是典型的课外实践活动，高校应该积极引入，并基于实际情况贯彻落实。在网络时代，打造红色网站、开设红色社交媒体账号等也要得到高校的足够重视，这些手段与时俱进，更能得到大学生的认可，让他们积极登录网站并参与其中，并在潜移默化中受到感染。

**（五）创建科学的思想政治理论课教学的考试评估模式**

评估、评价等工作既要承担反映教学效果的重任，也要引导教育者基于教学效果进行改革创新，解决其中的不足之处与问题。通过评估评价，教育者能对思想政治理论课教学规律获得深入掌握，懂得在教育过程中"控制"与"指导"是两大核心环节。以往的评估模式趋向于评价大学生对知识的掌握情况，但对大学生能力培养的效果不太重视，这会对大学生全面发展造成负面影响，也难以为教育者提供良好反馈，导致评估评价工作难以发挥应有作用。另外，多元文化背景对评估评价工作也会产生诸多影响，主要表现在评价教学环境、教学条件、教学对象等方面，进而使评估评价工作更为复杂，想要获得更为科学与有效的评价结果十分困难。创新考试评估模式要从完善考试制度入手，促使考试过程不仅要检测学生对知识的掌握程度，还要从政治立场、政治观点等方面进行检验，让教育者了解学生在政治方面是否存在偏离正轨的问题。同时，评估模式不能只对教学效果进行评价，还要注重育人功能的评价，这就需要评估工作常态化开展，对教学效果进行综合研究，剖析背后存在的问题与不足，进而更科学、更客观地评估育人水平。

## 二、发挥高校哲学社会科学各课程的育人功能

高校的思想政治教育是一项巨大工程，需要从多个方面入手对其予以支撑，思想政治理论课作为主渠道与主阵地，也要得到其他学科的帮助来强化这一地位与功能，其中哲学社会科学课程是重要内容。这类课程具有显著的人文性，能够发挥一定的思想政治教育功能。本书所讨论的哲学社会科学课程属于狭义范畴，不包括思想政治理论课程体系内部的各类学科，而主要指的是语言学、逻辑学、思维学等一系列具有显著意识形态属性的学科。这类学科的育人功能表现如下。一是价值观教育功能。哲学社会科学中包含人类对世界、社会、人生的相关认知，虽然在时间跨度上表现出诸多差异，但是能够让人们对所处世界获得相关了解，进而为形成某种价值观念打下基础。在多元文化背景下，价值观多元化成为常态，而某些价值观由于产生于负面思潮中，一旦侵蚀学生的思想必然产生不良后果，而在价值观引领中，一味从价值观本身进行强调是不够的，还要向更广范围追溯，通过更多内容阐释引导学生进一步认识价值观的内涵。哲学社会科学能够充当这一角色，将更广泛的内容传达给学生。二是思想道德教育功能。哲学社会科学是人类文化浓缩的产物，其中蕴含着十分丰富的道德资源。大学生学习这类课程能了解诸多道德品质，并在潜移默化中使它们融入脑海之中，成为学生正确认识社会关系、形成高尚道德情操、具备积极生活态度及提升内在审美能力的重要力量。三是创新素质培养功能。一个人想要创新不能只有创新想法，还要有扎实与完善的知识体系。纵观历史长河，凡是在某些方面作出突出贡献的人，他们的知识结构是极为完善的。哲学社会科学知识是众多知识中的一个类型，其在创新素质培养中能够起到提供精神动力的作用，让学生勇于追求

真理与积极弘扬社会新风尚，进而为实现创新打下坚实基础。四是健全人格教育功能。社会处于不断发展中，人格是否健全会影响学生能否融入社会之中，而在人格研究领域，社会变化会呼唤一些新人格、新品质出现，但它们不是凭空产生的，仍然会与传统人格内容存在紧密关联。哲学社会科学虽没有直接研究与讨论人格，但是其中所涉及的历史学、文学、艺术学等课程却能从侧面揭露人格的重要性，并为人格如何培养与提升提供些许借鉴。基本人格要具备辨别美丑、正确看待挫折等特征，而当大学生拥有这些人格后，就能够在学习生活及未来发展中保持良好心态与稳定情绪，进而为走得更远打下基础。五是民族精神培育功能。一个民族想要生存与发展必须有民族精神进行支撑，这一精神足够强大时，民族会走在世界的前列，反之则会陷入落后挨打的局面。在对民族精神进行理解时可以从多个视角入手，如历史发展视角、文学视角、艺术视角等，而哲学社会科学能够满足这些视角需求，引导学生对民族精神有更深入的认知，并且促进民族精神融入大学生心灵深处，支撑他们扛起民族发展的大旗，为本民族在世界民族之林中具有更强影响力作出贡献。

哲学社会科学学科在思想政治育人方面作用匪浅，而想要充分发挥作用要做好以下四点。

首先，充分认识哲学社会科学思政育人的功能。哲学社会科学在引导学生认识世界、了解文明、提升创新素养等方面具有重要作用，高校必须认识到这一点并采取行之有效的方式予以支持。将哲学社会科学纳入高校思想政治教育总体规划是第一步，这样才能稳固这类课程在高校中的地位；第二步是做好管理，教师队伍、教育内容、教育方式等均要得到系统管理，确保这类课程高质量进行；第三步是加大投入力度，驱动与这类课程相关的各方面工作高质量推进。

其次，提高哲学社会科学教师素质。这类学科意义非凡，可如果没有教师良好传达，其功能与作用便会大打折扣。从目前情况来看，哲学社会科学教师的素质存在问题，对教学效果产生了不良影响。而从思想政治教育视角分析，教师素质提升要从以下三个方面入手。一是提升教师思想政治教育意识，让他们在哲学社会科学教学中不断思考如何育人，而不只是传授知识。二是提升教师思想政治教育素质。夯实育人意识是前提，而想要在实际教学中切实展现与发挥育人功效，必须采取行之有效的育人手段，其中坚定马克思主义信仰是重要方面，目的是在潜移默化中加深学生对马克思主义信仰的认知与了解。三是提升教师的业务素质。育人过程是复杂的，需要全面入手融会贯通。在业务层面，教师不仅要拥有行之有效的育人手段传达知识与理念，还要做好组织工作，将学生的积极性与主动性充分调动起来，使育人氛围更加活跃和热烈。另外，学术研究也是业务素质的重要组成。在多元文化背景下，新事物会不断融入，无论是哲学社会科学教学还是思想政治教育教学都要进行创新才能适应新时代与新需求。学术研究能为创新创造提供有力的理论支撑，为获得更好的创新成果作出贡献。

再次，加强哲学社会科学教材体系建设。高质量的教材是哲学社会科学充分发挥思想政治育人功能的重要前提。教材体系建设要以科学合理为原则，其中了解大学生身心发展特点与规律是重要内容，基于此编辑的教材才能让学生更好地接受，为提升思想政治素质奠定基础。符合时代需要也是硬性条件。在多元文化背景下，社会变得更加复杂多元，相关学科也在发展演进，跨学科现象更为突出。教材内容要将这些现状以不同形式融入其中，但更为重要的是打造特色，不能只是将教材建设成诸多内容的万花筒，还要凸显中国特色与民族风格。如此教材才能更加贴合思想政治教育需求，也更能得到大学生的认可。教材监管工作时刻不能松懈，因为一旦教材出现问题，所危害的将会是几代人，由此带来的伤害与损失将难以估量。因此，该工作必须动态运行，从审定评估到听取各方意见，再到奖励处罚均要放在明面，确保教材符合质量标准。

最后，推进哲学社会科学教育创新。提高教育质量离不开教育创新，传统教育中的诸多问题不能继续存在，必须通过创新予以解决。但是创新也会面临诸多风险，尤其是在多元文化背景下，一些创新之举会因为被某些错误思潮影响而误入歧途，如果不能及时发现和终止，必将造成诸多不良影响。除了应对风险，加大投入、引入先进技术手段也是创新的重中之重。比如，多媒体教室、校园网络电视、虚拟现实空间等得到应用后能够开启教育教学新局面。归根结底，创新之举是否发挥功能与作用要靠教育工作者来验证，如果教育工作者不具备扎实的新技术操作能力，即使先进设备摆在面前，对他们来说也毫无用处。因此，提升教育者的技术素养至关重要，但这也要建立在教师的思想素养足够扎实的基础上，真正使技术应用处于正确思想引导下。

### 三、强化高校其他学科课程的育人职责

当代大学生思想更为复杂、追求更加多元化，想要搞好思想政治教育必然会面临巨大挑战。将这份责任全部交给思想政治教育教师是不科学的，一方面他们力量有限，难以对自主育人工作全面掌控；另一方面思想政治育人是一项巨大工程，思想政治教育教师只是其中一环，还需要得到其他教育工作者的全力支持与协助才能推动这项工程正常进行。育人意识应在每个教育工作者心目中得到确立。而具体到此处所论及的高校其他学科课程，主要指的是除了思想政治理论课与哲学社会科学之外的其他课程，比如数学课程、物理课程、化学课程、计算机课程等。学生在学习这类课程知识时，往往会以"专业"视角审视，注重剖析其在逻辑认知、技能提升等方面的功用，而对其思想政治育人价值缺乏认识。有学者指出，思想政治教育不能脱离知识教育，因为知识教育会成为思想政治教育实践的载体，一旦只谈思想政治而忽视知识内容，便容易陷入空洞说教的误区。同样，知识教育如果没有思想政治教育予以支持，就会沦为人们掌握技能的"工具"，毫无生命力与人文性。心理学在大学生思想政治教育中极具影响力。当大学生具备健康心理时，就能够在学习生活与未来发展中保持积极向上的状态，面对激烈竞争时不会因心理压力大而退缩，也不会在各种欲望诱惑下迷失自我。纵观近年来高校中发生的学生犯罪案件，心理不健康往往是主导因素。将心理学引入思想政治育人领域，能够帮助教育工作者对大学生的心理特点和心理变化规律

充分了解，进而在这一基础上判断学生的心理状况，接着采取针对性措施进行引导和教育，将心理问题消弭于萌芽状态。数学学科以严谨著称，研究数学问题不能有丝毫的主观色彩，必须按照相关理论与逻辑一步步推进。对于大学生来说，学习数学的过程能够培养他们的逻辑推理能力与实事求是的科学态度，而当这些素质与思想政治教育有机结合后，就能够转化为诚实守信、正直理性等优秀品格。

高校要想充分发挥各门课程的思想政治育人功能，需要做好以下三个方面工作。一是推动课程互动渗透。各科教师是推动课程互动渗透的重要力量，在这一过程中，首先要掌控本职课程特点并落实，然后再结合思想政治教育要求挖掘内部思想政治元素，进而在传授专业知识的过程中向学生传授思想政治教育内容。二是加强师德建设。课程育人功能是客观事实，而想要充分发挥育人功能还需要得到教师的支持，教师仅具有专业能力是不够的，还要具备出类拔萃的师德，比如为人师表，严格约束自身行为，在学生面前保持良好形象，并能在与学生交流互动中细心指导、关爱有加，让学生在体会教师带来的温暖与帮助外，还能被教师的人格魅力感染。三是严格教育教学纪律。坚守纪律是底线，比如学术研究中抵制学术造假、课堂教学中抵制无事生非等，这样能够培养学生遵守纪律的意识，在未来发展中严于律己。

# 第三节　充分发挥学生自我教育作用

## 一、大学生自我教育在高校思想政治教育中发挥着重要作用

### （一）自我教育是发挥高校思想政治教育主体性的内在要求

思想政治教育是一种内化教育，重点在于激发学生的内在认知，从而能够自觉主动地实施正确行为，在这一过程中，教师的外在引导自然具有重要

意义，但如果局限于这一方面，思想政治教育便会陷入不平衡局面，不利于获得良好的教育效果。自我教育是天平的另一端，若能与教师教育结合便能使思想政治教育的天平更加平衡。从思想形成规律审视，大学生在成长过程中不断基于自身需求对外在内容进行吸收，而后经过积淀形成独特的思想认知。这一过程是由大学生独自完成的，他人无法替代，并且这一过程实际上是大学生发挥主观能动性进行自我教育的过程。自我教育十分重要，当学生获取知识与具备良好品德后，只有通过自我驱动与选择才能使这些内容演化为自觉行为，进而将个人努力与社会发展紧密衔接起来。总体而言，教师教育属于外部教育范畴，是开展思想政治教育的外因；自我教育属于内部教育范畴，是开展思想政治教育的内因。两者缺一不可，但需要良好合作才能为思想政治教育获得更好效果打下基础。

### （二）自我教育是实现高校思想政治教育最终目标的根本保证

教育是一种手段，其最终目标是"不教育"，意思是受教育者达到不通过教育便能规范自身行为、释放美好品质等效果。达到这一目标的关键在于提高受教育者的自觉性，让他们自觉主动地发展好的内容，规避坏的内容。高校思想政治教育着眼于提升学生的内化能力，将优良道德品质与思想政治素质转化为实实在在的优秀品质，既包括对社会发展炽热关心、积极作为等行为态度，也包括对自己不断省察与约束的能力。当大学生能够在不借助外力的情况下做到自律后，则意味着自我教育达到了较高水平。从目前情况来看，经济全球化和多元文化时代已然来临，不同文化观念争奇斗艳，形成了错综复杂的社会局面。一方面，有力驱动传统教育向现代教育转型，自我教育理念提出并得到践行；另一方面，极度注重个人的负面思潮会使自我教育走向极端，非但难以发挥其应有的功能与效果，还会带来诸多不利影响。这就要求高校对自我教育深入研究，并通过抵制负面思潮确保自我教育健康发展，让大学生在大学期间及未来走向社会后，能够在自我教育理念的驱动下不断完善自身，对存在的问题与不足及时应对与处理。这能为培养德智体美劳全面发展的社会主义事业合格建设者和可靠接班人作出贡献。

### （三）自我教育是增强高校思想政治教育实效性的内在要求

在高校思想政治教育实效性检验中，大学生思想政治素质水平是重要指标。而提升思想政治素质并不只依靠教育工作者对思想政治知识的传达与实践，还要依靠大学生自我反省、自我修养、自我教育的过程来进一步夯实。长期以来，传统教育模式对高校思想政治教育产生了诸多影响，最为突出的是教育过程中偏重外部教育而忽视大学生的自我教育，导致大学生只能被动接受由教师传达的相关知识，而鲜有自我空间来进行自我消化。因此，大学生会对思想政治教育产生枯燥无味感，学习积极性与主动性不断弱化，进而对最终教育的实效性造成不良影响。因此，高校必须对传统教育模式中的不足之处进行改正，将激发与发挥大学生主体性放在更高位置，通过向学生传达符合其诉求的知识内容与采取他们认可的教育方式来为形成自我教育习惯打下基础。自我教育过程并不简单，需要学生能够正视自我，对自身的不足与缺点正面对待，并积极构思解决之策。这一过程需要学生具备揭开伤疤的勇气与敢于挑战自我的豪气，才能真正在自我发展与自我超越的道路上走得更远。

### （四）自我教育是高校思想政治教育"以学生为本"的根本体现

在当今时代，以学生为本的理念在教育领域得到了越来越高的重视，很多教育工作者会基于学生需求来采取教育策略，但对于这一理念是否真正得到贯彻尚没有清晰明确的评价指标。有学者认为，学生被尊重意味着达到了标准，但被尊重只意味着学生的地位得到了确立，不用再像传统教育那样处于被动地位。笔者认为只有学生具备了自我教育能力才意味着"以学生为本"的理念得到了贯彻落实。因为学生能够进行自我教育，说明他的内在热情与活力得到了激发，并且还会表现出极强的自觉性与上进心，而这些内容并不是单纯的地位认可能够达到的，必须通过教师的深入引导与激发才能达到。

### （五）自我教育是大学生德智体美劳全面发展的根本途径

大学生全面发展需要外部教育与自我教育的共同作用，而对大学生来说，只有自身主体性与自觉性得到激发，才能更为主动地去学习和体会，进而掌握更多知识并具备优良的道德品质。换言之，大学生教育水平的提升最终要通过自我教育来实现。高等教育与自我教育之间是相辅相成的关系，高等教育可以激发自我教育，而自我教育反过来也会为高等教育发展作出贡献。另外，大学生全面发展是一次艰难历程，尤其随着德智体美劳等方面不断呈现新内容，提出新标准后更是如此。人人都有趋利避害心理，面对艰难会不自觉地选择逃避。而当大学生具备自我教育能力后，在诸多困难面前不会退缩而是主动作为，通过制订学习计划一步步实现所设定的目标。

## 二、充分发挥学生组织在大学生自我教育中的作用

### （一）班级

班级是常见的学生组织形式，是学校开展教育工作时的重要载体。一个讲究民主、追求平等的班级会为学生学习提供良好的环境，并促使他们自觉维护这一环境，这不仅有利于提升学习成绩，还能为塑造良好思想与行为创造条件。从自我教育层面分析，班级品质越高，越会对自我教育产生极大的推动作用。比如在一个班级中，如果每个学生都能参与班级管理，则有利于培养他们的自控能力，自觉主动地以主人翁姿态来要求自身和周围同学，进而形成自我要求与相互监督的良好局面。这样的环境能让学生充分展示自身优势与特长，无论是自尊心、自信心，还是上进心都能得到增强，更为重要的是，学生的精神层面能得到优化，能够团结合作，能够为了集体利益甘愿付出，等等。

### （二）学生党团组织

学生党团组织通常是由学生中的先进分子组成的，其在高校党委、团委的领导下开展相关活动，让学生通过活动锻炼与磨炼自身意志，并能为提升自我教育能力提供支持。学生党团组织在经过长期发展与实践后变得更为成熟，不仅体系完整，而且在吸纳成员时能做到全面覆盖，目的是使党团组织尽可能代表学生权益，并且能通过各类方式对大学生的思想状况、心理需求等充分了解。在这一基础上，学生党团组织能够在开展相关活动时充分立

足学生实际情况，为学生开展自我教育创造良好条件。具体来看，学生党团组织通常会举办勤工助学、志愿服务、社会实践、自主创业、心理辅导等活动。一方面，这些活动能够彰显党员学生的先锋模范作用，在潜移默化中带动周边同学积极参与，除了提高他们的思想政治素质外，文化素质、心理素质等也会得到优化。这能帮助他们抵制外来负面文化思潮的侵蚀，也能提高其解决实际问题与困难的能力；另一方面，这些活动可以使学生进一步了解思想政治理论知识、当前国家方针政策，并能在实践活动中深化认识，对国家发展充满信心，并且有利于自我定位，为后续更有方向地学习提供依据。

### （三）学生会

学生会是高校中常见的学生组织，其坚决服从学校党团组织领导。学生会成员广泛分布，更有利于学校了解大学生的思想状况，进而有针对性地开展相关活动，其中集中自我教育活动是重要形式。学生会一般设有多个机构，有宣传机构、活动机构等，其中宣传机构负责宣传党的方针政策、国内外新闻、模范事迹等，能够让大学生在潜移默化中得到思想引导，进一步夯实爱国主义、集体主义、社会主义等理念，对外来的文化理念与思潮形成免疫，避免在多元文化局面中被侵蚀；活动机构负责举办各种活动，如开展报告会、举办文体活动等，让大学生在活动过程中提高思想政治素养，并能通过自我努力与积极竞争取得更好成绩。学生会内部有着规范的管理制度，会对与学生相关的各类事务进行管理与评价，帮助学生发现问题与不足，督促他们及时纠正。比如，卫生评比是重要活动之一，能够引导学生注重自身卫生与寝室、教室的卫生，并在实践行为中形成自觉意识。

### （四）学生社团

学生社团是学生中兴趣爱好相同者自愿组成的课外活动组织，其组织形成具有自愿性，在开展活动时只要符合学校相关章程便能自由开展。在学生社团中，管理与服务均由学生承担，因此一个学生社团是否能良好运行取决于内部学生管理与服务质量的高低。当学生在管理与服务中得到历练后，不仅能提升组织管理能力，还能为自我教育达到更高水平作出贡献。学生社团类型众多，有知识型、娱乐型等。其中，知识型学生社团能够开阔学生知识视野，通过各类知识活动优化学生的知识结构；娱乐型学生社团能够让学生暂时远离学习过程，在娱乐活动中放松身心，这一过程有利于陶冶学生的思想情操，尤其是艺术类社团活动效果更为突出。

### 三、学校和社会要为大学生的自我教育创造良好条件和环境

#### （一）高校要为大学生的自我教育提供必要的指导

教育工作者要发挥指路明灯作用，引导大学生在自我教育的道路上走得更远。有人认为自我教育应是大学生分内之事，大学生应该独自探索与实践。这种观点是片面的，大学生自我教育能力的提升的确需要自我努力来达成，但如果完全没有外部指导，就容易在发展过程中误入歧途，使得自我教育效果不佳。首先，高校要引导学生认清自我教育目标。自我教育是一种发展与提升形式，获得这种能力能够在人生的各个阶段保持充足活力，避免被时代淘汰。自我教育的目标是提升自我，如果自我没有提升，便意味着自我教育是失败的。在实际情况中，很多学生在自我教育过程中存在形式化误区，使自我教育达不到应有的深度，导致自我提升效果不佳。其次，高校要引导学生掌握自我教育科学方式。自我教育不能囫囵吞枣，更不能期待一朝一夕获得成功，否则会使自我教育误入歧途。高校要引导学生学会制订学习计划，其中不仅要包含学习目标，还要明确提出方法途径，切实指导学生在自我教育中有效进行。再次，高校要对学生自我教育活动进行引导。从大学生的特点与需求入手是高校进行引导的重要依据，比如在自我修养活动中，高校要引导学生了解自身的闪光点，并围绕它逐步发散，这样有利于自我修养活动顺利进行；在社会公益活动中，高校要引导学生做自己力所能及之事，不要因和他人攀比而盲目选择公益项目，避免因公益项目超出能力范围而影响自我教育效果。最后，要加强学生干部队伍建设。加强学生干部队伍建设的目的是培养更多综合素质高、组织能力强、思想觉悟高的学生干部，让他们在引导其他学生的过程中将正确的知识传达出去。

## （二）高校要为大学生的自我教育创造良好的条件和环境

在多元文化背景下，大学生的思想观念容易受到外来思潮的影响，而在诸多外来思潮中，西方个人主义思潮极具影响力。个人主义能够激发学生内心深处谋求自身利益的心理，进而形成自私自利、以自我为中心等不良观念。这些观念对自我教育会产生负面作用，因此高校要进行扭转，其中创造良好环境和条件是重要举措之一。马克思曾说人是教育和环境的产物[1]，由此可见环境对教育的影响力之大。在构建大学生良好自我教育环境时，校园文化建设是重要途径。大学生大部分时间在校园中度过，校园文化环境质量越高、人文氛围越浓厚，越能够带给大学生良好影响，让大学生在潜移默化中形成正确的价值观念和思维方式。正确的价值观念和思维方式除了为形成良好道德品质、文明风尚等作出贡献，还能使自我教育顺利进行。首先，要建设校园物质文化环境。优美和谐是重要标准。学生处于优美和谐的校园环境中，心情会更加愉悦，精神上也能得到放松，不会为自我教育感到焦虑、烦躁，而是能静下心来慢慢进行自我教育。对于高校来说，创造良好的自然环境，空气清新是基本要求，学生呼吸着清新空气，内在积极性更容易被调动；人文环境是重中之重，人文环境中蕴含着深厚的人文气息，步入其中可接受人文洗礼，更能从精神层面感染学生，让他们以人文之姿去学习和探索。其次，要建设校园精神文化环境。健康向上是重要标准。校园内要形成正向的舆论方向，弘扬主旋律，宣传对国家建设发挥重要作用的模范人物，让广大师生从中受到鼓舞，能够自觉效仿，并将高贵品质作为人生追求。校风也要重点塑造，正向、规范等内容要融入其中。比如，自由思想可以适度引入，塑造学术自由、学习自由等风气，让广大师生更愿意主动创新，而在强调自由的同时，严格管理也不能缺位，当出现学术造假、学习太过自由化等现象时，则要进行坚决打击，避免自由之风泛滥。严谨的校风能够引导学生在自我教育中规范自身行为，既不过分拘泥于限制，也不任意突破制度与管理。最后，要建设校园制度文化环境。完善与合理是校园制度文化环境建

---

[1] 马克思恩格斯文集：第一卷 [M]. 北京：人民出版社，1957.

设的重要标准。出台规章制度要以建设井然有序的工作环境与营造赏罚分明的良好氛围为目标，制度越完善，公平公正气息越浓烈，学生对善恶美丑也会认识得越清晰，进而在自我教育中选择更正确的知识内容。完善与合理还要求学校制度能与实际情况相契合，避免制度沦为没有实效的"花瓶"，比如贫困学生救助机制要向更具操作性方向发展，避免因周期过长而使贫困救助失去价值，而当家庭有困难的学生得到及时救助后，他们更能好好学习，珍惜学习良机。

**（三）社会和相关部门要为大学生的自我教育创造良好的条件和环境**

培养优秀的大学生不只是高校的责任，整个社会也要主动担负相应责任。学生终将步入社会，并会在社会中度过漫长的人生岁月，因此社会环境越好，学生越能够通过自我教育不断提升，进而为社会发展作出更大贡献。首先，要营造良好的社会风气和氛围。想要实现这一目标，新闻媒体责无旁贷，因为它们是社会舆论的引导者。新闻媒体要为社会团结稳定作出贡献，不能为了博取眼球或者获得更多利益而大量传播具有商业性质的新闻信息。当学生被商业气息熏染后，就容易产生功利化思维，就会因为自我教育周期漫长而选择放弃。国家机关、事业单位等也要担负起这一责任，通过规范自身行为留给社会更好印象，比如坚决抵制贪腐行为能让学生认识到贪腐之人终将为自身行为付出代价，进而能自觉规范自身行为，并在自我教育中有所体现。文化部门和艺术团体要将生产高质量、正面健康的文化产品和文化服务作为重要目标，不断从民间收集创作灵感，使创作出的作品贴合普通民众的生活实际，进而得到普通民众的认可。学生也能从中了解社会现状，更加清晰地认识到自己身上背负的重大责任与使命。其次，要营造良好的家庭育人环境。家庭对于一个人的成长具有重要意义，家庭和睦，孩子的身心会更健康，家庭破裂会将孩子推向痛苦之中，所造成的伤害可能需要一生来弥补。营造良好的家庭育人环境并不是要求每个家庭强行"撑下去"，而是形成一种观念意识，引导每个人在经营家庭的过程中作出自身贡献，不去做任何危害家庭和睦的事情。除此之外，良好家风打造也是重点内容，父母要以身作则，通过自身的言行举止使家风更为优良。最后，要建设良好的学校周边环境。高校社会化程度不断提升，大学生在学习之余会与社会环境密切接触，比如高校周边的餐馆、网吧、游戏厅、书摊等均是学生经常光顾的地方。学生在这些场所进行消费或者获得娱乐享受本无可厚非，但如果疏于管理与约束，这些场所很容易影响高校的正常教学活动，甚至会成为滋生学生犯罪的温床。但是高校作为教育机构，管理权限有限，因此相关部门必须承担这一责任，对不合格、存在违法行为的校园周边场所予以取缔。

# 第四节　加强思想政治教育工作队伍建设

## 一、加强高校专职思想政治工作队伍建设

高校专职思想政治工作队伍是思想政治教育工作的主要开展者，他们的素质水平决定了思想政治教育的理论高度，如果理论层面都得不到保障，其他思想政治教育工作也会因为方向不明、理论不扎实而受到不良影响。因此，建设一支高素质的专职思想政治教育工作队伍至关重要。

首先，要提高门槛，对工作队伍成员素质进行严格把关。大学生思想政治教育是一项艰巨工程，需要认真对待、全方位入手才能收获理想效果，这一过程中成员的努力、耐心等品质会受到考验，同时业务能力是否优秀也会成为重要影响因素。要想严格控制思想政治教育工作队伍的素质水平，一方面要以德才兼备为评价标准，其"德"处于更重要地位，那些只有"才"却无"德"的人员不能进入政工队伍；另一方面要考察人员对政工工作的热爱程度。政工工作需要极大的耐心，尤其是面对大学生时更是要细心引导，不能表现出不耐烦情绪，并且要热衷于了解大学生的思想状况。专职思想政治工作队伍建设并不对教师范围做出严格要求，除了辅导员、专职思想政治教

师等人员外，优秀学科教师也能参与其中，以弥补当前专职政工人员不足的问题，并且有利于维持工作队伍的稳定性，为高校思想政治工作稳定推进打下基础。

其次，要提高专职思想政治工作队伍的综合素质。从目前情况来看，我国高校专职思想政治工作队伍建设现状不尽如人意，主要表现在人员数量不足、综合素质较低等方面，而这些问题又导致了思想政治教育工作开展时捉襟见肘，对于具体工作人员来说会使自身任务过重。增加人员数量是必要的，但是在增加过程中必须确保工作人员综合素质达到一定标准，如果只是增加新的人员而在素质方面把关不严，工作队伍整体质量仍然难以得到保证。开启人才培养工程、搭建人才培养基地等是高校的重要工作，而当这些内容能够持续动态发挥作用时，则能向高校源源不断地提供专门人才。高校还可以从中选择优秀人才进行进一步深造，为打造更高层次的思想政治教育工作队伍打下基础。无论是常规培训还是精英打造，均需要实现理论与实践相结合，尤其是实践方面要准备到位，如挂职锻炼、学习考察等活动应得到科学规划，使其在实践能力培养方面发挥重要作用。

再次，要完善专职思想政治工作队伍管理和激励机制。工作队伍要想在实际工作中发挥应有作用，除了自身具备足够的能力与素质外，还要依靠完善的管理运行机制。高校要将完善机制作为重要工作，而在这一过程中严格制定管理标准是重要环节，目的是要求工作人员按照相关标准严格要求自己。仅仅严格管理是不够的，还要通过激励举措激发工作队伍的积极性，让他们能够主动参与思想政治教育工作，并且通过不断创新为这项工作提供助力。管理运行机制要做到宏观调控，掌控相关工作运行大方向，而在具体实行中，每个工作人员的特点与诉求都应该考虑到，进而保证所制定的规划符合实际情况，为每个工作人员在思想政治教育中发挥自身功能与价值提供支撑。

最后，要保障专职思想政治工作队伍的地位与待遇。在地位方面，高校要给予工作队伍足够重视，充分认可他们在思想政治教育中的重要作用，并且这种认可不能是表面工作，而是要切切实实体现在日常相关环节中；在待遇方面，高校要有所倾斜，因为思想政治教育工作繁杂艰巨，需要工作人员付出巨大的心血才能完成，如果他们不能得到优待，内在积极性就会受到削弱。提高工资待遇是一个方面，还有其他方面如职称晋升、住房分配、进修培训等也要予以充分保障。

## 二、提高高校思想政治理论课和哲学社会科学课教师的素质

高校思想政治理论课和哲学社会科学课教师作为高校思想政治教育的主力队伍，承担着重要责任，理论素养与实践能力均要达到相应标准。党中央多次强调思想政治教育要动态进行，不能出现青黄不接的现象。在这一思想指导下，各个高校在教师结构上做出了有效调整，"老中青相结合"是重要调整方向。在结构更加合理后，提升教师队伍综合素质则成为下一个重点。与专业学科教师不同的是，高校思想政治理论课和哲学社会科学课教师队伍在提升综合素质时要与思想政治教育建立密切关联。第一，教师队伍的政治立场必须更明确、更坚定。坚定十分重要，尤其在多元文化背景下，如果信仰不坚定则容易被外来文化思潮浸染。教师要引导大学生在多元文化时代健康发展，教师政治立场足够坚定才能够在大学生出现价值观与文化理念问题时，始终站在为人民服务、无限忠诚社会主义等立场上进行阐释和引导，进而为大学生将马克思主义作为信仰提供有力支撑。哲学社会科学教师虽然不会直接向学生传达马克思主义相关知识，但也要在讲授知识的过程中潜移默化地融入这些内容。第二，充实思想政治理论课教师和哲学社会科学课教师的专业理论知识。思想政治教育是一项大工程，系统传授理论知识是重要起点，同时也会贯穿于整个工程之中。因此，教师队伍必须具备基本理论素养，如马克思主义基本原理要深入解读，懂得其运行本质与内涵，进而在传授知识的过程中能以更加专业的视角向学生阐释，避免学生产生误解与歧义。在专业理论知识中，教育学、历史学、伦理学、心理学等知识也要包含在内，这类知识主要是为更好地阐释马克思基本原理等理论知识提供服务。

正如马克思所言，要想贯彻理论必须以"说服人"为前提[1]。当代大学生在多元文化背景下思想变得更为活跃，在看待某些问题时会有不同于前人的新观点，教师队伍想要更好引导当代大学生，只要从多个视角对新观点进行深入剖析，找出其中可取之处与不足之处，而后抽丝剥茧，让学生对自己的观点获得更深的认知，就能更加理性地对待新思潮而不是狂热附和。第三，提升思想政治理论课教师和哲学社会科学课教师的道德修养。教师是育人者，他们不仅要具有广博学识，向学生传达各种各样的知识内容；还要具备更高的道德修养，引导学生形成良好道德品质。"身教重于言教"要求教师通过身体力行成为学生心目中的"光"，进而让他们向光而行。教师队伍必须注重道德修养，在日常生活中自觉规范自身行为，能够善待学生、不失信于学生、脚踏实地、乐于奉献等；在大是大非面前能够鲜明地彰显自身立场，不做首鼠两端、为了利益而出卖内心的小人。这样的教师具有较强的人格魅力，能真正成为教育领域的"灵魂工程师"。第四，提高思想政治理论课教师和哲学社会科学课教师的教学能力。教学能力越高，越能在教学过程中游刃有余，既能提升教学质量，也能提升教学效率。教学能力包含多个方面，如语言能力、运用教学手段能力、创新能力、组织管理能力等。语言能力主要考验表达能力，一个能良好表达自身想法的教师既可以向学生有效传达知识，还能与学生进行良好沟通，有利于塑造良好的师生关系；运用教学手段能力能直接影响教学效果，尤其是当今信息化时代涌现出了很多新型教学手段，如投影仪、多媒体等。教师如果能熟练掌握，则能在教学过程中更加高效地向学生传达知识，也能利用这些设施设备优化教学；创新能力越强，教师越能在教学中突破常规，并且通过随机应变、灵活变化来应对不同状况与问题；组织管理能力主要表现在教学模式的灵活切换、教学活动的高效组织等方面，比如在思想政治教育课堂中，教师可通过组织管理打造第一课堂向第二课堂延伸的渠道，让学生在理论学习与实践探究中灵活过渡。第五，优化思想政治理论课教师和哲学社会科学课教师队伍的年龄结构。年龄结构要

---

[1]李永晟.从马克思"以彻底的理论说服人"命题看理论文章的写作[J].秘书之友，2022(9): 9–10.

合理，老中青教师必须同时具备，在这样的年龄结构中，传帮带也能良好实施，有利于提高每一位教师的素质水平，比如老教师经验丰富但是对新事物接受能力较弱，年轻教师经验缺乏但能更好地接受新事物并主动创新，中年教师具备前两者的优势，因此中年教师往往是教师队伍中的骨干力量。老中青相结合，可实现优势互补、规避劣势，进而使教师整体素质不断提高。

### 三、强化高校全体教职员工"全员育人"的职责意识

高校是培养人才的重要基地，育人是高校的第一要务与根本职责。贯彻育人职责要靠高校全体教职员工。在传统看法中，高校教师队伍是教书育人的主导力量，其他教职员工主要发挥维持学校管理、保障后勤质量等作用。但对于思想政治教育来说，仅仅依靠教师队伍是不够的，必须调动全体教职员工育人的积极性，通过"全员育人"来推动思想政治教育工作达到更高层次。在多元文化背景下，大学生思想发生变化是一种常态，并且随着思维更为活跃、想法更加多样，导致他们的思想动态更加难以良好掌控。尤其对于教师来说，课堂时间与空间的有限性会对他们了解大学生产生限制，往往在课堂上看到的、听到的、掌握到的信息并不足以表现大学生的全部思想动态，因而在后续教学策略优化中难以获得理想效果。"全员育人"能够让大学生教育环境更健康有序，只要大学生出现在校园中，所有的行为举止都会被了解，而后反馈给教师队伍。"全员育人"的重点在于"育"，了解学生只是其中的一个环节，不能作为核心工作来开展，真正的核心应为引导与教育。比如，宿舍管理员在发现学生出现问题后，并不能够简单地上报或粗暴处理，而是要耐下心来，通过教育性语言对其进行引导规劝，指出问题所在、阐明问题的危害，让学生自觉主动地改变。另外，学校各个管理部门、服务部门等也要制订行之有效的方案，为思想政治育人有效执行提供依据，当工作人员没有履行这一职责时则要受到一定惩罚。学生在日常生活中更能表现真实的自己，也更容易受到外界不良内容的侵蚀，如果学校能做到"全员育人"，则能对学生进行更为广泛的约束与监督。

"全员育人"要建立在"以学生为本"的理念之上。思想政治教育工作者要做好榜样作用，在思想政治教育过程中不仅要向学生传达相关知识，还要秉持严谨的治学态度、求真务实的治学精神等潜移默化地感染学生，并始终将学生放在中心位置进行教学策略创新调整。学校其他管理人员在管理工作中要基于学生的需求优化管理过程、提高管理效率、改变管理作风等，进而为学生创造更好的成长空间。由于管理工作会影响学生生活学习的空间，管理人员的一举一动也会在潜移默化中感染学生，如果管理人员态度恶劣、作风不检点等，不仅会让学生产生排斥心理，还会让学生对高校留下不佳的印象，进而在接受思想政治教育时表现出对教师的不信任。因此，高校要对管理人员严格要求，并通过培训的方式提高他们的育人意识与育人能力，更重要的是将这些内容与管理工作良好融合，既不影响管理人员的本职工作，又能让他们在工作过程中进行育人。学校服务部门要以为学生提供相关便利与帮助为目标，比如心理咨询服务可以帮助学生解决心理问题，就业指导服务能让学生了解当前的就业现状并帮助他们选择就业途径，学生资助服务能解决贫困学生的经济困难问题，等等。服务人员能依托自身服务功能更好地进行思想政治教育，而不是为了服务而服务，认为只要干好本职工作便万事大吉。

# 第五节　实现教育活动的科学化

## 一、高校思想政治教育活动要遵循教育基本规律

在事物发展过程中会逐渐形成内在规律，内在规律能够揭示事物本质，并为事物之间发生联系提供支撑。思想政治教育也是一种"事物"，它在长期发展与实践中也形成了相应规律，具体可以分为基本规律与具体规律。

其中，基本规律指的是思想政治教育中起到主导作用并能贯穿始终的规律内容，这类规律容易被发现和应用，但实际变化是丰富多样的，需要人们深入剖析才能真正掌握；具体规律指的是某一层面、环节或者体系中所形成的规律，其指导作用会有局限，会接受基本规律的指导。此处主要是对基本规律进行研究探讨。规律是客观的，不会受到人为主观意识的影响，不管人们能否发现和应用，它们永远客观存在。规律也具有普遍性，能够指导事物发展运行。具体到思想政治教育中，其规律会在普遍性的基础上演化出一定的特殊性，这便是教育规律。思想政治教育只有切实遵循教育规律才能获得理想效果。教育规律又分为多个类型，如大学生思想品德形成发展规律、思想政治教育服从和服务于社会发展规律、思想政治教育动态平衡规律等类型。

**（一）高校思想政治教育活动要遵循大学生思想品德形成发展规律**

大学生思想品德的形成是有规律的，教育者必须依托这一规律对教育目标、教育原则、教育内容、教育方法等进行针对性设计，并且能够在具体实行中充分考量大学生思想实际情况，使设计内容充分发挥其应有作用。具体谈到大学生品德形成规律，首先是接受道德知识，然后逐步转化为道德情感存在于学生心中，而当道德情感向外发出并作用于具体事物后，情感内容会进一步升华，最终成为更高层次的道德信仰或道德意志。达到这一境界的学生，能在道德实践中走得更远。在这一过程中，大学生会经历由"他律"到"自律"的转变，但无论哪个阶段都离不开大学生自身的内部驱动。具体来说，大学生内部驱动即品德心理结构是与生俱来的，而后经过社会规范使品德心理结构更加复杂，意味着学生的品德认知不再单一。当进入"自律"阶段后，学生会主动从品德认知出发去规范自身行为，使自身更能满足社会需求，成为对社会有用的人。规律是不能违背的，否则高校的思想政治教育必将面临失败，进而对最终育人效果产生不利影响。在多元文化背景下，大学生主体性意识觉醒，更加炽热追求个性化。在思想政治教育过程中，大学生会主动选择，所依靠的是内在知识经验与品德心理结构，这样一来就能促进思想政治教育结构更加合理，并且所形成的教育环境更加适于大学生成长、发展。同时，大学生还能主动塑造教育影响力，改变过去教育过程全部由教师掌控的状况，比如通过自主加工能使教育内容中融入更多与大学生个性特点相契合的内容。对于高校来说，承认规律并落实规律应是基本态度，"以人为本"理念需要先行，目的是充分彰显与发挥大学生的主体性，促进思想政治教育活动向科学化、合理化方向发展，使其充分满足大学生诉求与符合其根本利益要求。

**（二）高校思想政治教育活动要遵循服从和服务于社会发展规律**

思想政治教育是一项思想实践活动，在这一活动中，教育者会选择符合社会要求的思想观念、政治观点、道德规范等向受教育者传达，目的是让他们从思想上进行转变，能够成为符合社会要求的个体或群体。思想政治教育面向的是全体社会，培养个人最终是为社会服务。教育目标、教育价值取向、教育内容、教育方法等进行选择时要与实际情况相契合，国家经济水平、社会发展长远目标等会成为重要影响因素，换言之，思想政治教育一定要服从社会政治、经济、文化发展的客观要求。社会发展不会停滞，而社会发展规律则是不变的。在多元文化背景下，社会形态有所转变，新生事物层出不穷，因此高校的思想政治教育必须做出改变，但是改变过程仍旧要遵循社会发展规律，不能被新生事物牵着鼻子走，否则就会陷入被动状态，使培养出的人才不符合社会要求，进而阻碍社会进步和国家发展。

**（三）高校思想政治教育活动要遵循动态平衡规律**

高校思想政治教育基本程序、教育目标等不会出现太大变化，这是确保教育为国家与民族发展作出贡献的重要前提。有些内容鲜有变化，但有的内容却需要不断改变才能适应潮流与发挥应有作用。从时代发展现状来看，教育环境、教育条件等均是变化重点，而诸多变化内容中，最根本、最具影响力的变化内容当属教育对象，因为教育对象变化后，其他相关内容也要随之变化。教育目标要调整，教育内容要革新，教育方法要创新，而后达到新的平衡后则可以形成新的思想政治教育格局。这一过程充分体现了思想政治教育的动态发展规律。

在多元文化背景下，国内外环境均不断发生变化，并且朝着日益复杂的局面演变。对当代大学生来说，其思想观念、价值趋向、心理状态、知识水平、社会阅历、思维方式等均展现出新面貌，要求高校思想政治教育必须做出调整，而在调整过程中，社会对大学生的新要求也是重要参考对象。适应时代方能生存发展，这是永远不变的铁律，在"不变"之下需要大学生做出"改变"，大学生才能更好地适应时代，真正在社会主义建设事业中成为"弄潮儿"，既实现自身价值，也为国家与民族更加强盛贡献力量。遵循动态发展规律应是高校的基本态度，而在具体贯彻实行中，动态调研大学生的思想状况是重要前提，目的是动态了解大学生的真实诉求，进而在思想政治教育中能够有的放矢，真正进行良好塑造。

## 二、高校思想政治教育理念要现代化

### （一）高校思想政治教育要树立"以人为本"的理念

思想政治教育的作用者是"人"，目的是塑造"人"的思想。在教育过程中，教育者与受教育者均是活生生的"人"，想要获得理想的教育成果，必须满足"人"的需要和利益。在多元文化背景下，大学生的主体地位不断提升，他们对高校教育提出了更高要求，传统教育中教师"高高在上"的姿态不被认可，如果教师不能做出改变，他们可能会与教师形成对抗。这一局面如果一直存在并发展，教育过程就会变质和恶化，其引导、鼓舞、鞭策等效能将大受影响。高校想要改变这一状况必须督促教师学会尊重学生、理解学生、关心学生和帮助学生，这样才能使思想政治教育切实进大脑、入人心，为其针对性与实效性不断提升奠定基础。

高校思想政治教育在"以人为本"的理念下首先将大学生放在中心地位，所有教学策略都要围绕学生制定与开展，并且教师对学生的态度必须转变，不能出现忽视、不耐烦等现象，要让学生感受到足够的尊重与关怀，进而积极主动地参与教育过程，在引导、鼓舞、鞭策等行为的驱动下提升思想政治素质，并为实现自身全面发展作出贡献。在学生成为课堂中心后，教师主要发挥"服务者"功能，目的是向学生提供高质量服务。而对于教师来说，高校如果在工资待遇、职称晋升等方面难以满足教师的需求，则会弱化教师工作的积极性，不利于其"服务者"角色担当。当教师不能当好"服务者"，学生中心地位再稳固也会让最终教育效果不尽如人意。

**（二）高校思想政治教育要树立"以学生为本"的教育理念**

"以学生为本"是"以人为本"的衍生理念，是从学生角度进一步研究其发展前景。学生是教育活动中的客体，教育效果最终会通过学生体现。高校思想政治教育致力于提升学生的思想品德素质，并为其全面发展打下基础。学生是教育客体，但在教育活动中学生不能太过被动，学生必须表现出相应的主动性。有学者认为学生应在心理自由、没有压力的环境下接受教育，这样有利于达到更好的教育效果，也能为实践转化作出贡献。思想政治教育活动着力于精神思想层面，对学生的心理水平有着更高要求，如果学生的心理受到束缚，则会在接受教育时"束手束脚"。另外，在多元文化背景下也要求思想政治教育切实做到"以学生为本"，才能引导学生接受多元文化中的优秀内容，同时抵制不良内容。

以学生为本首先要做到尊重学生的主体地位，将其作为教育活动的核心。教育工作者应与学生紧密接触，他们的所作所为更能影响学生。在这一理念下，教育工作者要主动与学生建立良好的关系，通过交流与倾听，了解他们心中所想，进而以此为出发点并坚守思想政治底线，制定能够满足他们个性需要和兴趣的教学策略。当学生逐步接受与主动参与思想政治教育后，教学策略则要进一步升级，以调动学生的主体意识与培养自我教育能力为目标，为他们能在思想政治教育中切实发挥主体作用夯实基础。教育者的服务意识也要加强，将教学管理与教学服务进行良好融合，改变过去偏重管理的现象，切实让学生从教育过程中体会到教育者的深切关怀。教育工作者还要结合大学生的实际问题调整教学内容，在帮助大学生更好地解决问题的同时，也要让他们改变看待思想政治教育的态度，意识到思想政治教育并非虚无缥缈毫无用处，而是能切实为自身成长与发展服务。

### （三）高校思想政治教育要树立注重个性培养的教育理念

在多元文化背景下，人们对于个性发展更加重视。追求个性与创新之间具有一定关联，比如个性要求、目标等往往具有独特性，能够成为创新的入手点或灵感来源。对于学生来说，追求个性意味着他们希望自身"与众不同"，因而有利于激发学生创新创造的动力。有学者指出，人的才华与个性具有正向关联，才华越出众，个性越鲜明。人的个性如果被强力压制，久而久之会造成个体身心抑郁，在做事时不敢放手一搏，往往会因为瞻前顾后而错失良机。因此，大学生个性得到发展不仅可促进他们在创新创造上有所成就，还能让他们为国家发展作出贡献。

随着大学生数量的不断提升，表现出的个性内容也多种多样。首先，高校要对此足够尊重，并基于个性差异规划育人策略。国家建设需要各种各样的人才，高校作为人才培养基地，要在人才培养中走差异化道路，具体到思想政治教育中，教育者在面对个性不同的学生时，尊重与宽容应是基本态度，在这一基础上，教育者更能看到他们的闪光点，而后通过因材施教使学生的闪光点继续放大，成为大学生更为显著的个性优势，支撑大学生形成独立高尚的品格。其次，高校要在尊重个性的基础上对学生的价值选择不进行强行干预。多元文化塑造多元空间，学生可基于自身追求开启价值选择。只要价值选择不危及国家安全和他人利益，高校便不能妄加干预，因为妄加干预会激起学生的抵触心理，如果需要干预，粗暴行径也是不可取的，要以循循善诱为主要做法。最后，高校要打造个性教育模式。以个性教育模式形态开启思想政治教育进程可支撑其在相应保障下运行。个性教育模式为学生提供个性培养保障，确保学生的个性获得充分发展。

## 三、高校思想政治教育目标要层次化

### （一）高校思想政治教育要将抽象目标具体化

从心理学角度分析，人们在做一件事情时，如果有着更为具体的目标作为指导，便能在目标的助力下发挥更强的主观能动性，为实现目标作出贡献。当然，目标不能脱离现实情况，如果目标过高，就会让人产生较强的畏难心理，目标过低则会让人不以为意。在高校传统的思想政治教育中，制定的目标往往会笼统、抽象，如使用宏大的、抽象的表达方式进行描述。这样一来，思想政治教育目标便会显得抽象化，难以良好地发挥激励与引导作用。在对当前的教育目标进行调整时，一定要对现实情况进行充分调查。当下多元文化背景下，大学生的思想状况朝着复杂化、多样化方向发展，并且越来越趋向于追求个人利益与价值。高校思想政治教育的目标是培养学生的思想品德和社会责任意识，帮助他们成长为有理想、有信仰、有道德、有文化、有纪律的新时代大学生。首先，高校可以通过课程设置和教学方法具体化思想政治教育目标。例如，在通识教育中，学校可以设置多门与思想政治教育相关的课程，如思想道德修养与法律基础、中国近现代史纲要、马克思主义基本原理概论等，通过多元化的课程内容和多样化的教学方法帮助学生理解和掌握思想政治教育的核心理念和价值观。其次，高校可以通过社团活动和志愿服务具体化思想政治教育目标。社团活动可以引导学生积极参加社会实践和公益活动，提升他们的社会责任感和公民素养。志愿服务可以让学生深入了解社会问题和民生需求，增强他们爱国主义等方面的素质。再次，高校可以通过心理辅导和职业规划具体化思想政治教育目标。心理辅导可以帮助学生解决心理问题，增强他们的自信心。职业规划可以帮助学生了解自己的优势和劣势，明确自己的职业目标和发展方向，激发他们的自我意识和职业意识。最后，高校可以通过开展各种形式的思想政治教育活动具体化思想政治教育目标。例如，举办主题演讲、座谈会、文化沙龙等活动，邀请专家学者或社会名人来校与学生进行面对面的交流，让学生感受思想政治教育的实际效果和价值。

### （二）高校思想政治教育要将单一目标多样化

每个人的思想状况都会存在差异，尤其是在多元文化背景下，大学生思想状况复杂多变后更是会将差异扩大化，展现出复杂化与多样化特征。在实际调查中发现，绝大部分大学生认为"实现自我价值"是人生更为重要的事情，而"为社会发展服务"则排在其次。这说明当代大学生更注重自我价值追求。在这种状况下，高校制定出多样化目标来满足不同学生的需求，而在具体目标之下还要设定不同层次，目的是对学生做出不同层次的要求。对于思想政治水平较低的学生，可先用较低的道德标准作为要求，而后逐步向高层次进发；对于思想政治水平一般的学生，可用一般的道德标准作为要求，以此类推，思想政治水平较高的学生则要采用较高的道德标准。这样一来，高校思想政治教育目标体系中便会包含不同内容，满足不同思想政治状况的学生，真正实现因材施教的目标。每一位大学生都能逐层次提升，不会因为目标太高或太低而影响心理趋向度。

### （三）高校思想政治教育要将政治目标人性化

高校思想政治教育目标是按照多层次、多角度进行设立，其基本功能决定了目标内容中必然会以国家政治发展为主要出发点，目的在于培养更多政治素质达标的大学生。确立政治素质重要性的同时，也要对大学生的全面发展充分考量，这样才能达到思想政治教育的最终目标，如果只强调某一方面，往往会产生诸多限制作用。在传统的思想政治教育中，教育目标往往具有十分浓厚的政治化信息，表述机械单一，容易让人产生冷冰冰的感觉，并可能导致受教育者畸形发展。在多元文化背景下，西方社会的人本主义、消费主义、功利主义等思潮大肆袭来，驱动大学生的主体意识不断增强，让他们更为关注个人利益和个性发展。考虑到这些状况，高校的思想政治教育要对人的需求更为关注，这样才能有效调动大学生的积极性与主动性，让他们在思想政治教育中获得个性满足与全面发展。从教育目标层面分析，高校思想政治教育目标既要具有相应的政治高度，又要凸显人性化特色，如此才能为增强高校思想政治教育的实效性提供支持。

## 四、高校思想政治教育内容要时代化

### （一）高校思想政治教育的内容体系需要优化

思想政治教育内容结构会直接影响最终的教育效果。优化思想政治教育内容应受到高校的足够重视，高校要基于思想政治教育目标与实效性考量对思想政治内容进行动态优化。从实际情况来看，高校思想政治教育内容十分丰富，思想教育、政治教育、道德教育、心理教育等内容应有尽有，它们并不是简单的杂糅共存，而是在总体目标的指导下拥有各自的地位和定位。随着多元文化趋势愈演愈烈，西方文化思潮不断涌入，其中不乏会对我国文化进行侵蚀的不良思潮，大学生必然会受到影响和冲击。如果仍然遵照原先的内容体系开展思想政治教育，则难以形成有效抵抗。因此对思想政治教育内容体系进行优化是必然选择，以马克思主义为指导仍然为内容体系的核心所在，不同的是要将大学生全面发展作为重点，引入与大学生实际情况相贴合的知识内容，并在实事求是、与时俱进等原则下动态革新，使高校思想政治教育内容体系更具针对性、实效性和感染性，在培养优秀人才事业中发挥重要作用。

多元文化背景是思想政治教育内容具备时代化特性的重要推动力，对于高校来说，所要做的除了不断优化内容结构外，还要拓宽思想政治教育领域，将更多与思想政治教育相关的内容引入其中。思想教育、政治教育、道德教育、心理教育是思想政治教育内容体系的基本形态，高校要在基本形态的基础上融入更多内容，比如在大学生更重个性追求与个人价值的背景下，集体主义教育内容可以适度融入，避免个人主义泛滥；在网络笼罩大学生生活与学习的状况下，网络道德教育应得到提出并切实实行，目的是应对不断涌现的网络道德问题，指导大学生在网络世界依然能遵守道德要求；在市场经济蓬勃发展的局面下，人们更重利益追求而忽视精神塑造，则要引入更多精神享受内容，让学生认识到精神享受的重要性；在现代社会工业污染严重、生态环境受到冲击的局面下，生态主义、环境保护等内容要得到重视。另外，高校在基本内容体系之外还要引用与时俱进的内容，比如反映科技现状、就业现状、教育现状等的内容能让学生充分了解当下社会现实，有利于大学生在未来发展中找准定位。

**（二）高校思想政治教育的具体内容要更新**

时代发展的脚步不会停歇，而社会与人也会在这一过程中获得进步与提升。思想政治教育内容基于社会现状进行发展和更新是极为必要的。高校要紧扣时代发展的特点和要求，并立足于中国特色社会主义实践方向对思想政治教育内容进行更新，如此才能增强思想政治教育内容的吸引力、感染力和说服力，更为重要的是能更好地应对多元文化背景下所产生的一系列变化。内容更新要遵循"三贴近"原则：一是贴近时代，确保思想政治教育内容符合时代要求，能为时代发展服务，增强思想政治教育内容的生命力，对学生产生更强的调动性；二是贴近现实生活，使思想政治教育内容更加喜闻乐见，进而让大学生更愿意学习与了解，为获得更深刻的理解奠定基础；三是贴近学生，不同学生的认知水平与道德水平存在差异，如果笼统提供内容则难以满足学生的提升需求，只有贴近学生进行内容塑造才能被学生充分认可和接受。在多元文化背景下，高校的思想政治教育内容要在"三贴近"原则的指导下通过以下途径进行更新。首先，高校要了解时代发展的具体情况，从中发掘具体诉求与要求，进而将思想政治教育内容中陈旧过时的内容剔除，并增加新的符合时代要求的内容，比如现在谈论个人利益逐步向公开化进行，就可以将相关内容引入思想政治教育中，引导学生正确认识个人利益。其次，高校要对思想政治教育内容进行全新诠释，让其以新面貌呈现在人们面前。在多元文化背景下，大学生的思想观念、价值取向、生活方式等发生了很大变化，他们在理解过去的思想政治教育内容时会产生新的观点与看法，如果高校对大学生的新观点、新看法置若罔闻，就容易导致思想教育过程中学生与教育者产生分歧，使教育过程难以顺利推进。西方国家借助全球化推广自身文化理念，意图将整个世界用西方文化理念覆盖。针对这种情况，高校的思想政治教育要对爱国主义、民族精神等进行重新诠释，将它们与当今实际情况紧密结合起来，引导学生树立更加具体与可操作性更强的爱国主义精神，在未来发展中始终坚持爱国主义精神，抵抗西方国家妄图同化中华民族的狼子野心。最后，高校要增加思想政治教育新内容。我国在改革开放后一路高歌、大步向前，但这一过程也伴随很多问题的出现，并且这种情况还会继续出现。西方敌对势力妄图抓住这些问题对我国进行文化攻击，其中人权攻击是重要手段，面对这一情况，高校要充实马克思主义人权观教育新内容，指导学生对人权获得更深入的理解，不被西方所谓的"人权论"蛊惑。在市场经济体制不断深化的格局下，追求经济利益与遵循道德要求逐渐向统一化方向发展，两者的矛盾冲突大幅弱化。高校要在思想政治教育中引入相关内容引导学生形成正确的利益观与道德观，真正做到"君子爱财，取之有道"。

## 五、高校思想政治教育方法要多样化

### （一）课堂教学法

课堂教学是高校开展思想政治教育最常用的方式之一，目前占据主导地位，尚不能被其他教育方法取代。课堂教学法具有多重优势，虽然也有不足之处，但整体来看需要进一步加强，使其在高校思想政治教育中发挥更重要的作用。在课堂教学中，教师能够全面布局，既能基于实际需求引入现代教育手段，也能考虑学生的具体诉求而采取不同的引导方式。想要使课堂教学发挥更大作用，活跃课堂气氛十分重要，因为在这样的氛围中学生的学习兴趣会更加浓厚，会更加专注地参与教学过程，既能获得更多知识，也能优化教学效果。基于心理学相关研究了解到，人们在接收信息时绝大部分会通过视觉感官来获得。传统课堂教学"一块黑板、一支粉笔"会降低视觉感官传播效率，导致学生不能接收更多信息。而在现代社会中，先进的教育设施设备能够帮助教师向学生传达更多视觉信息，并且通过声音加持进行强化，让学生在接收视觉信息时更加主动。

### （二）实践活动教育法

实践活动教育法的核心在于设计与组织实践活动，然后让学生在实践活动中得到教育和锻炼。实践活动具有更为广阔的空间范围，学生不必像在课堂中那样畏手畏脚，而是能放开手脚大展身手，因此实践活动往往能调动学生更强的参与性，让学生深入其中。思想政治教育主要作用于人的思想与心灵，实践活动可提供实际情境让学生参与其中，进而在潜移默化中将价值观念、思想理念等更好地传达给学生。实践活动还能培养学生的团结合作意识，让学生懂得单枪匹马很难做好一件事情，只有打造团队、通力合作才能走得更远并获得良好发展；实践活动还能让学生了解社会发展状况，避免停留于"象牙塔"而不知天下事，这样一来，学生的社会责任感、奉献精神等均能得到塑造和培养。高校在采用实践活动教育法时要把握好时机，尽可能在学生无意识的状态下进行引领，这样能够获得更好的实践教育效果。

### （三）隐性渗透教育法

隐性渗透教育法是一种将教育目标、教育过程进行隐藏后开展的教育方式，不同于显性教育的直接说教与理论关注，这种教育法更注重引导，比如通过营造轻松愉快的育人氛围让学生在获得愉悦感受的同时感化心灵、陶冶情操、启迪智慧。在多元文化背景下，大学生的主体性大幅增强，他们对外部灌输的内容强烈排斥，这意味着显性教育在思想政治教育中的作用会被弱化。隐性渗透教育刚好能够弥补这一不足。有学者指出，教育者将教育意图隐藏后，所表现出的教育行为更容易被学生接受。对于高校来说，想要更好地应用隐性渗透教育法除了要提升教育者相关素质外，还要从环境层面入手，通过打造优美环保、和谐自然的校园环境让学生在潜移默化中受到教育。

### （四）互动交流教育法

互动交流教育法强调师生平等，两者可无障碍、无差距地进行交流，这样有利于双方袒露心声，将各自的精神世界、精神诉求等充分展现。在这一基础上，师生可进一步讨论辩论，通过讲透说透让学生更为自觉主动地接受教育。平等、真诚、尊重、理解等是师生双方的基本态度，而在具体实行中，教师应更为主动，以平易近人、和蔼可亲的形象出现在学生面前。基于心理学研究可以了解到，交流沟通也要讲究策略，如果人们以规劝为目的而对被规劝者的利益缺乏关注时，即便说得天花乱坠，也会因为自身利益不被关注而让被规劝者产生自我保护心理，不利于获得良好的规劝效果。因此，在平等交流的基础上，能基于对方利益进行考量与分析更加重要。当代大学生对个人价值十分重视，教育者在与大学生互动交流时，一定要充分了解其个人价值，并围绕个人价值展开沟通进程，这样就能占据主动而且不会引起学生的逆反心理，此时向学生传达思想政治知识内容便会十分顺畅与高效。

# 参考文献

蔡珍椽，2022. 新时代中国主流电影在大学生思政教育中的功能定位及实现路径 [J]. 皖西学院学报，38(1): 33-37,59.

陈慧枫，2022. 公共危机视域下辅导员法治思维养成对大学生思政教育的提升探究 [J]. 湖北开放职业学院学报，35(4): 78-80.

陈甜，2022. 茶文化在大学生思想政治教育中的应用 [J]. 福建茶叶，44(4): 238-240.

陈曦，2022. 辽宁红色文化资源融入大学生思想政治教育的实践研究 [J]. 渤海大学学报（哲学社会科学版），44(3): 94-97.

陈昀岚，2022. 基于乡村振兴战略的大学生思想政治教育时代自觉探究 [J]. 山东农业工程学院学报，39(7): 89-94.

程呈，2022. 基于微博文化提高大学生思政教育管理的实效性 [J]. 江西电力职业技术学院学报，35(4): 115-116,119.

邓岳南，2022. "互联网＋"时代大学生思想政治教育的范式转换及路径选择研究 [J]. 黑龙江教师发展学院学报，41(7): 110-112.

董建，2022. 延安精神融入艺术院校大学生思政教育路径探究：以天津音乐学院为例 [J]. 兰州职业技术学院学报，38(4): 24-26.

杜宇，李光宇，2021. 文化传承视角下大学生思想政治教育研究：评《传统文化视角下大学生思政教育》[J]. 新闻爱好者 (12): 10-11.

鄂茂芳，2022. "以人为本"思想在大学生思政教育管理中的应用路径分析 [J]. 甘肃教育研究 (2): 121-124.

范晓艳，2022. 优秀传统文化融入高校思政工作的价值与实现 [J]. 哈尔滨职业技术学院学报 (3): 29-31.

韩楚齐，2022. 新媒体环境下的图书馆大学生思政教育研究：《全环境育人理念下新媒体时代高校图书馆读者工作研究》荐读 [J]. 情报理论与实践，45(9): 199.

韩露，卓志聪，陈淑仪，2022. 红色基因融入大学生思想政治教育系统主体演化模型分析：基于 CAS 理论的视角 [J]. 高教论坛 (7): 32-37.

何林卫，曾春梅，2022. 信息化背景下大学生思政教育改革创新路径研究 [J]. 陕西教育（高教版）(9): 13-14.

胡荣，2022. 新时期大学生思想政治教育发展研究：评《当代大学生思想政治教育理论与实践研究》[J]. 教育理论与实践，42(11): 2.

黄青燕，2022. 校园社交网络传播与大学生思政教育的新特点：推荐《思想政治教育视域下校园社交网络传播圈研究》[J]. 新闻记者 (2): 97.

黄鑫，2021. 大学生思政教育创新背景下新媒体技术应用研究：评《新媒体环境下大学生思想政治教育接受机制研究》[J]. 教育发展研究，41(23): 2.

姜明金，2022. 新时代背景下大学生思想政治教育发展新方向探讨 [J]. 产业与科技论坛，21(10): 182−183.

孔凡洪，2022. 儒墨两家教育思想对当代大学生思政教育的启示 [J]. 产业与科技论坛，21(9): 196−197.

孔令霞，2022. 自媒体时代大学生思想政治教育模式创新研究 [J]. 黑龙江教育 ( 高教研究与评估 ) (6): 13−15.

李博涵，2022. 新时代大学生思想政治教育研究：评《新媒体视角下大学生思政教育创新探索》[J]. 领导科学 (1): 151.

李闯，2022. 中国传统文化融入高校大学生思政教育的意义及路径：以茶文化为例 [J]. 福建茶叶，44(7): 149−151.

李小伟，2022. 社会主义核心价值观下大学生思政教育的新思路研究 [J]. 佳木斯大学社会科学学报，40(2): 91−93.

李玉杰，2022. 地域红色文化融入大学生思政教育的价值与途径 [J]. 黑龙江工业学院学报 ( 综合版 )，22(5): 51−54.

廖开兰，牟文余，2022. 新时期大学生思政教育创新实践探索：评《大学生思想政治教育工作概论》[J]. 领导科学 (6): 157.

陆海浪，2022. 互联网时代的大学生思想政治教育策略与建议研究 [J]. 湖北开放职业学院学报，35(10): 82−84.

马卓昊，2022. 以抗疫素材开展大学生思想政治教育实施策略 [J]. 濮阳职业技术学院学报，35(4): 36−39.

牛英群，刘静，2021. 大学生思政教育与专业教学融合的实践性研究：以《平面图像处理》课程为例 [J]. 邯郸职业技术学院学报，34(4): 72−74.

冉杰俊，2022. 微信传播对大学生思政教育的影响及应对策略：评《新媒体时代下的高校思想政治教育研究》[J]. 新闻爱好者 (6): 1−3.

孙兆延，2022. 新媒体环境下大学生思政教育传播模式的创新：推荐《新媒体时代思想政治教育传播学创新研究》[J]. 新闻记者 (1): 97.

万姗姗，罗曦，2022. 少数民族大学生思政教育实效探讨：基于"新三同"视阈的澄明 [J]. 江西广播电视大学学报，24(1): 71−79.

王恩伟，张静，2021. 新媒体时代院校思想政治教育的创新发展路径：评《新媒体视角下大学生思政教育创新探索》[J]. 中国教育学刊 (12):37.

王开云，2022. 网络平台在高校大学生思政教育工作中的作用分析 [J]. 食品研究与开发，43(15): 238.

王琨，2022. 普通高校艺术类专业大学生思政教育工作的困境及方法 [J]. 四川戏剧 (7): 164−166.

王沛占，李斯佳，2022. 优秀传统文化在大学生思政教育中的价值与应用研究 [J]. 产业与科技论坛，21(6): 157−158.

王若凡，2022. 新媒体背景下创新大学生思政教育工作的思考 [J]. 品位·经典 (14): 105−107.

王艳慧，2022. 先秦儒家礼育思想对新时期大学生思想政治教育的价值探析 [J]. 佳木斯职业学院学报，38(7): 37−39.

韦武尤，2022. 大学生思政教育传承红色基因的现状与解决策略 [J]. 湖北开放职业学院学报，35(12): 81−82.

魏蒙蒙，2022. 茶文化融入大学生思政教育的意义及路径研究 [J]. 福建茶叶，44(7): 166−168.

吾兰·努尔杰恩斯，2022. 高校少数民族大学生思政教育强化的三重维度 [J]. 黑河学院学报，13(7): 40−42.

吴昊，2022. "互联网＋"背景下党建文化对大学生思政教育工作的思考与研究 [J]. 攀枝花学院学报（综合版），39(4): 112−118.

武艳超，王利霞，2022. 基于人本理念的高校大学生思政教育的拓展与实现路径 [J]. 食品研究与开发，43(6): 1003−1004.

肖华业，2022. 传统文化精神在大学生思政教育的创新融入：评《传统文化精神与大学生思政教育》[J]. 科技管理研究，42(10):21.

徐剑，王雷，巫蓉，2022. 新时代高校思政教育与创新创业教育融合发展路径研究 [J]. 创新创业理论研究与实践，5(8): 137−139.

徐梓涵，侯小蕾，2022. 社会主义核心价值体系指导高校大学生思政教育的必要性 [J]. 湖北开放职业学院学报，35(3): 112−113.

杨雅琴，2022. 多元文化视域下高校思政教育创新路径研究 [J]. 淮南职业技术学院学报，22(1): 34−36.

张国飞，解然，2022. 身份隐匿视角下网络舆情对大学生思政教育的影响及其对策 [J]. 中学政

治教学参考 (16): 27-30.

张雪芹, 2022. 高校大学生思政教育存在的问题与创新策略探析 [J]. 食品研究与开发, 43(1): 235-236.

赵彬宇, 2022. 新媒体时代高校大学生思政教育的创新研究 [J]. 品位·经典 (13): 140-142.

祝奇, 2022. 人工智能融于大学生思政教育的 SWOT 分析与策略探究 [J]. 卫生职业教育, 40(18): 26-28.

左家林, 2022. 新媒体环境对大学生思政教育的影响探究: 以 QQ 表白墙为例 [J]. 新闻研究导刊, 13(16): 201-203.